Les impostures de l'Histoire

DU MÊME AUTEUR

- *Sud Tragique*, Guilde du Livre, 1969
- *Mourir pour Dacca*, R. Laffont, 1972
- *Ma forêt au bord du grand fleuve*, R. Laffont, 1976
- *Le Nouveau Tour du monde en 80 jours*, R. Laffont, 1977
- *Médecin de l'aventure*, R. Laffont, 1979
- *Ouvrez donc les yeux* (avec H. Tazieff), R. Laffont, 1980
- *Guide Mexique*, Jeune Afrique, 1980
- *Les histoires de l'Histoire*, I, Acropole, 1981
- *Les histoires de l'Histoire*, II, Acropole, 1982
- *Mécano de Saint-Ex*, Ramsay, 1984
- *Jacques Cartier*, Acropole, 1984
- *La Carrière*, Slatkine, 1989
- *Le monde est sur l'antenne*, La Thièle, 1989
- *Dominici innocent !*, Le Rocher, 1993
- *La juive du pape*, Le Rocher, 1995
- *Carpentras, la profanation*, Le Rocher, 1996
- *L'aventure du théâtre populaire*, Le Rocher, 1996
- *Lettre d'un Juif à un Israélien*, Bartillat, 1997
- *Ces messieurs de Berne*, Stock, 1997
- *Clément V*, Stock, 1998
- *Lorenzo*, Plon, 1999
- *Le château des papes*, I, *Les intrigants*, Plon, 2000
- *Le château des papes*, II, *Les bâtisseurs*, Plon, 2000
- *Le château des papes*, III, *Les impétueux*, Plon, 2001
- *Le Transsibérien, un train dans l'Histoire*, Plon, 2001
- *Dominici innocent !* (nouvelle édition), Le Rocher, 2003
- *La Suisse, c'est foutu ?* Le Rocher, 2003

Pour en savoir plus : mosse.pallanchard@wanadoo.fr

Claude MOSSÉ
avec la collaboration de Nicole Pallanchard

Les impostures de l'Histoire

Néron, Louis IX alias Saint Louis, Jeanne d'Arc,
Christophe Colomb, Mayerling, Alphonse Daudet…
et quelques autres

ÉDITIONS DU
ROCHER
Jean-Paul Bertrand

ISBN 2 268 05112 9

Pour Jean Carasso qui sait mieux
que quiconque combien les amitiés
du crépuscule sont souvent les plus solides.

Mentir, c'est cacher une vérité que l'on doit manifester.
Jean-Jacques Rousseau

Il faut une bonne mémoire après qu'on a menti.
Pierre Corneille (*Le Menteur*)

Sans aller plus avant, je vais vider l'affaire.
Molière (*Le Tartuffe*)

C'est une sage pensée que d'espérer une vision de l'Histoire
qui soit strictement unique.
Albert Camus (*L'Esprit critique*)

Avant-propos

Pendant des millénaires, l'histoire de l'humanité n'a été connue que par des écrits et des œuvres d'art. Les historiens les plus sérieux, doctrinairement pragmatiques, les utilisaient pour rendre compte des événements du passé. Les récentes technologies de la communication ont facilité les recherches pour la plupart des événements contemporains, évitant, par des vérifications conjointes, manipulations et mensonges. Il est incontestable, même si on n'est pas un inconditionnel d'Internet, que les autoroutes de l'information facilitent l'accès à de nombreux documents inédits et fiables.

Ainsi comment les révisionnistes peuvent-ils nier l'existence des camps d'extermination, alors que nous disposons d'assez de preuves irréfutables pour dénoncer leurs manquements à la vérité ?

Informée par la presse et les autres médias, l'opinion publique sera de plus en plus difficile à gruger. Pour ce qui relève du secret ou de la raison d'État, tôt ou tard les archives, les documents offriront la possibilité de décrypter les impostures dont nous sommes régulièrement les victimes.

Moins d'un an après qu'il les eut présentés au Conseil de sécurité des Nations unies, on sait que les tubes brandis par le secrétaire d'État américain Colin Powell ne contenaient pas de poison mortel, mais de la poudre de perlimpinpin. Quant au Britannique Tony Blair, il devait faire l'aveu de ce que son rapport sur les armes irakiennes n'était que la copie d'un texte déjà ancien. Pour abattre – ce qui fut une bonne chose – Saddam Hussein, tout paraissait louable, y compris les plus grossières impostures.

L'imposteur, le plus détestable des êtres humains, nous le côtoyons quotidiennement, brandissant une bannière de vérité ; nous nous apercevons souvent trop tard qu'elle n'était que la fripe du mensonge.

Il arrive que la vérité surgisse, simple, vraie, sans tromperie possible. Le mérite en revient aux savants et historiens qui s'efforcent de débusquer les exagérations, les cachotteries, les mensonges, les impostures de l'époque contemporaine.

Avec le passé, la tâche est plus ardue. Les chercheurs n'ont souvent à leur disposition que témoignages complaisants, souvent contradictoires, chroniques flagorneuses, textes ou iconographie qui par souci d'esthétique ne sont que le miroir de l'ignorance. Il faut aussi prendre garde aux Mémoires, aux aphorismes qui n'ont d'autre objectif que de satisfaire l'ego de ceux qui les ont rédigés. Pour l'historien(ne), il ne doit pas y avoir d'autre culte que celui de l'authenticité vérifiable et certifiée. L'Histoire ne relève pas de la chronique ou du romanesque, le document prime tout et, comme le répète à l'envi – parmi d'autres – Jean Tulard, l'historien honnête ne peut faire état que de ce dont il a la certitude. Tout droit à l'imaginaire lui est interdit.

En revanche, quel plaisir pour le chercheur que de découvrir, parfois avec un pincement au cœur, une pièce inconnue, longtemps ignorée, qui va mettre à mal une légende pluriséculaire ! Hélas, il y a des légendes et des impostures qui résistent à toute analyse cartésienne.

Sans doute le premier *homo erectus* fut-il déjà un imposteur, mais les textes le concernant sont difficilement accessibles... ils n'existent pas. Lors d'un récent séjour en Syrie, j'ai pu admirer des tablettes d'écriture cunéiforme. Ce fut une grande émotion, doublée du sentiment qu'à partir du moment où il sut écrire, l'homme apprit à mentir. *Verba volent, scripta manent*, les mots s'envolent, les écrits restent. Règle d'or à ne jamais négliger.

La tâche est difficile que d'entreprendre dans la sérénité d'esprit la dénonciation d'impostures propagées – qui dit propagées suppose propagande – siècle après siècle, génération après génération, en toute inconscience ou en malhonnêteté assumée ! Ne pas dissimuler des vérités qui fâchent fut longtemps considéré comme une hérésie susceptible de conduire tout droit leurs auteurs aux bûchers.

Un exemple entre beaucoup d'autres : combien d'auteurs contestent de nos jours la naissance de Jésus le 24 décembre à minuit ! Depuis des siècles, les gens d'Église et les autres n'ignorent pas que cette date fut arbitrairement fixée au IVe siècle par l'empereur Constantin, désireux de marquer par ce symbole le début de l'allongement des jours ; ils persistent néanmoins dans leur version erronée. Et Jésus lui-même, combien de théologiens s'accordent à reconnaître qu'il serait né six ou sept ans… avant Jésus-Christ !

Pour faire aimer l'Histoire, il faut la vulgariser, ce qui ne signifie pas la rendre vulgaire, mais simplement, à partir d'éléments souvent éparpillés dans les archives ou les bibliothèques, dénoncer le plus simplement du monde quelques impostures assez célèbres pour qu'il soit nécessaire de les condamner. Sans parti pris.

Bien entendu, ma liste à suivre n'est pas exhaustive, il m'a paru néanmoins intéressant dans ce premier *opus* de m'attacher à quelques-unes des plus criardes, des plus tenaces, des moins crédibles.

Avec l'espoir d'être suivi par les lectrices et lecteurs, ce dont par avance je les remercie.

C. M., mars 2004

Néron, incendiaire de Rome ?

Il a suffi de quelques chroniques d'auteurs latins, reprises au fil des siècles, et d'une mosaïque retrouvée à Rome, pour accuser celui qui, certes, n'était pas un saint homme, d'avoir incendié Rome.

Nous disposons aujourd'hui d'assez de preuves pour que Néron soit exonéré de ce crime.

Serait-il interdit, sacrilège, de contester, voire de dénoncer, des auteurs renommés, d'autant plus reconnus qu'ils ont, tel Plutarque, rédigé les *Vies* ? L'Histoire devrait, on l'a vu avec Louis IX, alias Saint Louis, se méfier des chroniqueurs des princes qui ont autorité sur les humains. En quête auprès de ceux qu'ils servent par leurs plumes de quelques rémunérations, honneurs ou privilèges, ils sont naturellement enclins à se montrer plus volontiers hagiographes serviles que témoins objectifs. Outre que depuis l'apparition de l'*homo erectus*, il ne semble pas que nos cerveaux, dont nous n'utilisons qu'une infime partie des cellules, aient appris à maîtriser la fragilité du témoignage. La flatterie n'exclut pas la sincérité, la sincérité n'a pas toujours le visage de la réalité. Si le propos est d'actualité, il n'est pas nouveau.

Plutarque, relayé par Pline le Jeune et Suétone, affirme qu'à l'automne 37 Agrippine, enceinte de six mois, est allée consulter un astrologue perse de grande réputation qui lui aurait fait cette terrible prédiction : « Vous aurez un fils qui sera empereur, mais qui assassinera sa mère » … Agrippine, dont la perversité ne relevait pas, elle, de la légende, aurait répondu : « Qu'il assassine sa mère, mais qu'il soit empereur ! »

Alea jacta est, les dés étaient jetés. Le fils fut effectivement empereur et assassina celle qui lui avait donné le jour. Les historiens pouvaient dès lors se convaincre et nous convaincre que Néron meurtrier ne pouvait être que l'ordonnateur de l'incendie de Rome.

Certes, Néron, de son vrai nom Lucius Domitius Nero, n'avait pas un caractère angélique, certes il se montra fort vil dans ses colères, il n'en demeure pas moins que le tenir pour responsable de l'incendie qui détruisit aux trois quarts la capitale de l'Empire romain relève de l'imposture, une imposture depuis longtemps dénoncée par les plus sérieux chercheurs, sans que pour autant l'opinion publique, à commencer par les enseignants, ait modifié sa condamnation du césar. Parmi les drames les plus monstrueux qui ont balisé l'histoire de l'humanité, les hommes savants considèrent que l'incendie de Rome tient une place de choix. C'est à la fois faux et injuste.

L'incendie de Rome imputé à Néron profite depuis deux millénaires à l'Église catholique ; historiens et théologiens se gardent bien de la dénoncer, un pilier du christianisme menacerait alors de s'effondrer.

Pour comprendre le lien entre le fils d'Agrippine et de Claude et l'histoire du christianisme, il faut effectuer un nécessaire retour en arrière.

Cela commença par l'arrivée à Ostie de Pierre, le premier des disciples de Jésus le crucifié. Ardent porte-parole de la nouvelle foi, dont il savait qu'elle commençait à rallier de nombreux adeptes dans l'Empire, il décida d'installer à Rome le quartier général de son action évangélisatrice. Claude, tant décrié pour ses appétits de gourmandise et de sexualité obsessionnelle, était encore sur le trône impérial. Après la mort de Messaline, toujours disposée à subir ou organiser les furies amoureuses de son mari et de ses amants, il épousa en deuxièmes noces Agrippine, laquelle ne manifesta pas plus que celle qui l'avait précédée d'intérêt pour la morale et demeura parfaitement insensible aux critiques des patriciens. Elle s'était hâtée de faire savoir au peuple qu'après la mort de Claude, ce ne serait pas Britannicus, fils de Messaline et de Claude, qui lui succéderait sur le trône impérial, mais Lucius Domitius Nero, un bâtard adopté par Claude. Pour éviter une éventuelle chicanerie, elle fit assassiner Britannicus. Y avait-il méthode plus efficace de s'en débarrasser ? Un meurtre faussement attribué à Néron qui n'était encore qu'un gamin introverti et timide. Plus tard, ce serait à Claude lui-même d'avaler le poison mortel. Jean Racine exploita le sujet, longtemps étudié en littérature avant que, dans les lycées et collèges de la République, l'Internet ait remplacé la lecture des grands classiques.

Quand Pierre débarqua à Ostie, probablement en 39 ou 40, Claude, frère de Germanicus et unique représentant de la famille Auguste après la mort brutale de Caligula, régnait sur l'Empire. Contrairement à une légende tenace, Claude, né à Lyon, était tout sauf sot. Intellectuel, brillant administrateur, il s'avéra un des diplomates les plus doués dans le règlement des conflits au sein de l'Empire romain.

Dans « l'affaire Jésus », il afficha une neutralité assez bienveillante, afin que de nombreux adeptes de la nouvelle religion quittent le Moyen-Orient pour s'installer en Italie. Non seulement ils furent tolérés, mais à ceux qui redoutaient l'esclavage Claude offrit aux uns l'affranchissement, aux autres la citoyenneté. Une situation si favorable pour les chrétiens ne pouvait qu'inciter Pierre à poursuivre sur place sa fonction de prosélyte.

Suétone, historien rigoureux, nous présente Pierre comme « *un homme sans éducation ni naissance, pauvre et d'apparence vulgaire* » – *vulgaris sed non populum* –, vulgaire mais sans l'attrait des gens du petit peuple de Rome.

Débarqué à Ostie, la plage de prédilection des Romains dès les premières ardeurs solaires, Pierre remonta le Tibre sur une barque de pêche. La distance n'était pas longue entre Ostie et Rome et le Tibre n'est rejoint que par un modeste affluent, l'Anio. Au confluent, en grimpant au sommet d'une colline, la vue s'étend, magnifique, sur la Ville Éternelle, au creux de ses sept collines. Aujourd'hui autoroutes, hypermarchés, chemins de fer de banlieue, modestes villas ou monstrueuses tours de béton ont ici, comme ailleurs, agressé la ceinture campagnarde, naguère verdoyante.

Et que vit Pierre, l'apôtre en mission, après avoir touché aux rives de l'Anio ? Sur la rive droite du Tibre, des chantiers de construction – déjà ! –, mais surtout, sur les flancs et au sommet de l'Aventin, les palais les plus richement décorés, les colonnes des temples les plus finement sculptées, au-delà desquels il aperçut, provocante et puissante, la forteresse du Janicule. Au milieu de ces splendeurs, des maisons plus modestes un peu à l'écart des forums. Un monument de pierre, comme il n'en avait jamais vu, colossal : le Colisée! Et partout le regard de Pierre, venu dans cette ville prêcher sa foi, se portait sur une foule immense et bruyante. Y avait-il, comme on peut le supposer, plus d'un million d'habitants à Rome dans les premières décennies de notre ère ? Difficile de distinguer qui était plébéien, qui était patricien, qui était esclave, qui était affranchi. Une population dense comme une ruche, dans laquelle Pierre se perdit pour gagner le quartier juif où il avait choisi de résider, où il était attendu. Ce qui ne le réjouissait guère, car si les juifs le détestaient, il détestait les juifs qui avaient, selon lui, trahi son Maître.

Pierre savait nouer des liens d'amitié, il avait le sens du relationnel, indispensable à qui se veut prosélyte. Il ne resta que peu de temps dans le quartier juif. Non qu'il eût éprouvé un sentiment d'inquiétude pour sa personne, mais il savait qu'à Rome la délation faisait partie des usages. Qu'on le dénonçât à Néron, proclamé empereur, après la mort de Claude, par les prétoriens, il serait immédiatement emprisonné. Pierre le redoutait, Néron, lui, ne se préoccupait guère que des habitants de la ville voient en le Crucifié le véritable Messie qu'attendaient les Hébreux. Il avait su résister aux pressions de ses proches lui conseillant de signer un décret contre juifs et chrétiens considérés comme les agitateurs de Rome.

De fait Pierre et ses intimes fréquentaient surtout les riches Orientaux qui habitaient les curies – les arrondissements – du Viminal et de l'Esquilin. La nourriture y était de qualité et les fêtes joyeuses. Pierre, bientôt rejoint par Paul, considérait que ça n'était pas parce qu'on était un honnête chrétien qu'on devait se priver de plaisirs profanes. La papauté, qu'on pense aux Borgia ou aux pontifes d'Avignon, n'a pas toujours fait vœu de pauvreté !

Dans les salons des négociants orientaux, se côtoyaient régulièrement des sénateurs qui trouvaient attrayantes ces réunions amicales. Ainsi Pierre fit la connaissance de l'un d'entre eux, Pudens, et de sa femme Claudia. Il les convertit sans difficulté tant certains esprits latins, séduits par la prédication chrétienne, ne croyaient plus guère à leurs divinités, ne se rendant aux cérémonies des temples que pour ne pas déplaire à l'empereur.

Sitôt converti, Pudens offrit à Pierre de le loger dans sa maison, ce que Pierre accepta volontiers tant il avait hâte de fuir les juifs, également conscient qu'il lui fallait avant tout agir parmi les Romains, les juifs demeurant fidèles à leur foi.

Avec l'accord de Pudens, Pierre organisa des réunions – des « colloques » dirions-nous pompeusement aujourd'hui – où dans un premier temps on discutait des dieux grecs et latins, des rapports du matérialisme de ces divinités avec le Dieu dont Pierre était le porte-parole. Aux débats d'idées succédèrent les baptêmes.

Parce que Pierre demeurait volontiers assis dans un fauteuil, le plus finement sculpté du *triclinium* du sénateur Pudens, ledit fauteuil ne tarda pas à devenir un objet de vénération pour ses successeurs. Il se trouve aujourd'hui dans la basilique Saint-Pierre, à Rome, curieusement suspendu au-dessus de l'autel de la Confession, encastré dans une assez surprenante chaire de bronze, sculptée par le Bernin, moins inspiré en l'espèce que pour sa fameuse colonnade.

Rome, depuis les débuts de la République, était divisée en tribus, chaque tribu en dix curies. Celles-ci possédaient leurs petits temples dans lesquels les habitants des quartiers étaient tenus de se rendre, afin d'honorer les divinités familiales. En dehors de ces édifices de taille réduite, il y avait évidemment les temples des grands dieux, protecteurs de la cité et de l'Empire, où le peuple se rendait à l'occasion des fêtes les plus importantes des *calendes* – calendrier. Pierre conserva cette organisation, appelée à devenir celle des paroisses et des évêchés.

Les partisans de Pierre inquiétaient-ils à ce point Néron qu'il ait éprouvé le besoin de jeter aux fauves les chrétiens ? Absolument pas. La seule obligation on ne peut plus moderne imposée par l'administration néronienne était que les réunions se tinssent dans les Catacombes ou dans une grotte d'une des collines considérée comme profane parce qu'on y aurait découvert, du temps de Claude, un grand serpent dans le ventre duquel avait été trouvé le corps entier d'un enfant. Un chêne énorme, plus vieux que Rome, racontait le peuple, en masquait l'entrée. Il était fait obligation aux chrétiens de se rassembler en ces lieux, non pour se cacher – la police de Néron était efficace –, mais pour éviter que ces attroupements de plus en plus nombreux ne créent des embouteillages qui auraient gêné – nous n'avons rien inventé ! – la circulation des chars. Dans la grotte au chêne, les fidèles se réunissaient pour chanter la gloire de leur nouveau Seigneur (en latin *vatis cantor)*. Sur la colline au-dessus de la grotte, le Vatican était né.

À ce remue-ménage spirituel, Néron ne voyait rien de répréhensible. Il n'ignorait pas qu'il régnait sur un empire en déclin. Des siècles de guerres et de conquêtes pesaient sur Rome, la loi républicaine avait pris la forme la plus corrompue du césarisme. Les anciennes vertus qui avaient fait la gloire de la puissante Rome disparaissaient l'une après l'autre, la religion se résumait à un panthéon de dieux protecteurs, un ensemble de cérémonies et d'incantations païennes vides de sens.

Dans la Rome tolérante, la religion neuve prêchée par ses zélateurs tomba à point nommé pour jeter bas toute la philosophie de la vie. Le monde romain s'en effrayait, Néron, qui avait épousé Poppée, non seulement ne menaçait pas les chrétiens, mais était convaincu qu'ils pouvaient, par leurs enseignements, leur assistance aux plus miséreux, leur ardeur à s'occuper des malades et des déshérités, contribuer à extirper de la société romaine les vices qui la minaient.

S'il y eut persécutions, l'Histoire ne doit pas les imputer à Néron, mais à son entourage immédiat, dont le pervers Burrus, originaire d'une bourgade provençale appelée à devenir Vaison-la-Romaine. C'est Burrus, préfet des prétoriens, qui ordonna, en 61, de faire venir Paul de Palestine, satisfait de le montrer au peuple, pliant sous le poids des chaînes qu'il supportait depuis son embarquement à Césarée, trois mois auparavant. Pierre n'était pour rien dans l'affaire.

Contre toute attente, Paul, après avoir été chaleureusement accueilli par Pierre et ses adeptes, ne fut pas, quoique prisonnier d'État, interpellé. Pendant deux ans, résidant entre le Grand Forum et le Champ de Mars, il s'employa à fabriquer des cordages et de la toile, pour subvenir à ses besoins, tout en recrutant de nouveaux chrétiens dans le monde des affaires, en particulier chez les Grecs qui entretenaient une importante colonie d'exilés dans la capitale de l'Empire.

Deux aspects du christianisme surprenaient Néron : les cérémonies funéraires et l'absence de représentation visuelle de ce Dieu unique et universel, alors qu'à Rome, l'image de l'empereur, sur les monnaies et dans la statuaire, avait un caractère divin.

Pour ce qui était des inhumations, on lui expliqua que si les chrétiens enterraient leurs morts dans un terrain commun, le long de la voie Appia, c'était parce que, trop pauvres pour construire des tombeaux au-dessus du sol, la plupart d'entre eux enfouissaient les défunts. Pourquoi sur la route de Capoue ? Parce que le sol était particulièrement friable, donc facile à creuser.

Quant à l'esprit figuratif, Néron, non sans difficulté, admit que les chrétiens trouvaient leur bonheur dans une pensée où se mêlaient humilité et amour du prochain. Pierre et Paul prêchaient la fraternité entre les hommes qui, selon eux, étaient tous égaux devant un Dieu unique.

Néron accepta les explications et n'en demanda pas davantage. Ses conseillers intimes manifestaient plus d'appréhension envers cette forme de religiosité qui prenait de plus en plus d'ampleur dans la cité. À la tête des opposants au christianisme, un avocat, de surcroît sénateur et écrivain : Cicéron. Il déniait qu'un esclave pût valoir son maître et n'admettait pas que les étrangers qui emplissaient les rues de la ville eussent des références identiques à celles des patriciens romains.

Néron demeurait muet face à ses contradicteurs. Il n'avait aucune raison de condamner les chrétiens, pas plus que les juifs, excellents coupeurs de toges et remarquables batteurs de monnaie. En revanche, il redoutait des règlements de comptes sanglants entre les deux communautés, les chrétiens accusant les juifs d'avoir trahi leur Maître. Toute confrontation s'avérerait périlleuse pour Rome. De cela, Néron était convaincu.

Entre imposture historique et idée reçue, la frontière est parfois difficile à déterminer. Néron, qui gouverna l'Empire romain de l'an 54 à l'an 68 de notre ère, en offre une illustration exemplaire.

Né à Antium en 37, il était âgé de dix-sept ans lorsque, se substituant à Britannicus, fils légitime de Claude, il devint par la volonté de sa mère Agrippine, maître d'un empire dont le déclin était déjà dangereusement avancé. Habilement conseillé par le philosophe Sénèque – ses textes ont fait pâlir d'angoisse des générations de futurs bacheliers, lorsque le latin n'était pas encore considéré comme une ringardise de la vie citoyenne –, Néron, malgré la tutelle étouffante de sa mère, entendait que son règne fût placé sous le signe de la clémence ; on n'a jamais cessé de le dénoncer comme celui du cynisme cruel et barbare.

La postérité ne veut voir que la débauche, un mythe savamment entretenu depuis des siècles par l'Église. Pourquoi ignorer la vérité et ne pas dénoncer, entre autres légendes néroniennes, celle de l'incendie de Rome en 64 ? En commençant par établir ce que les magistrats appellent un « portrait de personnalité » ?

On pourra s'en étonner, Néron dès son enfance a montré une âme d'artiste ; son rêve d'adolescent était de consacrer entièrement sa vie à la musique et à la poésie. Malheureusement, l'insatiable Agrippine avait fait pour son bâtard un autre choix, qu'acceptèrent, à la mort de Claude, les politiciens romains. Il suffit, pour faire connaissance avec le véritable Néron, de se référer à ses biographes qui pourtant se sont montrés peu complaisants, tant s'en faut, à son égard, et plus particulièrement à Suétone, lequel a toujours mis en doute les terrifiantes responsabilités dont on accabla l'empereur qui finit assassiné par un affranchi.

Le palais impérial, qu'on a prétendu le rendez-vous de toutes les turpitudes rejetées par la nouvelle religion, était certes joyeux, on y gloutonnait volontiers, mais il était surtout le lieu de rencontre favori des poètes, musiciens, comédiens, artistes en tout genre. Un salon était réservé aux musiciens, où Néron, doué pour la lyre, se mêlait aux autres interprètes auxquels il faisait jouer les œuvres qu'il avait composées. Il affectionnait que certains poèmes de sa plume fussent illustrés de chorégraphies.

Qui voulait jouer au palais devait auditionner. Néron arrêtait lui-même ses choix en compagnie de quelques amis admis à participer à l'épreuve. Selon Suétone, Néron répétait volontiers qu'il ne se fiait jamais au goût d'autrui. Qu'il se fût agi de littérature ou de politique étrangère.

Les « intermittents », qui à la différence des « invités » et des « permanents », étaient renvoyés parce qu'ils n'avaient pas fait preuve de leur talent, recevaient un cadeau et une bourse emplie de sesterces, afin qu'ils gardent un bon souvenir de Néron.

S'il surveillait lui-même les exercices du corps de ballet, imposant à quelques danseuses des « répétitions » ne figurant pas au programme, il savait couvrir ses maîtresses d'un soir de roses et de feuilles de laurier, l'arbuste emblématique des césars.

Le plus important pour lui était le salon de lecture, le seul lieu, encore selon Suétone, dont il osa refuser l'accès à sa mère Agrippine. Il y côtoyait régulièrement Pétrone, Titus, Lateon, Sénèque toujours et Lucain, son préféré, parce que sans doute le plus flagorneur.

Lorsque Néron annonça qu'il nourrissait le grand projet de faire écrire en vers l'histoire de Rome, Lucain s'empressa de se porter candidat. Il essaya, avant de renoncer quelques semaines plus tard, au prétexte qu'une telle œuvre ne pouvait être menée à bien tant elle était gigantesque.

Néron adorait composer de petits chants. Le jour où le poète Tigellin l'informa que l'un d'eux était le succès du jour aux bains publics, il en fut si réjoui que le soir même il donna au palais une fête fastueuse. Cet homme serait le tyran qui aurait fait brûler Rome entière ? Difficile à croire, d'autant qu'il n'en fut rien…

En quelques années Rome était devenue une ruche immense, où se côtoyaient patriciens, plébéiens à la peine et spéculateurs oisifs qui avaient pour unique occupation de se promener sur le Forum du matin au soir, en quête d'une bonne affaire. Des dizaines de milliers de Romains ne faisaient rien, personne ne s'interrogeait sur l'origine de leurs ressources. Ils s'adonnaient au *farniente* parce qu'ils avaient, influencés par les Orientaux, pris goût aux délices du commerce facile. Il suffisait pour vivre de revendre avec un confortable bénéfice des produits frais ou manufacturés en provenance des provinces, où les esclaves étaient moins rétribués que dans la capitale. De nos jours, on appellerait cela de la « délocalisation ».

Dans les ruelles étroites se bousculait une foule cosmopolite. Elle envahissait chaque carrefour, pour y entendre des orateurs chanter la grandeur de l'Empire et la noblesse d'esprit de l'empereur. Dans d'élégantes litières, aristocrates de vieilles familles romaines ou négociants véreux s'affichaient au côté de péripatéticiennes, le visage couvert des fards les plus épais, les plus odorants. Pour une esclave, accéder au rang de courtisane était une forme de promotion sociale.

À l'écart de ce tumulte, *l'argiletum*, non loin du Colisée, demeurait un quartier étrangement calme. Les libraires s'y retrouvaient pour exposer leurs plus récentes publications, soit sous la forme de rouleaux, soit – c'était une nouveauté – de « livres », une mode lancée par l'impératrice Livie, quand elle avait publié ses *Lettres à Auguste.* Livie, injustement oubliée et par les auteurs et par les éditeurs, mérite que, dans l'immensité livresque, on salue son imagination. Sur *l'argiletum*, on discutait du contenu des ouvrages, mais aussi – déjà ! – de contrats dont les montants en sesterces variaient selon qu'on s'appelait Cicéron, Sénèque, Suétone ou qu'on était un inconnu lisant ses œuvres à haute voix, dans l'espoir, souvent vain, que quelqu'un s'y intéresserait.

Rome était grande, vieille, ses habitants affirmaient, non sans quelque vanité affichée, vivre dans la capitale du monde. Or au milieu du Ier siècle de notre ère, quiconque avait voyagé – et on voyageait beaucoup – savait que Rome, avec son cosmopolitisme, était loin de posséder la beauté d'Alexandrie, la majesté de Carthage, l'élégance préservée d'Athènes. Les édifices publics, religieux ou administratifs y étaient sans doute imposants, voire impressionnants, il n'en restait pas moins que, quelle que fût la classe sociale à laquelle on appartenait, la vie quotidienne n'y était guère plaisante.

Les habitants sortaient rarement de leurs quartiers et s'il serait anachronique de parler de *ghetto*, les milliers de juifs redoutant autant les agressions des chrétiens que les rafles régulièrement perpétrées par la police impériale, s'entassaient dans des *domi* où les conditions d'hygiène étaient déplorables. À en croire le chroniqueur Martial, il arrivait que dans ces maisons de parfois sept étages les niveaux supérieurs fussent dévorés par les flammes alors que les habitants du rez-de-sol continuaient de dormir tranquillement ! Quant aux chrétiens, de peur d'une répression collective, ils changeaient souvent d'habitation, se contentant de conditions d'existence lamentables. Le service d'eau n'existait pas, il fallait s'approvisionner aux fontaines publiques souvent éloignées des logements. Pour ce faire, les classes moyennes et les patriciens utilisaient leurs esclaves, ce qui n'était pas le cas des familles qui se cachaient dans des logements insalubres, afin d'échapper aux punitions et humiliations imposées à ceux qui avaient abandonné le paganisme. Les « commodités », certaines luxueuses, d'autres sordides, dépendaient de l'administration de la cité ; les fréquenter exigeait le paiement d'une taxe ! Les « dames pipi » romaines étaient des fonctionnaires rémunérées sur le budget impérial.

Le spectacle de la rue romaine était à la fois malodorant et pittoresque. Dans la journée, on croisait des Arabes, leurs amples robes blanches descendant jusqu'aux pieds, des Gaulois et des Celtes, les jambes enfermées dans des *culotti* dissimulés sous des manteaux de laine, même pendant les semaines de *canicula*, des juifs en tunique courte, la tête toujours couverte d'un *capetium* – kippa ou képi –, des Grecs en toge romaine et des esclaves affranchis drapés dans des étoffes retenues par des *spinieri*, de petites épingles. Quant au langage, il y avait des décennies, sans doute depuis la mort de Jules

César, que le latin était réservé aux Romains de souche, le reste de la population s'exprimant plus ou moins aisément dans les diverses langues d'un Empire qui s'étendait de la Judée à l'Écosse !

Toutes les conditions semblaient réunies pour qu'un jour ou l'autre, dans ce grouillement de population, l'incendie se propageât. Certes Néron eut tort de prendre la menace à la légère, il convient toutefois de dénoncer l'imposture qui fait de lui le responsable et le coupable de la catastrophe de l'an 64.

Suétone et plus tard l'illustre historien Tacite ont pourtant rapporté en des termes quasiment identiques ce que fut une des plus terribles tragédies de l'Europe antique : les flammes ont ravagé Rome pendant six jours et six nuits, sans qu'aucun effort ne parvînt à les maîtriser. Dans les braises encore brûlantes on dénombra plusieurs dizaines de milliers de cadavres carbonisés. Il y en eut sans doute davantage.

De cette horreur Néron aurait été l'auteur criminel ? Les premiers à faire courir cette terrible rumeur furent les adeptes de Pierre. Au prétexte qu'au début du sinistre, Néron avait quitté Rome et que le feu avait pris le 13 juillet – le mois des calendes de Julius –, quatre cent cinquante ans jour pour jour après que les Gaulois, qui avaient fait tomber Rome, eussent déjà brûlé une partie de la cité. Pour les chrétiens et quelques autres, étrangers aux lois du hasard, il ne pouvait en aucun cas s'agir d'une dramatique coïncidence.

Selon Suétone et Tacite, citoyens romains et historiens scrupuleux, les événements se seraient déroulés ainsi :

Néron, en ce mois de juillet, souffrait de la chaleur à Rome. Sur le conseil de Poppée, le couple impérial s'était installé dans leur villa de la campagne d'Anzio, dans le Latium, où l'air était plus respirable. Au soir du 13 juillet, Néron et Poppée partageaient, sur leur lit, leur souper avec quelques amis dont le fidèle Sénèque et Burrus, le nouveau confident de Poppée.

Tel le coureur de Marathon, un courrier haletant bouscula la garde et se précipita dans le *cubiculum* impérial. L'homme, poursuit

Suétone, s'écroula aux pieds de Néron et dans un ultime cri lança : « Rome brûle ! », puis s'effondra, mort, sur les mosaïques de la salle, sous le regard effaré des serveurs et des danseurs du souper.

Placide, Sénèque interrogea : « Les vigiles ne peuvent-ils l'éteindre ? » Comment en auraient-ils eu la possibilité, puisque toute la cité était en flammes ? Personne ne prononça plus un mot. Néron tourna les yeux en direction de la ville bien que d'Anzio il fût impossible de l'apercevoir.

Après quelques minutes de silence, Néron murmura : « Sans doute s'agit-il d'un de ces incendies si fréquents dans les quartiers surpeuplés de Rome. » Et d'ajouter à l'intention des convives : « Cela démontre une fois de plus combien il est nécessaire de reconstruire la ville sur un plan rationnel… »

Les heures passaient, Rome brûlait. D'autres messagers s'étaient succédé, toujours plus pessimistes : le feu avait atteint les boutiques proches du Cirque, à proximité du Mont Palatin, des échoppes emplies d'huiles et d'étoffes. Néron prenait peu à peu conscience que le désastre s'annonçait sans précédent. Un vent violent venu de la mer voisine favorisait la progression des flammes. À minuit, l'incendie atteignait symboliquement le palais impérial.

Le ciel au-dessus de la ville lointaine rougeoyait ; sur la terrasse de la *villa*, seul, dans un profond désarroi, l'empereur s'interrogeait : avait-il à ce point offensé les dieux sur leurs autels pour qu'ils aient ordonné la destruction de la cité ?

À l'un des messagers, Néron demanda : « Est-ce un accident ou un crime ? » Tout ce que put répondre l'homme était que le feu avait éclaté spontanément en huit lieux. L'intention criminelle ne pouvait laisser place à aucun doute. Un crime, oui, mais à qui l'imputer ?

L'Histoire officielle ne voulut retenir que le nom de Néron qui, peu avant la tragédie, aurait quitté Rome afin que lui et ses proches fussent épargnés. Il suffit de relire les récits des historiens de l'époque pour être convaincu de l'ineptie de cette rumeur. Même Sénèque le Vieux, dont on apprit un peu plus tard qu'il entretenait des relations amicales régulières avec les chrétiens, relata la première nuit de la tragédie en termes à peu près semblables à ceux de Suétone et Tacite.

Dès qu'il eut appris que des quartiers entiers avaient cessé d'exister, que des milliers de personnes – citoyens, affranchis, esclaves, étrangers – avaient péri dans les flammes, que toute la partie la plus ancienne de la ville avait disparu, que des gens frappés de panique s'efforçaient de fuir Rome, sans toujours y parvenir, Néron, au péril de sa vie, décida de rentrer, malgré l'obscurité de la nuit, dans sa capitale.

Néron incendiaire de Rome ? Pourquoi, depuis vingt siècles, a-t-on ignoré les témoignages vérifiés, authentifiés par les plus sérieux historiens de l'Antiquité ? À la question de savoir à qui profitaient et le crime et la rumeur, il y a une réponse, à condition de rapporter les faits tels que Sénèque, puis Suétone et Tacite les ont transcrits.

Néron, excellent cavalier, sur les chemins empierrés du Latium, chevaucha toute la nuit, avec à ses côtés son poète chroniqueur Tigellin et son secrétaire personnel, d'origine hellène, Epaphrodite. Les trois hommes étaient accompagnés d'une douzaine de légionnaires de la garde prétorienne. À Arricia, Tigellin suggéra à l'empereur de prendre un peu de repos. Néron se contenta d'absorber une soupe épaisse qu'un prétorien lui présenta sur un plat en bois, utilisé par les légionnaires. La petite troupe repartit aussitôt. À l'aube, ils atteignirent le mont Albin. Ce que vit Néron, ou plutôt ce qu'il ne vit pas, était terrifiant. Une épaisse fumée noire couvrait Rome.

Rome brûlait toujours, Néron eut la confirmation de ce que l'incendie avait pris son effroyable envol sur les rives du Tibre, dans ce qui est de nos jours le Trastevere, sorte de Saint-Germain-des-Prés romain, et simultanément sur les hauts quartiers des collines, là où se dressaient, agressives et somptueuses, les *domi* des riches patriciens.

Lorsqu'il atteignit, comme noyé dans la horde des fuyards éperdus, la porte de Capua – Capoue –, Néron entendit quelqu'un crier : « Ne vous étonnez pas, le feu a été allumé sur des ordres venus d'en haut… » Suétone affirme que Néron, averti de ce que Rome était menacée d'une destruction totale, rabattit un capuchon sur sa tête et sans un mot s'enfonça dans l'épais nuage de fumée.

Si l'incendie a été d'une telle violence, il faut aussi savoir – hasard ou perfide utilisation d'éléments extérieurs ? – que l'été 64 fut à Rome particulièrement chaud et sec. Le temps de la *canicula* justifia son nom plus qu'en d'autres années. Il n'avait pas plu depuis plusieurs semaines, l'atmosphère était étouffante. Les gens suffoquaient de chaleur dans les demeures et les rues, où l'odeur était encore plus fétide qu'à l'accoutumée. Le Forum et la Voie Triomphale avaient été atteints par les flammes et du quartier populaire surpeuplé de Suburre il ne restait plus, après la première nuit, que des cendres brûlantes. Le palais de Néron, léché par le feu, mais relativement protégé par de hautes murailles de marbre, résista, ce qui évidemment contribua à alimenter la rumeur faisant de Néron un incendiaire.

D'ailleurs que fit l'empereur après avoir pénétré dans la cité ? Se précipita-t-il jusqu'à son palais pour y trouver refuge ? Il avançait à pied, mêlé aux gens occupés à pousser dans des charrettes les quelques biens qu'ils avaient pu sauver. Tacite[1], Pline, sur la base de témoignages vérifiés, assurent qu'avec beaucoup de courage Néron risqua à plusieurs reprises sa vie dans les fumées noires des ruelles à portée de flammes, la suie avait noirci son visage, ses cheveux et sa tunique étaient roussis. À toute heure du jour et de la nuit, pendant cette semaine tragique, il parcourut les quartiers à pied, sans escorte, rassemblant des officiers et des jeunes patriciens, leur attribuant des missions de secours précises, menaçant de mort quiconque se déroberait à son devoir envers Rome. La plupart de ceux qu'il rencontrait ne l'ayant jamais vu ailleurs que sur les pièces de monnaie frappées à son effigie ne le reconnaissaient pas. Était-ce

1. *Annales*, XV.

là l'attitude d'un délirant criminel ? Il est vrai que de la part d'un homme qui maniait poison et poignard avec facilité – il n'était pas le seul à Rome –, on pouvait s'attendre à tout. Si ce n'est que Néron chérissait sa cité, ne cessait de l'agrandir, de l'embellir. Aurait-il agi ainsi s'il n'avait été qu'un abominable incendiaire ?

Soit, les sceptiques ont le droit de douter. D'autres événements, d'autres récits crédibles lavent l'empereur de l'accusation dont il est toujours l'objet. Une accusation qui, dès la catastrophe, trouva sa justification dans un événement apparemment sans importance, mais qui sera, pendant deux millénaires, exploité non seulement par l'Église, mais, ce qui est plus grave, repris sans vergogne par les manuels d'histoire des écoles de la République. De quoi s'agit-il ?

Au terme de la quatrième nuit d'incendie, alors que l'empereur prenait un bref moment de repos, après un repas avalé à la hâte, Tigellin, qui ne le quittait pas, lui aurait dit :

– César, pourquoi ne composes-tu pas un poème sur les flammes dévorant Rome ? Quel sujet pour un poète tel que toi !

Ce qui n'était que flatterie d'un proche courtisan allait lancer une rumeur de vingt siècles, à laquelle il n'est que temps de tordre le cou.

Néron, ayant écouté son conseiller, jeta un regard affligé sur ses jardins dévastés.

– Faits immortels, chants immortels, murmura-t-il devant Tigellin qui s'empressa de le faire savoir autour de lui.

Et Néron spontanément continua :

– Faits immortels, chants immortels. Dans la suite des temps, les hommes les chanteront autour de leurs feux de camp. Le peuple en fera une grande lamentation. Un chant que l'on pourrait reprendre jusqu'à la fin des âges…

Néron saisit sa lyre, sortit sur une terrasse, contempla tristement la cité, sous le ciel lugubre, suspendu dans l'obscurité de la nuit, comme un dais funéraire au-dessus des ruines de Rome. Puis il fit glisser ses doigts sur les cordes tendues de la lyre.

Moins d'une heure plus tard, un esclave parcourait ce qui restait de la cité, en hurlant : « Néron a fait brûler Rome pour chanter l'accompagnement des flammes… » L'air de la calomnie pouvait courir dans les rangs des survivants. Sur les pierres calcinées du Forum la rumeur s'amplifia. Des artistes jurèrent de graver cet acte horrible sur leurs fresques ou dans leurs mosaïques. La tristesse de Néron ne fut jamais ni entendue, ni reconnue, mais elle acquit une sinistre renommée universelle. La version de Néron pyromane prit sans délai une redoutable place dans la longue série des impostures de l'Histoire.

Oui mais… si ce ne fut Néron, qui et pourquoi ? La chaleur et la sécheresse ne suffisent pas à expliquer l'importance des ravages. Si crime il y eut, et il y eut crime, à qui profita-t-il ? Alors qu'on se répétait de bouche en bouche que Néron César était monté sur la tour de Mécène pour chanter l'incendie de Rome, deux hommes au moins préféraient garder le silence. Pour cela ils avaient d'excellentes raisons. L'un s'appelait Hillel, il était juif, de la tribu des Gaulonites, l'autre se nommait Pierre, il était chrétien.

Pour Hillel le juif et ses coreligionnaires, pour Pierre et les thuriféraires de la nouvelle foi, l'incendie de Rome exprimait la vengeance céleste contre le paganisme romain, même si le juif et le chrétien, quoique se détestant, adoraient un Dieu certes différent mais unique.

C'en était fini de Rome, raccourci et centre du monde ! Rome l'opulente, la dominatrice, la conquérante ! Ce que quatre cent cinquante ans plus tôt les Gaulois n'avaient pas réussi, Dieu, avec sans doute quelques complicités humaines, l'avait accompli.

Un monde de cendre, un peuple anéanti ! Les restes de la plus prestigieuse capitale de l'Occident depuis l'agonie de l'Égypte et la lassitude de la démocratie athénienne. Pour les pauvres, errant dans les rues dévastées tels des troupeaux de moutons sans maître, pour les riches, hébétés devant les débris de leurs demeures et qui tant bien que mal se serraient entre les murs encore debout, il n'y avait qu'un coupable : Néron.

À chaque période de l'Histoire, la colère s'est nourrie de la rumeur. Néron coupable, il n'en était rien, mais le peuple sans distinction de classe sociale avait besoin de clamer sa fureur. Dès lors, y avait-il meilleur bouc émissaire que cet empereur, assassin de sa mère, contemplant, en jouant de la lyre, ce qui avait été palais, ce qui avait été temple ? La violence des masses, relayée par la chronique, se montre souvent mauvaise conseillère.

Loin de se réjouir de l'incendie, Néron prenait heure après heure, conscience de l'irréparable. Il ordonna d'ouvrir ses jardins et, sur le vaste Champ de Mars, les braises à peine tiédies, il prescrivit la construction immédiate de baraquements pour les sans-abri, sans vêtements, sans nourriture, et implora l'aide des cités voisines, y compris celles dont Rome était l'adversaire, afin qu'elles fournissent des secours en vivres et en eau potable. Néron parcourait les décombres, veillant à ce que le pain, le blé, l'huile fussent répartis sans privilégier quiconque. Il n'épargna aucun effort pour réconforter le peuple et tenter de calmer les colères. Sans y parvenir. Pour la majorité des survivants, il demeurait celui qui avait osé chanter un poème sur l'incendie de Rome. Sur son passage, malgré ses exhortations, au mieux on lui adressait un mince salut, au pire on détournait le regard. Au désastre du feu s'ajoutait une catastrophe politique, il n'était pas sûr que l'empereur pût aisément se tirer d'affaire.

Au septième jour, alors que les flammes se calmaient, Néron réunit en son palais un conseil privé auquel participait Tigellin, jusqu'alors réfugié à l'écart du sinistre, dans sa *villa* de la via Appia, non loin des tombeaux des célébrités romaines.

– Pourquoi, demanda-t-il à Néron, dont le visage aux traits tirés et la silhouette tassée trahissaient l'épuisement et faisaient peine à voir, ne pas tirer du désastre un avantage politique ?

Et d'ajouter :

– Offrons, dès que l'incendie sera totalement maîtrisé, les sacrifices rituels aux dieux, dont les temples ont été détruits. Apaiser les dieux, ce serait rejeter la responsabilité sur les divinités de Rome…

Néron répondit par un froncement de sourcils. Chacun savait que chez l'empereur ce clignotement des yeux annonçait une nouvelle n'ayant aucun lien avec la suggestion de son conseiller. L'empereur avait en effet, et sans perdre une heure, pris une décision ; au huitième jour après le départ du feu, il en informa les membres de son conseil, six patriciens et son épouse Poppée. Il se rendrait au Sénat, dans ce qui tenait encore debout, pour annoncer qu'il allait entreprendre sans délai la reconstruction de la capitale. Il exposa même quelques idées sur l'architecture de la nouvelle ville. Les conseillers accusèrent le coup, le visage de Poppée se figea, elle avait été tenue à l'écart du projet impérial et cela, elle ne l'appréciait guère.

Après un long moment de silence gêné, Sénèque se décida à prendre la parole. C'était périlleux, Néron ne semblait pas d'humeur à écouter la moindre contradiction. Sénèque eut le courage de s'exprimer, le courage surtout de suggérer à l'empereur une idée qui n'avait jamais traversé son esprit.

– Et si, déclara-t-il à voix haute, sans hésiter, on accusait les chrétiens ?

De peur d'être interrompu par Néron, il enchaîna les phrases, les mots se bousculaient dans sa bouche.

– Oui, poursuivit-il, nombreuses sont les voix dans ce qui reste de Rome qui dénoncent vos accusateurs et rejettent sur les amis de Pierre la responsabilité de la tragédie. Des sénateurs, des prêtres, des lettrés, des avocats, dont le grand Cicéron, des Romains, mais aussi des étrangers font courir le bruit que sans notre infinie tolérance envers les chrétiens, jamais Rome n'aurait brûlé. Votre compréhension envers ces traîtres à nos dieux sera mal comprise par le peuple, il se retournera contre vous.

Néron ne semblait pas convaincu. Après quelques instants de réflexion silencieuse, il s'adressa à Sénèque :

– L'administration de mon père Claude et ma politique libérale ont permis à ce Pierre… que vous connaissez bien, murmura-t-il sans que Sénèque ne réagisse à la perversité du trait, et aussi à ce Paul, poursuivit-il, de prêcher leur nouveau Dieu dans toutes les provinces, jusque dans mon prétoire.

On comprend que la proposition de Sénèque, qui lui vaudra la disgrâce impériale, ait été plus que fraîchement accueillie par l'empereur. Il n'était pas question d'imputer aux disciples de Pierre la tragédie, dont il fallait désormais pallier les effets plutôt que de désigner à la vindicte populaire des coupables réels ou imaginaires. Ce qui n'empêchait pas Néron de s'interroger sur des rapports de police tous concordants : le feu s'était déclaré simultanément en huit points de la cité, ce qui accréditait la thèse de l'incendie criminel. Il n'avait pas songé aux chrétiens, pas plus qu'aux juifs qu'il n'avait jamais empêché de prêcher pour leur Messie. Pour lui, chrétiens et juifs partageaient des superstitions identiques qui ne nuisaient en rien aux dieux de la cité, ce dont les uns et les autres lui étaient reconnaissants.

Mais alors qui ? On verrait plus tard ; pour l'heure, la priorité demeurait la reconstruction de la ville et l'édification d'un nouveau palais impérial, qu'il voulait somptueux afin de satisfaire les goûts de luxe de sa seconde épouse Poppée, la première, Octavie, ayant défuncté en couches, deux ans plus tôt, en 62.

Quelques heures après ce conseil, Sénèque rencontra Pierre dans la grotte secrète qu'il occupait à proximité des décombres du Grand Cirque et le rassura : Néron avait la certitude que les chrétiens étaient étrangers à la catastrophe. Le seul reproche que l'empereur faisait aux adeptes de la nouvelle foi tenait surtout à ce qu'il considérait comme d'étranges théories sociales. Pourquoi, s'interrogeait Néron, les chrétiens considéraient-ils l'esclavage comme une iniquité ? Pourquoi s'acharnaient-ils à proclamer l'égalité entre maîtres et esclaves ? Que deviendraient les patriciens s'il n'y avait plus d'esclaves pour les servir ? Où trouverait-on de la main-d'œuvre pour les mines et les manufactures ?

Pendant que les policiers, ceux qui avaient survécu, convaincus de la culpabilité de leur empereur, entamaient sans empressement excessif une enquête sur les causes du sinistre, Néron, lui, n'affichait qu'une volonté : reconstruire Rome au plus vite, afin que la cité nouvelle fût plus magnifique encore que celle enfouie sous la cendre.

Pour obéir aux ordres impériaux ? Pour voir renaître leur capitale ? Pour éviter que dans l'avenir se reproduise une tragédie à l'identique ? Toujours fut-il que, miraculeusement, Rome redevint Rome. Des armées de maçons et de charpentiers furent levées dans toutes les provinces, de l'Orient à la Bretagne. Néron lui-même surveilla l'élaboration des plans par des architectes romains, mais aussi grecs et alexandrins. Les rues furent élargies ; on reconstruisit des *domi* le long d'avenues plantées d'arbres, coupés par des escouades de bûcherons dans les forêts prises aux Étrusques et aux Chaldéens. Du nord au sud du Bassin méditerranéen, on abattait, on limait, on débitait, on sculptait, on transportait, on mettait en place les matériaux nécessaires à l'édification des demeures, des échoppes et des temples. Ce qui, avant l'incendie, était beau, l'empereur exigea qu'on l'enjolivât, et c'est avec les fonds publics qu'il couvrit les frais de la reconstruction.

Il fallut songer en hâte à la nourriture. La flotte impériale pilla les ressources en blé d'Égypte et d'Afrique romaine, déversant en retour les déblais de l'incendie dans les marécages du delta du Nil. Jusqu'à la mer, pendant des mois, le Tibre fut parcouru d'un double mouvement de bateaux, les uns apportant des vivres, les autres évacuant les décombres.

Les travaux avançaient avec une telle rapidité qu'on en oubliait de chercher les responsables du désastre. Pour la plus grande satisfaction du juif Hillel et du chrétien Pierre, dont les adeptes respectifs participaient aux efforts, tout en se montrant d'une discrétion exemplaire.

Un détail suffit parfois pour que les rumeurs endormies se réveillent brutalement. Néron aimait le grandiose. Dans la ville nouvelle qu'il voulait à son image, il estima indispensable de vivre dans un palais digne de la splendide cité qui voyait le jour sur les décombres de la Rome historique. Après avoir fait appel aux plus réputés des architectes romains, Severus et Celer, il leur commanda un palais aux dimensions gigantesques. Plus vaste qu'à Paris, de nos jours, le Louvre, les jardins des Tuileries et la place de la Concorde réunis. L'édifice serait construit sur le Palatin, où aucun bâtiment n'avait résisté aux flammes, afin de pouvoir être vu et admiré de tous les points de la cité. Les architectes pouvaient compter sur tous les fonds publics ou privés de l'Empire. Qu'ils fussent de Lutèce ou de Carthage, les contribuables étaient fermement invités à délier les cordons de leur bourse.

Le nouveau palais fut construit en sept mois. On l'appela *Domus aurea*, la Maison dorée.

Devant le palais, fut érigée une statue colossale de Néron, due au sculpteur Zénadore, qui s'était rendu célèbre par ses travaux dans la *Provincia romana*, notre Provence. Le socle avait quatorze mètres de côté et il ne fallut pas moins de vingt-quatre éléphants pour la tirer du port d'Ostie jusqu'au Palatin. L'empereur Hadrien, cher à Marguerite Yourcenar, la fera déplacer jusque devant la façade du *Circus Maximus*, où on lui tranchera le col – en or – pour remplacer la tête de Néron par celle de l'empereur en exercice, une pratique déjà utilisée à l'égard de la statue de César Auguste, nichée dans le mur intérieur de l'amphithéâtre d'Orange.

À cette extravagance de la construction devait correspondre l'ameublement somptueux des différentes salles. Des envoyés spéciaux, artistes de renom, furent délégués en Grèce et en Asie, afin d'acquérir, ou de subtiliser, tout ce qui était digne de la nouvelle résidence impériale.

Une telle frénésie de luxe, reflet d'une évidente mégalomanie, eut un effet que Néron n'avait pas prévu. La rumeur abandonnée reprit de plus belle. Pour avoir construit – projet délirant – en un délai aussi court un palais aussi somptueux, Néron ne pouvait être que l'incendiaire de Rome.

Il n'en était rien.

Pour l'anecdote, on peut rappeler que la magnificence somptuaire de la Maison dorée de Néron priva de ses bras l'une des statues les plus célèbres au monde. Lorsque les envoyés de l'empereur entreprirent de rançonner la Grèce, jusque dans les moindres villages, ce ne furent pas moins de cinq cents statues qu'ils volèrent à Delphes. Tous ne se laissèrent pas ainsi déposséder. Il y eut, et cela se conçoit, de nombreuses bagarres. Aphrodite, communément appelée la *Vénus de Milo*, perdit ainsi ses bras au cours de l'une d'elles. Une nuit, des citoyens de l'île de Milo se glissèrent jusqu'au quai où la statue, bien qu'amputée, attendait d'être embarquée ; ils l'enlevèrent et la dissimulèrent. Elle resta perdue pour le patrimoine de l'humanité pendant… dix-huit siècles. Jusqu'en 1820 ! Effet collatéral de l'incendie de Rome ? Effet dont le musée du Louvre finit par tirer profit.

Toute cette magnificence esthétique et l'éclat des fêtes qui accompagnèrent l'inauguration du palais coûtèrent cher aux contribuables romains, *panem et circenses* ne suffirent pas à calmer leur opposition à l'Empereur. De là à franchir le fossé qui rapproche Néron le mégalomane de Néron l'incendiaire, il faut s'en garder et effectuer plutôt avec l'historien Pline le Jeune un retour en arrière.

Le juif Hillel et le chrétien Pierre entretenaient des relations suivies et courtoises. Lorsqu'ils se rencontraient, les discussions relevaient plus de la théologie que de la vie quotidienne. Hillel attendait le Messie, Pierre avait vécu la Crucifixion du Fils de Dieu. Débat d'intellectuels sans que l'un accusât l'autre d'hérésie. Sur un point précis, et ô combien important, leur accord était total : leurs religions respectives reconnaissaient un Dieu unique là où les Romains, ayant emboîté le pas aux Grecs, multipliaient les sacrifices sur les autels d'un panthéon, qui nourrissait de nombreux prêtres tant il y avait de divinités d'importance variable, mais toutes rassemblées sous l'autorité de l'emblématique et redoutable Zeus – Jupiter à Rome.

De ces divinités, pas plus Hillel que Pierre ne voulaient. Oui mais… comment les détruire, les anéantir, les remplacer par un Dieu unique dont on déciderait le moment venu si on adoptait celui d'Hillel ou celui de Pierre ? À la fin du mois de Junon – juin – de l'an 64, Pierre avait tout lieu d'être satisfait. Hillel, qui avait admis qu'il y avait sans doute un traître parmi les disciples de Jésus, tous des juifs, semblait disposé à se convertir à la foi chrétienne. Ce qui n'était pas du goût des membres de l'importante communauté juive de Rome. C'est alors que Pierre eut vent des propos en forme de prédiction surnaturelle d'un certain Tabil.

Ce Tabil s'exprimait dans la langue des juifs ; avec une grande agitation, il clamait sur le Forum :

– Un nouvel été ne se passera pas avant que cette cité ne soit détruite par le feu. Il y aura de grandes afflictions, de nombreux signes et de beaux miracles. Il y a des indices de la venue du Messie. Malheur à Rome et à César Néron !

La venue du Messie ou la Résurrection promise aux chrétiens ? Dans chacune des communautés, on s'interrogeait, mais surtout on *prêchait pour sa paroisse*. Pierre était très inquiet de la tournure que prenaient les événements. Non qu'il ait accordé quelque crédit aux discours de Tabil – il le considérait comme un agent provocateur, peut-être à la solde de Néron et de sa police –, mais parce qu'il était convaincu que de tels propos ne pouvaient qu'attiser la haine entre les juifs et les chrétiens, une haine que ni Hillel, ni Pierre ne parvenaient à contenir dans leurs camps respectifs.

Afin d'éviter une détérioration catastrophique entre les deux communautés monothéistes, opposition à laquelle, selon Suétone et Sénèque, Néron demeurait totalement étranger, Hillel proclama publiquement sa conversion, dans une grotte proche du Palatin. Sitôt converti, il s'écria :

– Le Christ va venir d'un moment à l'autre. Les cieux vont s'entrouvrir, Il va paraître dans toute sa gloire et donnera son premier signe en mettant le feu à la ville où ne sont vénérées que des divinités païennes.

C'était la phrase de trop ! Une phrase probablement jetée à la figure de son auditoire, afin de susciter un mouvement généralisé de rébellion.

L'homme n'avait aucune qualité de *médium*, mais il arrive que le destin et le hasard se croisent. De ces rencontres imprévisibles naissent parfois des impostures à la vie longue, que l'Histoire a beaucoup de mal à dénoncer.

En réalité, à propos de la destruction de Rome, voici, selon Pline – le seul des auteurs anciens qui ait eu le courage et la vertu de relater les faits tels qu'ils se sont déroulés – ce qu'il advint :

Les chrétiens d'un côté, les juifs de l'autre, ne rêvaient que d'incendier Rome. La chaleur, la sécheresse, l'inextricable entrelacs des ruelles facilitaient une discrète mise à feu. Pour Hillel, le moment était venu de passer à l'action. Il se porta lui-même volontaire, affirmant disposer d'assez d'amis juifs qui accepteraient avec empressement de participer à l'opération.

Pierre avait convoqué le juif converti et vainement tenté de le raisonner. Il réfutait une action dont il redoutait l'ampleur, elle ne pouvait qu'être préjudiciable aux adeptes de la nouvelle foi. Pierre fit connaître son intention de quitter Rome et de s'en aller prêcher en d'autres contrées. Linius, son premier diacre, un ancien affranchi, serait en son absence responsable de l'Église de Rome. Puis se tournant vers Hillel, il l'accusa d'avoir forfait à la foi de Jésus, en refusant de porter secours à une femme qui avait failli mourir en accouchant.

– Tu voudrais, lança-t-il à Hillel, nous voir haïr notre prochain, c'est contraire à notre doctrine…

Hillel ne le laissa pas achever, il se mit à débiter avec véhémence la somme des humiliations imposées aux juifs – rien à voir avec ce qui adviendra dans les siècles ultérieurs – et annonça de nouveau que c'était répondre à la volonté divine que d'incendier Rome.

Parmi la centaine d'adeptes, rassemblés dans la grotte autour de Pierre, des cris s'élevèrent : « Je suis pour Hillel le Gaulonite ! »… « Je suis pour Pierre de Galilée ! ». La réunion se termina dans la confusion, quelques horions furent même échangés. Hillel rentra dans le quartier juif, qu'il n'avait pas quitté après sa conversion, les chrétiens s'éparpillèrent vers les *domi* ou les grottes dans les collines, qui leur servaient de gîte et de lieu de prière.

Deux jours plus tard, en huit points de la cité, les flammes carbonisaient leurs premières victimes. Qui, le premier, prit cette funeste initiative ? Toute réponse serait hasardeuse, les meilleurs auteurs, sans doute par prudence, sont muets sur ce point. Adopter une position formelle serait sans doute contraire à la vérité historique, laquelle n'autorise qu'une certitude : Néron n'a jamais donné l'ordre d'incendier une ville à laquelle il était depuis l'enfance très attaché. Est-ce rendre un jugement de Salomon que de suggérer que les deux parties, surexcitées par leurs dissensions, épuisées par l'atmosphère caniculaire, ont voulu mettre à profit sans tarder la sécheresse prolongée pour déclencher l'incendie ?

Un homme eut, sans nul doute, connaissance du déroulement des faits : Sénèque. Proche de Néron, il savait que si les chrétiens étaient mis en cause, l'esclave qui lui avait volé la volumineuse correspondance échangée avec Paul ne manquerait pas de témoigner contre lui.

Quelques jours après la tragédie, Néron réunit à nouveau son conseil. Sénèque fit part d'un souhait : se retirer en Campanie, après des années de service auprès de Claude, puis de Néron. L'empereur admirait la façon dont le philosophe, qu'il avait promu Premier ministre, transformait habilement le Bien en Mal et inversement, invoquant à chaque occasion une raison d'État, justifiant du même coup toutes les trahisons :

– L'empereur serait surpris du nombre d'adeptes de la nouvelle superstition qu'ont fait ce Pierre et ce Paul.

Paul, son ami, son confident, Sénèque en vantait les croyances nouvelles à l'empereur païen.

Les chrétiens ? Néron s'interrogeait. S'il était exact que la nouvelle foi recrutait des adeptes dans toutes les classes de la société, cela pouvait nuire à l'exercice du pouvoir. À moins que… Mais non, cela, il ne le pouvait pas, il ne le voulait pas. À moins que lui-même ne se convertît…

Le chef de la police prit à son tour la parole :

– Il n'y a pas que les chrétiens, César Néron, qui brûlent nos idoles, il y a aussi les juifs. Ceux-ci sont plus riches, ils battent monnaie, pratiquent la négoce avec l'Orient. Nombre d'entre eux ont vu dans l'incendie de notre cité le signe de l'arrivée prochaine de leur Dieu, qu'ils appellent le Messie. Châtier les chrétiens sans infliger de châtiment aux juifs ne serait pas bonne justice. Prenez garde…

Néron demeurait pensif. Poppée, membre non officiel du Conseil, mais que l'empereur écoutait toujours attentivement, ajouta qu'en effet de nombreux témoins sérieux affirmaient avoir vu, peu avant le début de l'incendie, des juifs parcourir les ruelles sombres de quartiers qui n'étaient pas les leurs, des torches enflammées à la main.

– Il y a longtemps, lança-t-elle, en se levant de son siège, que dans toutes les provinces et dans Rome, les juifs dans les tavernes avouent ouvertement avoir la volonté de se dresser contre l'empereur qui leur refuse des droits politiques identiques à ceux des citoyens.

Les juifs, il est vrai, ne disposaient de guère plus de libertés que les esclaves affranchis, mais, acceptant les humiliations, ils avaient su par leur sens des affaires s'intégrer dans la bonne société romaine.

Néron parcourut l'assistance du regard. Les visages étaient impassibles ; que pensaient ces courtisans, dont certains le trahiraient certainement à la première occasion ? Certes, il haïssait profondément les juifs, mais s'attaquer à eux eût été une mauvaise initiative. Il n'y avait pas, en effet, dans les provinces, meilleurs collecteurs d'impôts, leur habileté au négoce contribuait à la richesse du trésor impérial. Qu'ils aient mis ou non le feu à Rome demeurait à ses yeux sans importance ; la cité, plus rayonnante qu'auparavant, renaissait de ses cendres, c'était pour lui l'essentiel.

Les chrétiens ? Les chrétiens uniquement ? Et si l'incendie n'avait eu que des causes naturelles ? Néron ne savait quelle décision prendre. Et s'il n'en prenait aucune ? Si, comme il l'avait prévu avant cette réunion du Conseil, il annonçait son départ pour une longue tournée de déclamations de ses poèmes en Grèce et en Égypte ? Il leva les yeux, incertain de son cœur et de son autorité. Que devait-il faire ?

Tigellin finit par rompre le silence.

– Dans quel but un procès aux chrétiens ? s'écria-t-il. Pourquoi, dans le prétoire, leur donner l'occasion de prêcher en public des idées contrariantes, offensantes pour nos dieux ?

Tigellin s'agenouilla aux pieds de Néron dans l'attitude d'un humble suppliant.

– Divin César, il est très important que le peuple, les enfants et les petits-enfants du peuple, gardent de toi le seul souvenir d'un grand artiste plutôt que d'un tyran qui, aveuglé par une terrible tragédie, aurait rendu mauvaise justice.

Poppée fixa du regard son époux et reprit sa place sur une cathèdre d'or.

Le soir même, on annonça l'arrestation de centaines de chrétiens, dont le procès, assurait-on au Sénat, ne tarderait pas.

Contrairement aux attentes et malgré les sollicitations de la police, il n'y eut que fort peu de dénonciations. Entamé à la fin de l'été 64, le procès fut vivement mené. Une foule bigarrée de prisonniers fut transférée des cachots tarpéiens au Grand Prétoire, proche du palais impérial. Il y avait là des esclaves loqueteux, des Orientaux à la peau sombre, quelques Romains plus aisés, des femmes aussi, vêtues de robes blanches : Eustachia, Marie, dame de compagnie de Pomponia Gracina, veuve du général qui avait combattu et vaincu les Celtes bretons. On avait aussi arrêté Tabil, le médium, faux ou vrai, qui avait annoncé l'incendie. Quelques témoins confirmèrent – ce qui était vrai – avoir vu des juifs et des chrétiens se réjouir des flammes embrasant Rome.

Puis vint le tour d'Hillel, le juif converti à la foi chrétienne.

– Tu appartiens à la Communauté qui adore Jésus de Galilée, que tu assures Fils de Dieu ?

– Galiléen si vous le voulez, répondit-il sur un ton farouche et agressif, ce qui est certain, c'est que si Dieu mit six jours pour fabriquer le monde, le septième il se reposa...

Néron et les juges prétoriens saisirent parfaitement le message du converti. L'incendie de Rome avait duré six jours et six nuits. Les braises s'étaient ensuite calmées.

Sans que le juge le lui demandât, Hillel, accompagnant ses propos de gestes aussi désordonnés que passionnés, poursuivit :

– Les chrétiens ont mis le feu à la ville ; Jésus, Fils de Dieu, a commandé de jeter des flammes sur Rome, afin de la détruire. Romains, sachez que notre Dieu est l'ami du pauvre et de l'esclave, et que la fin de Rome, même reconstruite plus resplendissante qu'avant, est proche. Nous nous sommes réjouis de l'incendie parce que c'était le commencement de la fin. Nous ne devions pas sauver les Romains du brasier, il est bien qu'ils meurent, dans la ville et dans tout l'Empire.

Même dans la tension d'un procès, dont l'issue était prévisible pour les accusés, ces propos, recueillis mot pour mot par Tacite et Pline, n'administrèrent pas la preuve d'une grande charité chrétienne. Ces paroles soulevèrent beaucoup d'émotion très au-delà du Tibre. Les Galiléens responsables de la destruction de Rome devaient être condamnés mort.

Ils le furent et Néron, acclamé par le peuple, put en toute quiétude préparer son voyage artistique.

Les chrétiens, Pierre et Paul de Tarse en tête, étaient consternés, Hillel faisait de leurs adeptes les incendiaires de Rome. Comment retourner la situation ?

Néron ne comprit pas quel cadeau inespéré il offrait au christianisme naissant, en imposant aux condamnés le plus atroce des supplices que ses bourreaux avaient imaginé. L'imagerie populaire n'a voulu garder que le cliché de chrétiens jetés en pâture aux fauves, dans l'arène du Grand Cirque. S'il y eut quelques exécutions de ce type, elles furent exceptionnelles ; il n'y en eut aucune durant le règne de Néron. Hélas, la mort imposée aux condamnés fut pire, si cela est possible. En matière de cruauté et de barbarie, les humains n'ont malheureusement jamais manqué d'imagination !

Néron était un artiste, ce fut naïvement ou perversement les directeurs des théâtres de Rome qu'il consulta sur la forme la plus spectaculaire à donner à l'exécution des chrétiens. Incroyable, mais tristement authentique !

Finalement et après délibération des gens de théâtre et d'autres artistes de la lyre, il fut décidé d'organiser une grande parade sur ce qui deviendrait le Vatican. La fête aurait lieu de nuit, afin qu'elle pût s'accompagner de jeux de lumière, de concerts et de libations. Un spectacle que le peuple ne voudrait pas manquer !

Au soir des festivités, on avait dressé, des rives du Tibre au sommet de la colline, trois mile poteaux. Pour trois mille prisonniers arrêtés au hasard – certains ignoraient tout de Jésus et du christianisme –, dont on enduisit le corps nu de goudron et d'huile, la tête maintenue relevée par une croix fixée sous le menton.

La nuit venue, trois mille esclaves, responsables chacun d'un chrétien, mirent simultanément le feu à ces statues vivantes. Ce fut, selon Tacite « *un spectacle admirable* (sic) » . Accompagné par la horde romaine qui dans l'allée principale de la voie Triomphale entonnait des chants profanes, ne couvrant pas les hurlements d'agonie des milliers de bouches aux lèvres déjà carbonisées.

La fête battait son plein lorsque Néron parut.

Néron souriant, Néron cynique et délirant fendait la foule hurlante, écrasant sous les roues de son char, tiré par trois chevaux blancs, les insouciants n'ayant pas eu le temps de s'écarter. Néron, costumé en Apollon, s'avançait entre les mourants hurlant de douleur. Néron fut acclamé, plus encore lorsqu'il fit savoir qu'un souper somptueux serait offert à ceux qui auraient l'audace de braver l'interdiction de pénétrer dans la Maison dorée. Sur Rome, les torches triomphales se mêlaient aux flammes sinistres.

Le lendemain de cette terrifiante bacchanale, le chef de la police annonça que tout était calme dans Rome, l'empereur pouvait préparer son périple de ménestrel en Méditerranée orientale.

L'Histoire pouvait sans difficulté s'emparer d'une double imposture.

La première a déjà été évoquée : Néron n'était en rien responsable de l'incendie de Rome, une cité qu'il chérissait. Or certes, lui, le petit-fils de Marc Antoine, lui, l'historien impérial obsédé par les femmes et fasciné par elles, malgré la présence tyrannique de sa mère Agrippine, lui, le jouisseur invétéré se débarrassant de maîtresses encombrantes, avec l'aide de sa protégée l'empoisonneuse Locuste, n'avait rien d'un personnage angélique. Était-ce suffisant pour noircir davantage encore la toge de cet empereur, mort assassiné à l'âge de trente ans et qu'aucun historien de l'époque n'a jamais accusé du pire des crimes qu'on lui impute, l'incendie de sa capitale ? Peut-on accepter pour unique élément à charge une vision d'artiste, le représentant jouant de la lyre pendant que le désastre s'étendait ? Tous les témoignages sérieux concordent : sans jamais éprouver de peur, il parcourut jardins dévastés, ruines fumantes, pour venir en aide au plus grand nombre de victimes de la tragédie.

La postérité, quand elle veut frapper les esprits, s'empare volontiers du pire, fût-il imaginaire.

Beaucoup plus tard, au XVIIe siècle, Saint-Simon ne ménagera pas ses critiques envers Jean Racine, lorsque le dramaturge, dans son *Britannicus*, fera de Néron le pyromane de la Rome antique.

Si cette imposture n'a d'autre objet que de forcer le trait sur un empereur qui, osant braver les dieux, a préféré les charmes d'une esclave chrétienne, Actée, à la fadeur de son épouse Octavie, répudiée et remplacée dans ce rôle par une Poppée, qui ne se baigna sans doute jamais dans du lait d'ânesse, mais aimait jouir du pouvoir jusqu'à la démesure, alors l'imposture ne porte préjudice qu'à la vérité historique. Mais il y a pire. Pire et plus grave.

La seconde imposture pèse depuis deux millénaires sur les épaules de l'Église. Pour survivre et se développer, pour justifier des siècles de prosélytisme planétaire, la crucifixion de Jésus n'était pas suffisante. Pour susciter de nouvelles vocations, l'Église des catacombes avait besoin de martyrs.

L'incendie de Rome sur ordre de Néron est aussi peu crédible pour un esprit raisonnable que le seront plus tard certains « miracles », nécessaires pour entretenir la foi des dévots. Le dernier en date, celui de Mère Teresa qui aurait guéri une cancéreuse indienne, a permis d'accélérer son procès en béatification.

Pierre avait échappé à la vague d'arrestations, il était décidé à quitter Rome. Sur la via Appia, il aurait croisé l'ombre de Jésus et lui aurait posé cette unique question, chère aux romanciers et théologiens : *Quo vadis ?* Jésus aurait alors répondu : « À Rome, pour y être crucifié une seconde fois. » Il convient de respecter ceux qui croient au Ciel, ceux qui n'y croient pas. L'Histoire respecte le divin et rejette le surnaturel.

Quel qu'en soit le motif, Pierre ne quitta pas Rome, arrêté dans la foule de ceux qui complotaient contre Néron, il fut jeté en prison. Puis réellement crucifié, lui, la tête en bas, en signe d'humilité, affirme-t-on généralement. L'Église tenait ses martyrs.

Néron, à en croire Tacite, reconnaissait à Pierre un prestige intellectuel et un art du discours qui le fascinaient ; l'empereur aurait rencontré Pierre dans son cachot, l'aurait assuré que, las des comploteurs de son entourage, il était disposé à le libérer à la condition qu'il clame et proclame qu'il n'était pas, lui, Néron, l'incendiaire de Rome. Ce que Pierre aurait refusé en ces termes, cités par Tacite : « Le martyre dans notre religion est la conscience de la mort de Jésus. Partager Sa peine, c'est partager la lourde peine du péché du monde… »

Néron n'insista pas. Pierre fut crucifié, Paul décapité. Après les trois mille victimes de la colline vaticane, l'Église disposait d'assez de martyrs pour mener à travers l'Empire, puis au-delà de ses frontières, son action d'évangélisation.

Jamais l'Église catholique romaine ne voulut accepter l'idée que l'incendie de Rome avait été le fait d'une véritable lutte tribale entre factions monothéistes opposées, entre juifs qui attendaient le Messie et chrétiens qui espéraient rencontrer Dieu.

Comment les autorités ecclésiastiques, comment les décrypteurs du Talmud n'ont-ils jamais reconnu ce qui est de moins en moins plausible ? Si Rome, en l'an 64, a brûlé, Néron, par ailleurs coupable de maintes turpitudes, n'y est strictement pour rien. Suétone, Martial, Tacite, Pline et, au XXe siècle, des esprits aussi clairvoyants qu'Henry de Montherlant ou André Malraux, ont contesté cette vision usurpée de l'Histoire. Une imposture que l'Église a voulu ignorer, consciente que la foi, celle du charbonnier, repose toujours sur de grandes douleurs, lesquelles, le cas échéant, se transforment en spectaculaires autoflagellations.

C'est là une vision médiévale de l'Histoire et de la Théologie, une vision qui peut nous étonner et, nous étonnant, nous autorise à la dénoncer.

Louis IX, alias Saint Louis ?

Qui songerait à appeler autrement que Saint Louis ce Louis IX qui fut, dans son royaume comme en Orient, tout sauf un saint homme ?

Une abondante iconographie l'a toujours représenté sous un chêne du bois de Vincennes, rendant saine et bonne justice.

La légende perdure, l'Histoire ne saurait, elle, s'en satisfaire. Louis IX, alias Saint Louis, fils de Blanche de Castille, fut un souverain plus attaché à élargir son pouvoir temporel qu'à se frayer un chemin parmi les Bienheureux.

L'imposture a été entretenue par une Église qui ne saurait se renier. L'Histoire, elle, ne retient que les faits historiquement avérés. Ni plus. Ni moins.

Louis IX, alias Saint Louis, petit-fils de Philippe Auguste, fils de Blanche de Castille. Né à Poissy en 1214, il meurt de la peste à Tunis, en 1270, lors de la huitième croisade. Sa réputation de chrétien charitable et son sens aigu de l'équité justifient sa canonisation par le pape Boniface VIII, dès 1297, moins de trente ans après sa mort. Représenté dans les manuels scolaires rendant bonne justice à l'abri d'un chêne, au bois de Vincennes, dans la campagne parisienne…

Si ce n'est la première, c'est une des plus anciennes et des plus scandaleuses impostures de l'Histoire de France et de la chrétienté ! Méritait-il une si prompte sainteté, moins de trente ans après sa mort, cet homme aux instincts guerriers, épris de pouvoir, auquel on doit, entre autres initiatives, l'obligation pour les juifs de porter la *rouelle*.

Louis IX aurait-il ceint la couronne de France sans la perversité assidue de sa mère Blanche de Castille ? Joinville lui-même, chroniqueur et ami du roi Louis IX, ne manque pas de s'interroger sur le règne du petit-fils de Philippe Auguste, vainqueur de Bouvines. Redoutant les attaques et les complots de ceux, nombreux, qui, de son vivant déjà, menaçaient sa couronne, Louis IX ne se faisait appeler que Louis de Poissy, le village, à une trentaine de kilomètres de Paris, où il vit le jour, probablement le 25 avril 1214.

Lors de leur mariage, en 1200, son père, le futur Louis VIII, avait treize ans, son épouse, Blanche la Castillane, douze.

La mort en 1218 de son frère aîné Philippe, successeur présomptif, a lieu dans une indifférence quasi générale. Il aurait dû régner sur la France, mais sa mère Blanche, autoritaire et intrigante, l'avait toujours tenu à l'écart du peuple et de la Cour. Jusqu'à sa mort, elle ne se préoccupa que fort peu de Philippe, reprenant à son compte une formule de l'Anglais Jean de Salisbury, « *un roi illettré n'est qu'un âne couronné* », alors que, sans relâche, elle donna à Louis une éducation soignée où la religion – mais cela était très banal au XIIIe siècle – tenait une place privilégiée.

La force guerrière et l'instinct dynastique accompagnèrent l'enfance du jeune Louis : son père Louis VIII, il ne le voyait guère, sa mère ne cessait de lui répéter qu'il guerroyait d'un bout de l'an à l'autre pour la grandeur du royaume ; un grand-père, Philippe Auguste, auréolé de ses victoires ; une mère au caractère despotique et rude, commun à de nombreux Castillans. Il n'y avait place ni pour la faiblesse ni pour la tendresse autour de cet enfant dont pas un instant Louis VIII n'envisageait qu'il lui succéderait.

Le 14 juillet 1223, à Mantes, Philippe Auguste meurt, à cinquante-sept ans, d'un accès de fièvre aussi subit que foudroyant. Le corps fut exposé au Louvre, dont le défunt avait suivi la construction, avec les insignes royaux : la couronne et le sceptre. Un somptueux cortège accompagna le mort, visage découvert, jusqu'à l'abbaye de Saint-Denis. Palefrois caparaçonnés d'or, costumes bariolés et étincelants de seigneurs… Évêques accourus de tous les diocèses et de Rome… Chœur ininterrompu de pleureuses recrutées chez les harengères des Halles… Étudiants capés à la mode espagnole… La foule, engluée dans la gadoue puante, admirait le spectacle, apprenant qu'on n'enterre pas un roi de France n'importe où, n'importe comment…

La présence de nombreux ecclésiastiques surprit les braves gens. Car dans aucune paroisse on n'ignorait qu'aux yeux de l'Église Philippe Auguste était bigame ; veuf, il s'était en effet remarié avec la princesse danoise Isambour. Hélas pour les époux, la nuit de noces avait été si désastreuse que le monarque avait pris la Danoise en aversion. Il avait confié à sa belle-fille Blanche qu'elle avait bien de la chance que son fils Louis, le futur Louis VIII, l'honorât comme il convenait. Lui, Philippe Auguste, ne remplit donc jamais son devoir conjugal. Isambour répudiée, regagna le pays d'Elseneur après quelques séjours involontairement prolongés dans des abbayes flamandes. Mais à cinquante ans, Philippe Auguste ne manquait pas de virilité.

Sur les conseils de Blanche, le « vieux » roi se remaria avec la jeune Agnès de Méran, à laquelle il eut pendant cinq années le loisir de manifester ses ardeurs. Il n'empêche, le pape Honorius se montra inflexible : pour l'Église, Philippe Auguste était bigame, et les ecclésiastiques de tous rangs n'acceptèrent de participer aux funérailles qu'à condition qu'Agnès demeurât dans ses appartements. Elle accepta, tremblante, devant Blanche soucieuse de ne pas déplaire au Saint-Siège dont le soutien lui était précieux.

Le jeune Louis, l'œil sec, devant son père proclamé Louis VIII et sa mère Blanche de Castille, marchait derrière la dépouille de son grand-père. Louis VIII, fatigué, acheva la procession funèbre enfermé dans une voiture drapée d'or.

Louis VIII ne survécut pas longtemps à son père Philippe Auguste… Il succomba, en 1226. Blanche de Castille était donc veuve à trente-huit ans, le futur Louis IX avait douze ans.

Le futur Louis IX ne pouvait pas prévoir que son père Louis VIII mourrait en 1226, à l'âge de trente-neuf ans, alors qu'il venait d'entamer la guerre des Albigeois.

Ce que n'avait pas fait Louis VIII, son défunt mari, Blanche de Castille l'accomplit avant même ses funérailles. Elle convoqua et réunit au palais – Louis était mort à Montpensier – les plus hauts dignitaires du royaume, les fidèles et les autres, ceux qui s'apprêtaient, sans ouvertement barguigner, à laisser régner une femme, une étrangère de surcroît, une Espagnole.

Avec ses adversaires et ses féaux, Blanche de Castille se montra rude et rusée. À peine l'assemblée réunie, la veuve royale fut prise d'une violente douleur au ventre. Incapable de s'exprimer, livide, elle se lamenta de ne pouvoir assister aux obsèques de Louis VIII à Saint-Denis. Elle n'était déjà pas allée à la rencontre du cercueil sur la route de Montpensier. Rusée ? Bonne comédienne ? Politique avisée ?

Les personnalités présentes n'eurent pas le loisir de secourir la malade. Deux valets ouvrirent la porte aux boiseries dorées de la salle d'apparat et, dans l'instant, droit, le regard assuré, en tenue de jouvenceau, l'épée au côté quoique non encore adoubé, un adolescent fit son entrée. Devant l'assistance stupéfaite, il prononça cette unique phrase : « Nous sommes votre roi et vous nous devez hommage, ainsi qu'à Sa Majesté notre mère à laquelle nous confions le gouvernement du royaume jusqu'à notre majorité. »

Le jeune Louis se retira sans un mot de plus. Selon l'usage, pas un geste, pas un commentaire pour déplorer la disparition de son père dans la fleur de l'âge. Personne ne broncha, chacun étant convaincu d'un « coup » de Blanche. Celle-ci se sentit d'ailleurs soudainement ragaillardie. L'assistance avait compris : son fils Louis serait roi, cela signifiait que jusqu'à sa majorité – on ne sait pas au XIIIe siècle à quel âge elle se situe –, l'Espagnole exercerait ce qu'on n'appelait pas encore la régence. Un pouvoir qu'elle ne lâcherait plus, pesant de toute son autorité sur l'enfant roi qui, soumis très jeune à la tutelle de sa mère, savait à douze ans qu'il pourrait, quand le temps serait venu de diriger le royaume, s'appuyer sur elle sans avoir recours à des conseillers plus ou moins vertueux et fidèles.

Selon un texte du poète-baron Hugues de La Ferté-Bernard, intime de l'évêque de Chartres, Louis IX aurait, sans doute à l'initiative de sa mère, convoqué lui-même au palais, outre ledit évêque de Chartres, l'évêque de Beauvais et l'archevêque de Sens, les trois témoins de la rédaction testamentaire de Louis VIII, afin de les « dédommager » généreusement, en vue d'obtenir la certitude qu'ils ne discuteraient pas le pouvoir suprême de sa mère Blanche de Castille, autoproclamée sa tutrice. La bourse garnie, les trois prélats ne manquèrent pas de clamer et proclamer que Louis IX était bien le roi désigné par son père, selon les règles du droit canonique qui ne requérait que la présence de trois témoins pour qu'un testament, fût-il oral, fût validé. Le nom de Louis ne figure pas dans le texte parvenu jusqu'à nous, mais la parole des trois ecclésiastiques affirmant que « *le roi Louis VIII avait pris cette décision après mûre délibération et sain d'esprit* » ne pouvait, à l'époque, être mise en doute. Ce que le clergé affirmait était au sens étymologique « parole d'évangile ».

La légende la plus répandue dont on affuble Louis IX touche évidemment à sa piété et sa foi, si ardentes, affirme-t-on, qu'en chrétien accompli, il fut fait prisonnier à Mansourah, en Égypte, en 1250, pendant la septième croisade et qu'il mourut sous Tunis, en 1270, alors que la peste faisait des ravages dans les rangs des croisés.

La croisade avait été précédée par les deux épisodes rocambolesques du saint clou et de la couronne d'épines qu'aurait portée Jésus sur le chemin de la crucifixion, reliques déposées dans la Sainte-Chapelle, construite spécialement à cet effet sur l'île de la Cité, à Paris, dans l'ancienne enceinte du palais, afin de prouver que nul autre que le souverain n'en était le dépositaire. Une initiative qui parut suffisante à Boniface VIII pour décerner à Louis IX un brevet de sainteté. Malheureux pontife, alors ignorant qu'il serait un peu plus tard souffleté à Anagni de la main d'un Premier ministre du roi de France Philippe le Bel !

La première des impostures sur Louis IX, dont l'Histoire a longtemps fait ses choux gras, concerne d'évidence les conditions dans lesquelles ce monarque a obtenu – il est le seul – le statut de saint. Et qu'exploitent toujours habilement tous ceux qui feignent d'ignorer l'environnement de la société médiévale. Philippe Ariès, puis le médiéviste Jacques Le Goff, n'ont pas manqué de remarquer cette anomalie régulièrement occultée par de très chrétiens historiens.

Il faut savoir que jusqu'au XIVe siècle, l'enfant n'intéressait personne, en dehors des liens charnels qui invitaient naturellement père et mère à aimer leur descendance. On n'affectionnait les gamins qu'en fonction de l'homme et de la femme qu'ils seraient. Les théologiens dans leur souci permanent de prosélytisme ne manquaient pas de rappeler qu'un excellent chrétien se montrait toujours précocement adulte et donnait dès son plus jeune âge les signes de sagesse qu'on attribuait généralement aux vieillards.

Dans sa *vie de Saint Benoît*, Grégoire le grand dit de Louis IX : « *Ce fut un homme vénérable dans la vie* ; *dès l'enfance, il portait un cœur de vieillard...* » Il est vrai qu'à cette époque on était déjà vieillard à quarante ans ! Avec l'aide de Joinville, Blanche de Castille ne manqua pas de faire savoir que, fort chrétiennement instruit dès sa prime jeunesse, Louis, le moment venu, incarnerait à merveille le christianisme flamboyant après la grande peur de l'an mil.

Le XIIe, surtout le XIIIe siècle virent se développer « l'art franc », les édifices religieux se multiplièrent, de la modeste église de campagne aux plus grandioses et raffinées des cathédrales gothiques. Partout et dans tous les milieux, Dieu était présent, et c'était au nom de Dieu que le roi, son représentant sur terre, s'affirmant légitime protecteur des Lieux saints, se devait de partir en croisade contre les Infidèles. Le peuple, lui, aurait sans doute préféré payer moins d'impôts, les paysans, plutôt que courir les chemins d'Orient, seraient volontiers demeurés sur les terres de leur seigneur, pour assurer la nourriture de leur famille.

Blanche de Castille imposa son roi enfant malgré ses adversaires de plus en plus hostiles et nombreux.

Giraud de Galles, dans sa *Conquête de l'Irlande*, explique en 1210 le déclin de l'Irlande et l'échec du prince Jean, fils d'Henri II, par le jeune âge de l'héritier. « *Si un pays, même s'il a joui jadis d'une situation prospère, est gouverné par un enfant, il est condamné à la malédiction.* » Blanche de Castille la très pieuse n'ignorait pas l'imprécation de l'ecclésiaste : « *Malheur à toi, terre dont le roi est un enfant !* » Nul doute que son confesseur ait rappelé à la Castillane que le fils de Salomon, ayant méprisé les conseils des anciens, des vieillards et suivi ceux des jeunes, perdit par le châtiment de Dieu une grande partie de son royaume. Il ne régna plus que sur la Judée, tandis que Jéroboam devenait roi des autres tribus d'Israël (I Rois XII).

Dans ce contexte, Blanche de Castille dut jouer finement. Assurer, même si cela était faux, que le jeune roi de douze ans était le meilleur des chrétiens et qu'elle continuerait à veiller à son éducation religieuse, mais dans le même temps, et la manœuvre était dangereuse, persuader son entourage, particulièrement ceux qui la détestaient, que certes elle gouvernerait jusqu'à la majorité de Louis, mais qu'elle mettrait toute cette période à profit pour lui assurer une formation militaire, asseoir son autorité sur les barons qui, dans leur fief, pourraient céder à la tentation de se rebeller, et – idée nouvelle – lui enseigner que l'unité du royaume de France ne pourrait s'établir définitivement qu'en élargissant les frontières, c'est-à-dire en rattachant des fiefs au domaine royal.

À en juger par ses premières décisions, l'enfant roi montra, comme beaucoup de chrétiens de son temps, plus de dispositions pour guerroyer que pour aller à confesse. Et comme il avait du caractère, le jeune Louis – Blanche avait tout fait pour qu'il en fût ainsi, elle le paiera cher – exigea d'être sacré à Reims, trois semaines seulement après l'inhumation de son père Louis VIII à Saint-Denis. Le roi était mort, vive le roi !

Le jeune Louis ne tarda pas à signifier à son autoritaire maman qu'il avait la ferme intention de veiller, malgré sa jeunesse, à l'unité du royaume et qu'il ne montrerait aucune indulgence envers celles et ceux qui auraient la tentation de disposer de lui.

Ainsi, ce serait par pure dévotion qu'il ne se serait écoulé que trois semaines entre l'enterrement de son père et son sacre à Reims ! Ulcérée, Blanche de Castille elle-même s'insurgea ; impossible de poser la couronne sur la tête d'un adolescent qui n'avait même pas, selon la tradition médiévale, été adoubé chevalier. En fait elle redoutait que le sacre ne fortifiât l'autorité de son fils. Argument dont le jeune Louis n'avait que faire : en route pour Reims, il se fit adouber par l'évêque de Soissons. Le prélat tenta d'objecter que l'adoubement faisait du chevalier un homme désormais disponible pour se battre. Pour Louis, être roi dans la chrétienté, voire *de* la chrétienté, était plus important que le lustre d'un fastueux couronnement. Blanche de Castille constata à regret que, malgré le grand nombre d'invitations lancé, le « gratin » tant laïc qu'ecclésiastique était assez peu représenté. De ce jeune souverain, qu'on disait concerné uniquement par le service de Dieu, les barons et autres puissants personnages commençaient-ils à se méfier ? Ils avaient craint Blanche, c'était maintenant Louis qu'ils redoutaient.

Il faut dire que pendant les trois semaines qui avaient séparé l'inhumation de Louis VIII, à Saint-Denis, du sacre, le 29 novembre 1216, Louis IX sut jouer avec talent sur le registre de la compassion et du pardon des péchés !

Ce que nous connaissons sous le nom de « grâce régalienne », privilège réservé au seul chef de l'État, était déjà pratique courante au Moyen Âge. Dès l'annonce du sacre, quelques seigneurs implorèrent la clémence du jeune Louis pour le comte de Flandre et le comte de Boulogne, qui n'avaient guère fait preuve de loyauté envers Philippe Auguste, lors de la bataille de Bouvines. Incarcérés au Louvre depuis 1214 – année de naissance du nouveau roi –, après douze ans de geôle, un geste d'amnistie à leur encontre eût été le bienvenu. Blanche de Castille n'y était pas opposée, Louis refusa de signer l'acte de grâce royale. À douze ans, il entendait déjà montrer qu'au gouvernement des hommes il ne fallait jamais mélanger autorité et pitié. Quant à la mère protectrice, dont le pape Boniface VIII fera l'éloge lors de la cérémonie de canonisation, elle avait deviné qu'il lui faudrait beaucoup d'ingéniosité et de force pour ne pas se laisser déborder par ce fils dont elle avait fait un souverain.

Si la Cour découvrit vite que le roi, malgré la tutelle, n'avait rien d'une marionnette, ses sujets, avec le bon sens inné des petites gens, saisirent tout aussi vite qu'ils n'avaient rien à attendre de bon du nouveau roi. Les chroniqueurs, Joinville en tête et ses collègues, ne s'y trompèrent pas, c'est avec quelques sanglots dans les mots qu'ils furent dans l'obligation, malgré leur dévouement, de noter qu'il n'y avait dans les journées du sacre pas le moindre empressement, pas la moindre liesse, pas la moindre ferveur populaire. Joinville tenait à conserver sa place, pour cela il dut avec aisance, mais sans enthousiasme excessif, se montrer habile flagorneur.

Pour le futur saint, le règne ne commençait pas sous les meilleurs auspices. Le jeune couronné n'y prêta pas attention, la bouderie des Grands inquiéta davantage Blanche de Castille. Elle dut sans tarder reprendre la main. Cela commença par une affaire suffisamment inquiétante pour que la régente implorât son royal rejeton de la régler au plus vite. Et comme il y allait de son intérêt, Louis IX accéda volontiers aux exigences maternelles.

Philippe Hurepel, né du mariage de Philippe Auguste avec Agnès de Méran, mariage non reconnu par le pape Honorius, était de ce fait un enfant illégitime. Et les Capétiens, sans doute parce qu'ils n'auraient pas su en donner le nombre, avaient l'habitude, et cela perdurera jusqu'à Louis XVI, de n'accorder aucun droit successoral à leurs bâtards. Honorius mort, Grégoire IX, son successeur, qui n'éprouvait guère de sympathie pour Blanche de Castille, s'empressa de légitimer Philippe Hurepel ; sa mère Agnès, contrairement à Blanche, avait su s'attirer les faveurs et la considération des aristocrates et des prélats, qui voyaient en la troisième épouse de Philippe Auguste leur reine légitime.

Sitôt sacré, le roi fut convaincu par sa mère qu'il fallait agir vite, son oncle Philippe pouvant fort bien, le plus légitimement du monde et avec l'aide de quelques barons hostiles à Blanche, éprouver l'envie de lui contester le trône.

Louis IX n'était pas le genre d'homme à s'embarrasser de scrupules, il savait, à douze ans, que sa situation, entre sa mère Blanche et son oncle Hurepel, était fragile. Bien sûr il aurait pu, avant que celui-ci ne fût tenté de récupérer la couronne, le faire assassiner, Blanche inclinait souvent pour le meurtre, mais par chance Hurepel était un faible, célibataire, sans descendance ; Louis, en la circonstance, fit le choix de la conciliation.

Les cérémonies du couronnement à peine achevées, Louis IX fit don à Hurepel de trois châteaux qu'il possédait en Île-de-France, il ajouta le comté de Saint-Pol en Artois, fief hérité de son grand-père Philippe Auguste et, pour faire bonne mesure, lui assura une rente viagère de six mille livres par an. Énorme ! En échange de quoi, ledit Philippe s'engagea, pour lui et ses héritiers, à ne jamais s'intéresser à la couronne royale. Affaire conclue. Encore fallait-il que Hurepel tînt ses engagements...

Blanche de Castille respirait. Provisoirement.

De tous les enseignements qu'elle avait habilement distillés à son fils, le plus tenace était sans conteste la haine de l'Anglais que le grand-père Philippe Auguste avait sévèrement battu à Bouvines, mais l'ennemi était encore présent dans le Sud-Ouest. Quand elle maniait le juron, l'Espagnole Blanche de Castille impressionnait son fils. Elle n'avait pas de mots assez durs contre ces Plantagenêts qui ne rêvaient que de coiffer la couronne de France, voire celle de sa Castille natale. Ces Plantagenêts auxquels s'était donnée Aliénor d'Aquitaine, rejointe pour l'éternité à l'abbaye de Fontevrault, près de Saumur, par ses descendants, dont son fils Richard Cœur de Lion.

En 1226, année de l'accession de Louis IX à la Couronne, les Anglais, avec l'appui de quelques nobles français, hostiles à Blanche et à son fils, laissèrent des milliers de cadavres sous les remparts d'Avignon qui avait résisté à plus de six mois de siège, avant de capituler... Une trêve s'avérait indispensable. Dans chaque armée, l'épuisement était total.

Pas question de reprendre la guerre. Pour se débarrasser du jeune Louis IX et de sa mère, leurs adversaires durent envisager une autre solution. Et pourquoi pas un complot discrètement et soigneusement élaboré ? Un nombre important de barons se rassemblèrent à Corbeil, à une vingtaine de kilomètres de Paris, et décidèrent de s'emparer du roi, de le détrôner, afin d'installer à sa place Philippe Hurepel. Hélas, dans ce genre de complot, il y a toujours un traître. Et le félon ne fut autre que Philippe Hurepel lui-même, qui n'éprouvait pas la moindre envie de gouverner le royaume et qui par ailleurs se devait d'être fidèle s'il voulait percevoir sa rente...

Louis IX n'avait pas encore treize ans. Avec quelques cavaliers, il prit la direction de Corbeil, pour régler leur compte aux factieux. Au passage, il recruta une sorte d'armée populaire. À Corbeil, dans les rangs des comploteurs, ce fut la débandade...

En moins de six mois, l'adolescent féru de théologie, que son entourage assurait empli de bienveillance pour ses frères humains, montra déjà d'incontestables talents de chef militaire. Blanche de Castille ébahie décida de cultiver chez son fils ce goût pour l'art de bien combattre. L'affaire de Corbeil rondement menée, le règne s'annonçait comme une série de conflits. À Louis IX de les gagner. Il s'y employa, sans établir le décompte des morts parmi ses troupes. Ce n'était pas son affaire.

Cependant, les barons ne s'avouèrent pas vaincus. Les plus actifs, les plus opposés au duo mère/fils étaient Ferrand de Flandre et Jean Sénéchal de Champagne, enfermés au Louvre depuis Bouvines. Que Louis ait refusé sa grâce rendait Ferrand de Flandre littéralement fou. Fou et sage à la fois. Après avoir pesté contre le nouveau monarque, il se calma. Soudainement. Il avait appris par un émissaire que s'il se rangeait à leur côté, les Anglais proposeraient à Louis le paiement d'une rançon afin qu'il fût élargi. Contrairement à une autre légende de l'Histoire, qui fait de Louis IX, alias Saint Louis, un monarque généreux et de Louis XI un roi avare, il convient d'inverser la version officielle. Louis IX ne manqua jamais une occasion d'accroître le contenu de sa bourse et son mariage en 1234 – il avait vingt ans – avec Marguerite de Provence, arrangé par l'omniprésente Blanche de Castille, fut dicté par l'intérêt beaucoup plus que par l'amour. En revanche, Louis XI se montrera méticuleux gestionnaire, soucieux du bon état des finances du royaume. De son union avec Marguerite, on ne saurait tenir rigueur à Louis IX, il ne détient pas l'exclusivité de ce genre d'épousailles ; la mode n'en est jamais tombée en désuétude. Il suffit d'établir le constat.

Après réflexion, Louis accepta la proposition de rançon, moins importante selon Joinville que le roi ne l'aurait souhaitée ; il fit néanmoins libérer Ferrand de Flandre. Erreur ! À peine sorti de geôle, celui-ci prit le parti des Anglais. De cette erreur de jeunesse, Louis sut tirer la leçon. Malgré les pressions, notamment du Saint-Siège, l'autre félon de Bouvines mourut dans sa cellule du Louvre, à Pâques 1227, après treize ans d'enfermement, sans autre visite que celle de son gardien. Louis qui répétait volontiers que l'âme humaine la plus vile pouvait être sauvée par la foi ne songea jamais à le faire assister d'un confesseur.

Pour Louis, les ennuis allaient s'amonceler. Non seulement il dut mener une guerre sanglante contre les Albigeois, mais dans le peuple, le roi ne parvint pas à créer un courant de sympathie en sa faveur.

Une nouveauté dans l'Histoire de France, des pamphlets virulents circulaient sous le manteau, puis au grand jour, contre le roi et sa mère, accusés d'affamer les pauvres gens, de lever de plus en plus d'impôts au prétexte de la préparation d'une nouvelle croisade dont les chrétiens des chaumières n'avaient que faire.

Les attaques visaient pour l'essentiel la régente, mais à travers l'Espagnole, les auteurs voulaient atteindre le roi. Toutefois, ils n'osaient pas encore attaquer de front la fonction et la personne. Blanche de Castille méritait-elle les foudres qui fondaient sur elle ? Sans doute. Même si Joinville fit preuve d'une révérencieuse discrétion, d'autres se chargèrent, sans crainte de possibles représailles, de lever le voile sur ses turpitudes, voire d'en rajouter !

D'abord on lui reprocha de vider les caisses de la royauté, alimentées par la cascade incessante d'impôts et taxes, dont les petits propriétaires et les juifs faisaient le plus souvent les frais, au profit de ses parents castillans, sans que jamais le roi ne se sentît concerné.

Louis IX ne s'inquiéta pas des libelles contre les frasques maternelles, il n'y voyait pas vraiment de marque d'irrespect, peut-être un modèle si, comme l'affirme Joinville, afin de « *se donner du bon sang dans les batailles, notre roy avait toujours grand besoin de lever jupons* ». Ne verra-t-on pas, moins d'un siècle plus tard, en 1310, le premier des papes français d'Avignon, Clément V, né Bertrand de Got, se faire construire une résidence estivale au pied du mont Ventoux, résidence qu'il appelait lui-même sa « Maison des plaisirs » ! Quant au plus fastueux des papes avignonnais, Clément VI, éperdument amoureux de la comtesse de Toulouse, il exigeait qu'elle fût toujours à ses côtés, non seulement sous son pontifical baldaquin, mais présente à chacun de ses repas. Les prédicateurs les plus drastiques ne mettaient guère en pratique les textes des Évangiles dont l'Inquisition réclamait le respect sur les parvis des églises, des cathédrales et au pied des bûchers.

Qu'on replace la canonisation de Louis IX dans l'environnement de la société médiévale, on sera plus compréhensif envers le roi saint, mais que cesse définitivement la baliverne du « saint roi rendant la justice sous un chêne au bois de Vincennes » ! Une des rares images de notre Histoire que les cancres les plus indigents dans leur scolarité ont retenue de l'enseignement dispensé par leurs maîtres.

La légende du pieux monarque à Vincennes a traversé les siècles, reprise par une succession d'historiens reconnus. On la doit prioritairement à Joinville, mais ne jamais oublier que, comme tant d'autres avant et après lui, Joinville, qui mourut plus que septuagénaire sous le règne de Philippe V le Long, était l'intime de Louis IX ; le roi entretenait le chroniqueur, afin qu'il le couvrît de louanges. Joinville affirme avoir suivi son roi jusqu'à la croisade, ce qui, à le lire, ne l'a guère enthousiasmé.

Au sujet de l'incontournable chêne de nos manuels scolaires, que nous rapporte le chroniqueur ? Quelques lignes, sur les milliers de feuillets de sa *Vie de Saint Louis* : il est vrai qu'il n'était pas rare que Louis IX – quand il séjournait au Louvre – s'arrêtât, épuisé après une chasse dans les bois de Vincennes, riches en cervidés, et qu'il profitât de cette halte reposante, à l'air pur, loin des puanteurs du palais, pour convoquer et entendre les plaideurs. Mais – Joinville ne manque pas de le mentionner – Louis IX, soucieux de préserver les excellents rapports qu'il entretenait avec les gens de justice de sa capitale, qui lui furent toujours fidèles, n'a jamais, à Vincennes, prononcé le moindre jugement, renvoyant les parties devant les juges. Quant au chêne, dessin d'un anonyme de l'époque, il participe de l'imaginaire autant que le sage monarque dont il était censé protéger l'auguste front de son large et épais feuillage, vert en toutes saisons.

Vincennes, aujourd'hui, a tout le loisir de se flatter d'être très connu, autant pour les séjours du roi saint que par son zoo au cœur du bois. Quant à la commune limitrophe de Joinville-le-Pont, elle aussi va chercher les origines de son nom dans l'Histoire. Joinville doit sa réputation contemporaine à ses célèbres guinguettes !... La postérité s'autorise parfois de curieux rapprochements !

Quant à la compatissante et vertueuse justice royale, loin de l'imagerie de Vincennes, deux exemples parmi d'autres nous révèlent que l'indulgence généreuse, qui séduisit tant Boniface quand il décida d'accélérer la canonisation, n'a strictement aucun rapport avec l'aimable conte du chêne de Vincennes ! Le réalité est moins compatissante. Il suffit, pour en mesurer la réalité, d'évoquer quelques exemples de l'intransigeance coutumière du monarque.

1255. Depuis sept ans, la Sainte-Chapelle était achevée. Guillaume de Nangis, autre thuriféraire, mais moins zélé que Joinville, raconte dans sa *Vie de Saint Louis* qu'un vilain força le barrage de hallebardiers protégeant les reliques dans la Sainte-Chapelle, afin, jura-t-il, de confier à Dieu, devant la couronne d'épines, son épouse morte subitement. Pas question qu'un homme de peu s'approchât de la couronne de Jésus. Enfin cédée par les Vénitiens, qui la tenaient eux-mêmes de Constantinople, elle avait coûté fort cher à Louis IX, dernier et – espérait-il – ultime acquéreur. Espoir satisfait. Ladite couronne, joyau le plus admiré et vénéré de la Sainte-Chapelle sur l'île de la Cité, a été transféré en 1790 à Notre-Dame, après les déprédations de la première période révolutionnaire.

Les hallebardiers se saisirent de l'individu. Le roi, très attaché à sa Chapelle, fut immédiatement prévenu. Le monarque, relate Guillaume de Nangis, « *le fit arrêter et le fit marquer au fer rouge sur les lèvres pour qu'il eût toujours en mémoire que les chrétiens miséreux pouvaient se confier aux saintes reliques mais ne jamais prétendre les toucher...* ». Une conception de la justice menant tout droit à la sainteté ?

Louis IX confondait volontiers sévérité avec cruauté, et le chroniqueur biographe Guillaume de Nangis, par ailleurs moine de Saint-Denis et réputé de son vivant pour son esprit de tolérance, raconte parmi d'autres histoires celle-ci, volontiers occultée par les thuriféraires, catholiques ou non, de Louis IX, alias Saint Louis.

1259. Une affaire qui marquera fort les esprits du temps. Deux ans auparavant, Robert de Sorbon avait fondé l'Université qui portera son nom. Les lettrés abandonnaient peu à peu le latin pour la langue française, considérée alors dans toute l'Europe comme langue de culture. Trois jeunes nobliaux flamands, venus en France pour y apprendre la langue, logeaient et étudiaient à l'abbaye Saint-Nicolas, proche de Laon. Ils travaillaient le français, mais, comme tous les futurs chevaliers, profitaient de leurs loisirs pour s'exercer au tir à l'arc. Les lapins, les lièvres étaient leurs cibles favorites. Malheur à eux le jour où ils s'égarèrent sur une terre propriété du sire de Coucy. Arrêtés par les hommes d'armes de ce seigneur, ils furent pendus le soir même. L'affaire vint aux oreilles de Louis IX qui convoqua le sire de Coucy. Celui-ci reconnut les faits.

Sans prendre conseil de qui que ce fût, Louis IX décida d'enfermer Coucy dans les prisons du Louvre, dans l'attente du jour prochain où le bourreau, surchargé d'exécutions, le pendrait haut et court en place de Grève. Cela, dirait-on de nos jours, c'était pour la façade, pour les « *relations publiques* » de la Couronne. La réalité était plus politique : Coucy ne fut jamais pendu. En effet, le roi venait de signer à Paris un traité qui mettait provisoirement fin au conflit avec l'Angleterre, il redoutait que les barons des fiefs qu'il avait cédés aux Anglais, la Saintonge, l'Agenais, une partie du Limousin et une partie du Quercy, ne profitent de l'affaire de Coucy pour se liguer contre lui. Il pensait juste car les barons de ces fiefs auxquels s'étaient joints quelques autres seigneurs vinrent réclamer la clémence pour leur pair qui n'avait fait que protéger ses terres. Trois jeunes gens pendus pour un lapin, c'était abusif, mais la condamnation sans procès de Coucy était tout aussi insupportable. Le roi ne céda pas, mais on le sait, il aimait le son des pièces d'or dans ses coffres. Un des requérants, Gilles Le Brun, connétable de France, lié par cousinage avec Coucy, proposa une transaction : Coucy paierait de ses deniers l'entretien et l'armement de mille hommes pour la croisade en préparation. De plus, pour chaque victime de l'expédition, Coucy s'engagea à trouver un remplaçant ; on imagine qu'ils n'étaient pas nombreux à se porter volontaires, ce dont Louis IX se moquait comme d'une guigne.

L'an 1259 ne fut décidément guère favorable pour l'aura de Louis IX.

Au prétexte de contrôler la circulation de la monnaie dans le royaume, Louis décréta la spoliation des biens appartenant aux juifs, soupçonnés de contrefaire les pièces d'or frappées dans les ateliers royaux. Biens en tous genres, y compris vêtements et mobiliers, furent saisis et, au nom de la miséricorde divine, remis aux miséreux qui acceptaient de signer un accord – avec Louis, rien n'était jamais gratuit – pour les guerres ou les croisades à venir. Et s'ils mouraient, le contrat devait être respecté par leurs descendants mâles... s'ils en avaient. Ce qui, on en conviendra, n'encourageait pas à légitimer des garçons qui, pour échapper à la contrainte, quittaient nombreux leur famille et s'engageaient comme valets ou hommes d'armes chez des maîtres de préférence hostiles à l'autoritarisme du souverain.

Afin que les honnêtes chrétiens ne succombent pas aux méfaits des usuriers juifs, il était rappelé que, sous peine de prison de longue durée, voire de pendaison, la rouelle jaune devait être très apparente sur le devant des habits des juifs.

La liste des conflits auxquels Louis IX prit part est trop longue pour être recopiée. Quelques exemples montrent que ce roi très pieux affichait un goût inné pour la guerre, ne concédant la paix que lorsqu'il y était contraint et si sa Couronne était en péril. Il faut reconnaître que jusqu'à sa mort en 1254, Blanche de Castille, si elle défendit ou assuma – pour la dernière fois pendant la croisade d'Égypte, de 1248 à 1254 – l'autorité royale, n'était que rarement favorable à la multiplication des guerres, lorsque celles-ci n'étaient pas indispensables à la sauvegarde de l'intégrité territoriale du royaume ou à son extension sur des terres dont le roi pouvait tirer quelque profit. Louis IX était un monarque de son temps, un seigneur féodal pour lequel tout différend ne pouvait se résoudre que les armes à la main.

Selon Joinville, Blanche de Castille aurait organisé une rencontre sur les bords du Rhin, en un lieu demeuré inconnu à ce jour, entre François d'Assise, le mystique qui avait baisé le lépreux sur la bouche, et le jeune Louis IX. La rencontre se serait située au printemps 1226, peu avant la mort du saint, ô combien respectable celui-ci ! L'entretien se serait assez mal déroulé à en croire le chroniqueur. Le souverain sacré le 29 novembre, qui entendait se faire sacrer à Reims voyait en adversaires plus qu'en humbles religieux les compagnons de François, qui créaient partout de nouvelles missions de l'Angleterre à l'Orient, en passant par la France, l'Allemagne et évidemment l'Italie, où François mourut, dans l'ermitage de la Portioncule, près d'Assise, le 3 octobre 1226. Une mort qui, toujours selon le fidèle Joinville, n'aurait pas particulièrement affecté le monarque adolescent. François avait sans doute prêché auprès de Louis les bienfaits de la paix entre les hommes ; l'enfant roi, encore marqué par son sacre ne songeait lui, qu'à en découdre avec des ennemis réels ou supposés.

Et déjà on parlait de croisade ! Ayant appris que l'empereur Frédéric II envisageait de se faire couronner roi de Jérusalem, Louis IX entra dans une grande fureur et jura que, contrairement à son père Louis VIII qui avait dû rendre Damiette, cinq ans plus tôt, pour que sa flotte fût autorisée à lever l'ancre, il mettrait la main sur Jérusalem. Il ne s'agissait pas d'une décision d'ordre spirituel, mais de la volonté d'affirmer son autorité temporelle. Avec le soutien de sa tutrice Blanche de Castille.

La croisade demeure la meilleure des justifications pour avoir accordé si promptement la sainteté à ce roi considéré comme très chrétien.

Il faudra attendre la fin du XXe siècle et notamment les écrits de l'illustre médiéviste Jacques Le Goff, pour qu'on s'interroge sur les véritables objectifs qui poussèrent Louis IX dans ces deux expéditions où tant de braves chrétiens « réquisitionnés » par ses soins perdirent la vie.

Parce que Boniface VIII l'a induit en sainteté, il est évidemment facile de donner aux croisades de Louis IX une signification religieuse.

Comment n'y avait-on pas songé plus tôt ? Au XIIIe siècle, en Europe, les villes italiennes dominaient la chrétienté. Le temps des conquêtes n'était pas encore arrivé, celui de Pise, de Gênes, de Venise était venu... Ces cités riches devaient leur fortune, comme naguère l'Égypte, la Grèce, Rome, puis les Maures, au bassin méditerranéen.

Louis IX ne songea pas uniquement à délivrer des Infidèles les Lieux saints. Devenu maître d'un royaume ouvert sur le Sud, après son mariage avec Marguerite de Provence, il fit construire le port d'Aigues-Mortes, aujourd'hui malheureusement ensablé, afin de se ménager une ouverture militaire et commerciale sur la Méditerranée. La tâche lui fut facilitée par la présence au gouvernement de Provence de son frère Charles d'Anjou, qui avait conclu un mariage « stratégique » avec Béatrice de Provence. Louis IX ne voyait pas là qu'un point d'embarquement pour Jérusalem, il envisageait d'y développer le commerce et d'y attirer des commerçants italiens et orientaux pour lesquels le négoce continental serait plus aisé qu'au départ de Gênes. Louis IX voulait faire de tout le cordon littoral occitan un nouvel horizon pour le royaume de France. Qu'il en soit loué, mais qu'on ne ramène pas la construction d'Aigues-Mortes à une initiative religieuse, afin d'atteindre plus rapidement les terres tenues par les Infidèles ! D'autant qu'une majorité de croisés a embarqué à... Marseille.

L'enjeu de Louis IX était de nature politique et économique. Entre les divers royaumes d'Italie et l'Espagne, il voulait une juste place pour la France, avec un débouché sur la Méditerranée, source de richesses et de culture. Dans cette affaire, Louis IX faisait figure de précurseur. Était-ce suffisant pour justifier une canonisation ?

Quant aux croisades elles-mêmes, certes leur but était de sauver la chrétienté, mais quelle chrétienté ? Spirituelle ou temporelle ? Il s'agissait avant tout de protéger des territoires contre l'invasion des barbares mongols, de s'y établir, pour dominer les Lieux saints. Les premières attaques asiatiques furent repoussées par Illtutmish, le sultan de Delhi, en 1225, mais quinze ans plus tard, leurs hordes atteignirent le Danube.

Il faut par ailleurs compter avec un personnage que pendant sa régence Blanche de Castille a appris à son fils à détester jusqu'à son dernier souffle : l'empereur du Saint Empire germanique Frédéric II. Il y avait pourtant quelques similitudes, malgré la différence d'âge, entre Louis et Frédéric. L'un et l'autre aimaient le pouvoir, l'un et l'autre étaient convaincus que dans une époque où l'esprit religieux était très présent, il n'y avait pas meilleure justification à l'expansionnisme territorial qu'une expédition vers l'Orient.

Là où Louis IX choisit de régler les conflits par les armes, Frédéric préféra la diplomatie. En 1229 – Louis était âgé de quinze ans – Frédéric signa avec le sultan Al Malik Al Kamil le traité de Jaffa, aux termes duquel il se fit couronner roi de Jérusalem. À son retour, le pape, furieux, menaça de l'excommunier. Les rapports s'améliorèrent, mais désormais c'était une chose acquise, Rome préférait tourner les yeux vers Paris que vers Aix-la-Chapelle. Que Louis IX décidât de récupérer pour son compte les Lieux saints, il bénéficierait du soutien pontifical… Ou l'art de transformer une expédition guerrière en mission religieuse !

Le jeu était subtil, dans la préparation financière : outre les recrutements forcés dans les villages et les bourgs, où les religieux menaçaient des feux de l'enfer ceux qui refusaient d'abandonner prairies ou échoppes, l'Église, avec la bénédiction du Saint-Siège, dut se plier aux exigences de Louis. Les emprunts forcés du roi sur les biens ecclésiastiques furent doublés. Les taxes les plus diverses – sur le sel, la farine ou les ovins – furent multipliées, parfois par dix, et plus quand les « donateurs » étaient juifs. Les Templiers, condamnés par l'Église un demi-siècle plus tard, furent, avec l'accord du pape, mis à contribution : ils assumeraient les dépenses faites en Terre sainte, non pour la construire églises ou chapelles, mais pour édifier, voire fortifier villes et châteaux dont les vestiges encore apparents relevaient plus de l'architecture guerrière que de l'inspiration divine.

Comment ne pas s'interroger sur l'effet négatif dans le peuple des absences prolongées du roi, alors que disette et peste ravageaient le royaume ? Louis IX exerçait son autorité. À sa manière.

S'agissant de ce roi, force est de s'en remettre au témoignage oculaire de Joinville. La vie humaine, fût-elle chrétienne, n'avait guère d'importance aux yeux de Louis IX : pendant les croisades, il contemplait sans effroi apparent les atrocités et les souffrances de ceux qui l'accompagnaient. À en croire Joinville, il s'agissait de morts sacrificielles donc tout à fait normales. Comme si mourir à la guerre n'était pas une infâme saleté ! En toutes circonstances.

Louis se voulait « apaiseur » en Europe, il devenait belliqueux, tyrannique dès qu'il s'agissait de l'Orient. Des hommes qu'il avait enrôlés de force, il exigeait tout. Privations et maladies ne devaient pas réduire l'ardeur au combat. Ne se battait-on pas pour sauver les chrétiens ? Louis se voulait présent sur tous les champs de bataille, mais si possible en retrait... Certes, il souhaitait assurer le salut de son âme, mais entendait que son corps demeurât entier. *Mens sana in corpore sano.*

Quand, en 1248, laissant à sa mère malade les affaires du royaume, il embarqua du port d'Aigues-Mortes, après quatre années de préparation, pour la septième croisade, avec l'Égypte pour premier objectif, il veilla à naviguer à l'arrière, sur la dernière des galères de l'expédition. Certes, il était d'une constitution physique chétive, mais il prenait soin de veiller sur sa royale personne. Les privations qu'il s'imposait parfois, faisant en sorte que nul ne les ignorât, étaient plus souvent commandées par une maladie chronique d'estomac ou d'intestin dont il souffrait que par les jeûnes imposés par la foi.

Après avoir hiverné à Damiette en 1248, Louis donna l'ordre de lancer l'assaut contre la ville tenue par les Infidèles.

« *Après la bataille*, raconte Joinville, contraint de suivre son souverain, *les corps de nos hommes tués par les Sarrasins* (les Infidèles) *remontèrent à la surface de l'eau du Nil. Ils vinrent en flottant jusqu'aux sables qui touchaient notre camp. Il y en avait un très grand nombre, si bien que tout le fleuve était plein de morts d'une rive à l'autre. Aucune messe ne fut ordonnée par notre roi* (sic), *mais il fit mettre les chrétiens dans de grandes fosses. La chair de nos jambes se desséchait toute et, à cause du pays où il ne pleut jamais une goutte d'eau, la maladie atteignait beaucoup des nôtres. Le signe de la mort était tel que lorsque le nez saignait il fallait mourir. Mais notre roi fit savoir qu'il était venu pour vaincre et ordonna de continuer la bataille…* »

Joinville relate ce qu'il a vu et si toute guerre est sale, celle-ci ne fut pas à l'honneur de celui qui la mena. Un roi chef de guerre dont l'Église fit en toute hâte un de ses saints !

L'expédition égyptienne, indûment dénommée croisade, se solda pour Louis IX par un échec cuisant. Non seulement l'armée fut décimée, affamée, épuisée, mais Joinville livre des descriptions qui auraient leur place dans la littérature noire. Sous la pression de ce qui lui restait de barons valides, Louis IX se livra aux Seldjoukides, non sans avoir auparavant obtenu la promesse d'être libéré contre une rançon, payée par les fiefs de France. Le sultan accepta, mais en sus de la rançon exigea la restitution de Damiette dont le siège n'avait été qu'une succession d'horreurs. En 1250, un accord final fut conclu ; la défaite fut la plus grave jamais subie par une armée chrétienne dans cette région.

Vaincu, prisonnier libéré sans gloire, Louis IX allait-il enfin rentrer pour s'occuper des affaires du royaume de France, que Blanche de Castille, de plus en plus mal en point, ne parvenait plus à conduire ? Que nenni ! Louis IX n'avait que faire des soulèvements qui, avec la complicité de l'Angleterre et à l'initiative de la famille de Lusignan, mettaient à feu et à sang tout le Sud-Ouest. Des villages furent rasés, incendiés, des femmes accusées de sorcellerie brûlées vives sur les bûchers… Henri III Plantagenêt, convaincu de surcroît que Louis IX périrait dans des sables de Mansourah et que, dès la mort de Blanche de Castille, il pourrait s'emparer de la couronne de France sans que ses archers n'aient à intervenir, redoublait d'ardeur et de cruauté.

Il n'empêche, de Louis IX, on ne veut retenir, parce qu'il a construit quelques hôpitaux en Île-de-France et édifié la Sainte-Chapelle, qu'il n'a régné que pour le bonheur du peuple ! S'intéressait-il au peuple de France, ce roi ? Pendant qu'on massacrait ses sujets, Louis IX, libéré, ne rembarqua pas vers la France ; il s'installa dans ce qui est aujourd'hui la Syrie et y resta... quatre ans, de mai 1250 à avril 1254, de plus en plus convaincu – on ne saurait lui en faire reproche – de l'importance historique du bassin méditerranéen ; en réalité au prétexte religieux de faire relever et fortifier à grands frais les villes encore tenues par les chrétiens : Acre, Jaffa, Césarée, Sidon... Pour que les travaux avancent plus vite, il se devait d'être présent. La terre ensanglantée du royaume ? Il s'en occuperait plus tard.

Louis IX se plaisait en Syrie. Les velléités anglaises ne l'effrayaient pas, les rêves du Saint-Empire romain germanique traversaient une mauvaise passe. Tout serait allé pour le mieux si n'étaient survenus coup sur coup deux événements fâcheux qui le contraignirent à rentrer enfin à la maison : la mort de sa mère en 1252 et les tensions que, malgré ses origines, Blanche n'avait pas réussi à éviter avec les royaumes d'Espagne auxquels s'étaient joints les comtes de Toulouse.

Louis IX, maussade, laissa quelques troupes en Terre sainte et débarqua à Aigues-Mortes, avec l'intention de régler une fois pour toutes – il n'y parviendra pas – les conflits en Occitanie. Dans cette région, les garnisons royales étaient rares et les populations plus attirées par Jacques Ier d'Aragon qui réclamait moins de taxes et d'impôts.

Jacques Ier d'Aragon ayant déclaré la guerre à la France, Louis IX était décidé à liquider la querelle par la manière forte. À peine débarqué, il fit appeler le sénéchal de Beaucaire, un fidèle. Qu'il s'agisse de vivres ou d'hommes, le roi accorda au sénéchal tous les droits. Qu'on pille et qu'on enrôle ! Louis IX établit son quartier général à Carcassonne, une ville fortifiée dans laquelle il entassa des troupes et leur infligea des conditions de vie quotidienne absolument épouvantables. Ni Jacques l'Aragonais, ni Louis le Français n'envisageaient, dans une nature où les montagnes et la mer n'étaient séparées que par une vallée marécageuse, de batailles frontales. L'un et l'autre procédaient par incursions. Les paysans firent les frais de ces actions « *commandos* » et les hommes ne ménagèrent guère les occupantes des fermes et les lavandières de village.

Enfin, le 16 juillet 1258, les deux souverains, lassés de batailles sans gains territoriaux, signèrent à Barcelone un traité de paix. Louis renonça aux Marches d'Espagne – Narbonne, Perpignan –, Jacques abandonna Montpellier et Carcassonne. Les victimes civiles de cette guerre particulièrement sanglante et inutile se comptèrent par dizaines de milliers.

Qu'importe ! Après un détour par le Louvre et le règlement, en 1259, du contentieux séculaire avec l'Angleterre, Louis qui, de ses fenêtres, admirait sa Sainte-Chapelle, n'avait plus qu'une idée en tête : retourner sur les sables orientaux. Afin que ses principaux vassaux soient convaincus que la nouvelle croisade avait un caractère réellement religieux, ce dont certains doutaient, il multiplia les gestes d'humilité pieuse. Qu'il aille, en le faisant savoir, jusqu'à laver les pieds des lépreux et Joinville trouve des accents lyriques pour que nul n'ignore que le roi de France a gagné une place chez les saints…

Henri III d'Angleterre, accompagné de sa femme et de son second fils Edmond, n'était-il pas venu de Londres pour prêter hommage à ce glorieux serviteur de Dieu, au cours d'une cérémonie grandiose, présidée par le franciscain Eudes Rigaud, archevêque de Rouen ?

Cela peut survenir, mais face au pouvoir en place, il est rare que le peuple manque de bon sens. Personne ne se plaignait ouvertement d'un roi aussi attentif au service de l'Église, mais on aurait aimé que les guerres, religieuses ou non, ravagent moins les campagnes, que la disette soit moins permanente et moins lourds les impôts en nature ou en monnaie dont il fallait sans cesse s'acquitter au seigneur pour l'entretien de ses demeures et de ses hommes d'armes. Il arrivait parfois que la révolte grondât ouvertement. Joinville volait au secours du roi : « *C'est l'homme qui travaille le plus pour mettre la paix entre ses sujets et spécialement entre les pauvres et les princes du royaume...* » Si Joinville le dit... D'autres dans le royaume ne semblaient pas partager l'avis du chroniqueur officiel.

Louis IX n'avait qu'une idée : repartir là-bas. Cela relevait de l'obsession.

Aux plus puissants de ses vassaux qui ne sautaient pas d'enthousiasme à l'idée de renouveler la malheureuse expérience égyptienne, Louis IX tint un discours énergique : il était rentré en France plongé dans un double deuil, celui de sa mère et celui de son frère puîné Robert d'Artois, tué le 9 février 1250, à la bataille de Mansourah. Si la mort de Blanche de Castille était prévisible, celle de Robert, victime de sa fougue chevaleresque, méritait vengeance et c'est pour cela qu'il voulait repartir. S'il parvenait à pénétrer dans Jérusalem, il jurait de se retirer à l'abbaye cistercienne de Maubuisson – les belles-filles adultères de Philippe le Bel y seront plus tard enfermées –, fondée par Blanche de Castille. Que rétorquer à de tels sentiments généreux ? Louis IX était un excellent communicant. Il fut sans doute, de toute la dynastie capétienne, le roi qui sut, avec le plus d'habileté, faire connaître ses volontés et les appliquer. Louis était plus doué pour l'autocratie terrestre que pour la sainteté céleste.

Eudes Rigaud, archevêque de Rouen, moins attaché au roi que ne le fut Joinville, note dans ses *Carnets* que la mort inopinée de son fils aîné Louis, le prince héritier, que les chroniqueurs – et pas seulement Joinville – s'accordaient à considérer comme beaucoup plus proche des affaires intérieures que son père, a été ressentie comme un événement particulièrement douloureux. Le pape régnant Alexandre IV lui envoya une lettre dans laquelle il indiqua voir dans cette mort un « avertissement divin »...

Il n'y avait pas meilleur argument pour que Louis IX s'embarquât au plus vite. Non sans avoir ordonné d'aménager l'abbaye de Saint-Denis en nécropole royale, réservée désormais aux hommes et femmes qui auraient effectivement porté la couronne. Les monarques ne sauraient partager l'éternité avec les communs...

En 1267, jour de l'Annonciation, devant prélats et barons assemblés, il annonça son départ : ce serait au début de l'an 1270. Le temps des préparatifs... militaires... d'intendance... mais aussi et surtout politiques...

Louis IX avait envie de s'embarquer, mais le projet suscita peu d'enthousiasme chez les seigneurs français. Le roi le prépara néanmoins avec minutie, mais au lieu de tenter de rejoindre la Terre sainte par l'Égypte, il débarqua à Tunis. Loin, très loin de Jérusalem, surtout au Moyen Âge pour une armée inapte à supporter le climat africain et qui devait, avec les quelques chariots et chevaux dont elle disposait, effectuer une longue et pénible traversée dans le désert.

En 1267, Louis IX, plus que cinquantenaire, était déjà un vieil homme. Épuisé par les conflits familiaux, les soulèvements de seigneurs, les guerres étrangères, de moins en moins soutenu par une Église qui ne croyait plus guère à la nécessité d'une nouvelle croisade en Orient, parce que plus soucieuse de structurer la chrétienté européenne où perçaient déjà ici et là des embryons de Réforme, il se laissa convaincre par son frère Charles d'Anjou, roi de Sicile, d'investir Tunis. La huitième croisade, et cela intéressait autant Charles que Louis, aurait d'abord et prioritairement pour but de mettre un terme à la piraterie barbaresque qui multipliait les attaques contre les navires de commerce en Méditerranée, avant de se replier dans la baie de Carthage, à l'abri des intempéries, à quelques encablures de Tunis.

La préparation de cette nouvelle aventure suscita au mieux de la réserve, au pire de l'hostilité. Joinville lui-même refusa d'y participer. Il avoua s'être nettement expliqué auprès du souverain, au cours d'un entretien en tête à tête, en ménageant les tournures, afin de s'éviter des ennuis graves : « *Pendant la croisade d'Égypte, vos sergents et ceux du roi de Navarre, comte de Champagne, ont appauvri les gens du royaume et détruit de nombreuses familles et croiser à nouveau, ce serait aller contre la volonté de Dieu, qui a donné pour office au roi de protéger et sauver son peuple...* »

Et Joinville de partager avec Rome l'idée que le service de Dieu n'était plus outre-mer, mais à l'intérieur des frontières de l'Europe chrétienne. Le poète Rutebeuf, connu pour les textes satiriques qu'il récitait, comme tout bon trouvère, de cour en cour, se plaisait dans un sonnet à ironiser sur « *la disputaison du Croisé et du Décroisé* ».

Autre difficulté : pendant la préparation de la croisade, il y avait vacance pontificale. Clément IV était mort le 29 novembre 1268, son successeur n'était pas encore élu.

Quelqu'un avait parfaitement compris que l'entreprise n'avait rien d'une croisade mystique, c'était le doge de Venise. Il proposa ses vaisseaux à Louis pour transporter les soldats, mais Louis, assez intelligent pour imaginer quelle serait la contrepartie de cette sollicitude, refusa l'offre. Que le doge aille au diable ! Il se tourna vers les pires ennemis de Venise, les Génois, trop heureux, en espérant en tirer quelques bénéfices, de contribuer à libérer la Méditerranée de ses pirates. Les Génois aidèrent à la constitution d'une flotte. Les nefs achevées, Louis fit savoir au gouvernement de la ville-république que les nefs ne lèveraient pas l'ancre des rives ligures, mais qu'elles devraient rejoindre au plus vite Aigues-Mortes, où elles seraient placées sous le commandement d'un Français, le seigneur picard Florent de Varennes.

Les Génois, blessés, n'oublieront pas l'injure. Au cours des négociations précédant la vente de la Corse à la France, les ambassadeurs génois ne manqueront pas de faire remarquer à Louis XV qu'il devait, outre le montant de la transaction, s'acquitter de dommages et intérêts pour l'affront fait cinq siècles plus tôt par son aïeul Louis IX à la République génoise.

Une semaine avant de s'embarquer, Louis IX qui craignait au fond de lui que durant son absence son autorité ne s'effritât, envoya d'Aigues-Mortes à l'abbé de Saint-Denis, Mathieu de Vendôme, et à Simon de Nesles, auxquels il avait confié les clefs du royaume, une lettre leur enjoignant de « *sévir sans relâchement contre les ennemis du royaume et blasphémateurs, prostituées, malfaiteurs et autres scélérats...* ».

Le 14 mars 1270, le Roi se rendit à Saint-Denis, il y prit le bâton de pèlerin et l'oriflamme royal. Après des adieux publics à la reine Marguerite, le cortège composé de quatre cents chevaliers et d'une douzaine de moines confesseurs se dirigea vers Aigues-Mortes où devait se rassembler le gros des troupes.

Melun... Sens... Auxerre... Vézelay, la ville de saint Bernard... Mâcon... Vienne... Beaucaire. Autant d'étapes où des communautés religieuses, relevant d'ordres différents, occupaient de robustes bâtisses et géraient admirablement leurs finances. Si Joinville n'avait pas consigné tout cela, lui le témoin privilégié, peut-être pourrions-nous être encore dupes, mais le chroniqueur lui-même nous le fait remarquer. À chaque halte, ajoute-t-il, non sans malignité, monastères et abbayes étaient bien chauffés, la nourriture de qualité, et il se trouvait toujours quelques pièces d'orfèvrerie religieuse que le roi plaçait dans ses coffres, afin, faisait-il serment aux maîtres des lieux, de les déposer au pied du Calvaire ; Jésus ne cesserait jamais de veiller sur ses pieux serviteurs.

Enfin la troupe quelque peu hétéroclite atteignit la Méditerranée à Aigues-Mortes où Louis IX, accompagné de ses fils, fut rejoint par son gendre Thibaud de Navarre. Les navires génois se firent attendre. Louis IX fulminait et les cinquante mille – chiffre donné par Joinville – croisés commençaient à manquer de vivres. Les rapines dans tout le Languedoc ne rapportaient plus grand-chose. Une véritable bataille, pour quelques boules de pain noir, une tranche de lard, éclata entre Catalans et Provençaux d'un côté, Français de l'autre... Bilan : une centaine de morts auxquels s'ajoutèrent ceux que Louis IX fit pendre immédiatement, parce que dénoncés, en échange d'un peu de froment, comme responsables des pugilats. Étrange compassion pour son prochain !

Enfin le 1er juillet 1270, Louis IX embarqua sur la nef *Montjoie*. Après une brève escale en Sardaigne, et non en Sicile où son frère l'attendait, Louis débarqua, le 17 juillet, à La Goulette, près de

Tunis. L'émir musulman de Tunis, prié de renier sa foi pour le christianisme, refusa bien entendu de se convertir.

L'armée attendait les ordres royaux pour donner l'assaut. Quelle armée ? Trois vaisseaux chargés d'archers avaient fait naufrage pendant la traversée. Quant aux milliers d'autres qui étaient sous Tunis, ils n'avaient pas fière allure. Il promettait d'être long et douloureux le voyage jusqu'à Jérusalem ! Dysenterie... Typhus... Peste... Les fléaux firent des ravages. Le 3 août, Jean Tristan, un des fils du roi, mourut.

Le 25 août, ce fut au tour de Louis IX de défuncter.

Le roi décédé chez les Infidèles, le sort même de sa dépouille devenait un enjeu entre le frère du roi, Charles d'Anjou, et le fils du roi, le futur Philippe III. Cela s'acheva par un assez sordide compromis : à Charles, roi de Sicile, les entrailles et les chairs ; à Philippe, les ossements, afin qu'ils soient inhumés à Saint-Denis.

Le cercueil de Louis IX ne fut placé sous une dalle de Saint-Denis que le 22 mai 1271, neuf mois après sa mort ; la cérémonie donna lieu à de vifs incidents entre le clergé parisien et les moines de l'abbaye.

Déjà les ossements prenaient des allures de reliques : on leur prêtait des vertus miraculeuses. La voie était tracée vers une canonisation !

Après une longue vacance du trône pontifical, Thebaldo Visconti, originaire de Plaisance, en Italie, fut élu pape sous le nom de Grégoire X. Thebaldo était en mission d'évangélisation en Tunisie quand Louis IX vint y mourir de la peste. Le premier acte du nouveau pontife fut d'écrire au dominicain Geoffroy de Beaulieu, confesseur de Louis IX, pour lui demander le plus d'informations possible sur son royal pénitent. Louis IX canonisé serait pour le pape une excellente opération : attribuant la sainteté à Louis IX, ne préparerait-il pas la sienne, lui qui avait aussi pérégriné en Afrique du Nord ?...

Quant à Philippe III qui avait succédé à son père sur le trône de France, lorsqu'il rencontra Grégoire X au concile œcuménique de

Lyon, en 1274, il s'entendit confirmer le projet par le pape en personne. Son père canonisé, voilà qui consoliderait un pouvoir qu'il savait fragile ! L'affaire prit une dimension… royale. Simon de Pavie, ancien conseiller et chancelier de Louis IX, fut chargé de préparer le dossier : cinquante-deux chapitres écrits de la plume de l'archevêque de Reims.

Dès le XIVe siècle, le pape Clément V, encore gamin à la mort de Louis IX, mais Gascon et proche des Anglais, ne se gêna pas pour faire remarquer à Philippe IV le Bel que le procès en canonisation de son grand-père avait été bâclé. Trop rapide… Sans beaucoup de preuves… Pour toute réponse, Philippe le Bel enferma les ossements de Louis IX dans une châsse d'or et d'argent, offerte par les bourgeois de Paris, et les fit transférer de Saint-Denis à la Sainte-Chapelle, dans l'enceinte de ce qui était alors le palais royal. Hier, des milliers de dévots venaient se recueillir devant les reliques de Louis IX, aujourd'hui des millions de touristes admirent la finesse du travail des orfèvres.

Jehanne ou Jeanne d'Arc ?

Héroïne, patriote, sorcière, désirable, orgueilleuse, victime, humble, inspirée, canonisée, pucelle, envoyée des Cieux, pieuse, dupée par son roi, protégée par ses anges, bergère, sainte pour l'Église, sainte pour la patrie… Y a-t-il légende plus belle dans l'histoire de France que celle de Jehanne, dite Jeanne d'Arc ?

Ignorée, retrouvée, récupérée, de Jules Michelet à Jean-Marie Le Pen, de la monarchie à la République, des religieux aux laïcs les plus jacobins, Jeanne, inspiratrice de centaines d'histoires, d'autant de romans et de pièces de théâtre, Jeanne qu'on respecte, qu'on ignore ou qu'on trahit, simple fille des campagnes devenue icône nationale, qui fut-elle vraiment ?

Jeanne d'Arc tolérante et brave n'aurait jamais pardonné qu'on ait fait de sa courte vie une imposture. Car les faits sont là, tous les faits, rien que les faits.

Inévitable. Tout a déjà été dit, tout a été écrit, tout et son contraire. Il n'empêche, comment y échapper ? Parce que c'est la plus extraordinaire – *extra ordinem* – imposture de l'histoire de France, dénoncer, non la Pucelle elle-même, mais sa récupération par celui-ci ou celui-là s'impose dans une série loin de se vouloir exhaustive.

Comme il est dommage de ne plus avoir la possibilité de débattre avec Régine Pernoud d'une héroïne à laquelle elle consacra, presque par hasard, l'essentiel de sa vie ! Régine Pernoud, chartiste, savait quelle valeur il convient d'accorder aux documents authentifiés ; elle n'ignorait pas non plus que pour rendre l'histoire de notre humanité ou de notre déshumanité accessible à tous, il fallait savoir vulgariser – *populus sed non vulgus*. S'agissant de Jeanne d'Arc, personne avant elle – ni après elle, on peut le penser – n'a versé autant de pièces à un dossier d'imposture, une imposture à laquelle elle n'a cependant jamais voulu adhérer ; encore que, dans des conversations *off*, comme on dit de nos jours, il lui soit arrivé – un débat télévisé nous opposa naguère – de douter et de s'interroger sur certains aspects rapportés, mais peu convaincants, de la vie de Jeanne. Des erreurs ont été commises, mais surtout tant d'allégations perversement entretenues. Régine Pernoud reconnaissait même dans un livre partagé avec Jean Tulard, publié aux éditions du Rocher, peu avant sa mort, qu'il fut un temps où elle détestait celle qui n'était qu'une « bannière pour défilés politiques ». Aujourd'hui, plus qu'hier, on ne lui contesterait pas la formule. Pas plus qu'on ne discute son énorme travail.

Que de discours se référant à Jeanne, dont un, admirable d'éloquence, d'André Malraux ! Sans hésiter, il compara Jeanne « *jaillie du fond des âges* » à Charles de Gaulle « *jailli du fond de nos âmes patriotiques* » ! Ce n'était faire injure ni à l'un, ni à l'autre. Fort heureusement pour la République laïque, nul n'a encore songé à canoniser le Général ! Lequel n'en a d'ailleurs pas besoin...

Que de cortèges où Jeanne fut brandie tel un drapeau de campagne électorale ! Il y eut l'Action française, avant la guerre de 1939-1945... Sous l'Occupation, une affiche anti-anglaise de propagande nazie, la représentant au milieu d'une ville en flammes avec cette légende « *Les assassins reviennent toujours sur les lieux de leur crime* »... Bien entendu il y eut Jeanne, figure obligée de la Résistance... Jeanne, à Domrémy, ultime escale, en 1952, de la famille britannique Drummond, à la veille de sa fin tragique sur une route provençale, non loin de la Grand'Terre, la ferme de la famille Dominici... Jeanne cocardière, solennelle... Jeanne laïque et Jeanne la sainte, canonisée cinq cents ans après son passage sur terre. À seule fin de calmer les ardeurs de ceux que la loi de 1905 sur la Séparation de l'Église et de l'État avait irrités... Jeanne, représentation de la République, dans nos mairies et palais de justice, comme n'importe quelle vedette du show-biz ! Sans oublier la plus récente des récupérations, celle du Front national, avec sa honteuse parade, chaque année, devant la statue dorée de la place des Pyramides, à Paris.

Statue pour statue, mes préférences iraient à celle, plus modeste et souvent ignorée, du boulevard Saint-Marcel, sur la rive gauche, à proximité des Gobelins, probablement parce qu'érigée face à ma maison natale. Avoir balbutié au pied de la sainte républicaine, cela pourrait expliquer l'attachement d'une vie à l'absolue observance laïque dans une démocratie. Comment un laïc ne pourfendrait-il pas les légendes surnaturelles et divines qui entourent depuis le XVe siècle la figure de Jeanne d'Arc ? S'il s'agit d'un symbole, qu'on le protège, sans plonger dans la démagogie bigote et nationaliste. L'Histoire n'a d'ailleurs que faire des symboles, elle s'appuie sur des faits vérifiables et vérifiés.

Dans la vie de Jeanne, ce qui importe, c'est de déterminer, à l'aide des documents dont nous disposons et d'une pincée de raisonnement logique, ce que fut le parcours de cette jeune Barroise qui, dans son village natal de Domrémy, était une fille comme les autres, vivant dans une famille simple, au milieu de gens simples.

Une « pucelle » – du latin *pucella*, qui se traduit par *jeune fille* et non par *vierge* – qui accomplissait les travaux de la maison, filait, cousait, gardait les troupeaux de la commune, allait aux moissons, comme toutes ses camarades, menait auprès de ses parents une existence de villageoise sans problème en un temps où, selon une habitude qu'ils ont toujours quelques difficultés à gommer, les Anglais cherchaient noise au peuple de France.

Jusqu'au jour où… elle décida de partir en guerre.

Cela dura moins de deux ans, Michelet en fit plus tard la plus importante page de son bréviaire historique et, pour justifier son enthousiasme, légua en héritage beaucoup de sottises à la postérité.

Ce qu'il y a de déconcertant dans le parcours de Jeanne d'Arc, c'est qu'il a, fait exceptionnel, pour socle une histoire vraie. L'imposture ne trouve pas sa source dans le mensonge, mais dans l'utilisation, détournée selon les intérêts de chacun, de légendes accumulées au fil des siècles. Alain, qui fut peut-être le plus important philosophe républicain du XXe siècle, Alain l'incroyant, déclarait à propos de celle que Rome venait d'inscrire au catalogue des saints : « *La vie de Jeanne est peut-être la plus belle histoire humaine.* » Belle parce que brève, simple et sans autre attrait particulier que le courage de ceux qui, comme plus tard dans les maquis, accepteront de tomber pour que la France soit libre. La liberté ne se nourrit pas de la voix des anges !

Il est redoutable de vouloir encore remuer des cendres où tant de mains ont déjà puisé, il faut s'y résigner, pour peu qu'attaché à « *l'histoire historique* » (Quicherat), on se rebelle contre tous les fondamentalismes, les communautarismes religieux, autant de taches indélébiles sur les temps que nous vivons. Shaw, Claudel, Anouilh, Honegger, Messiaen, Bresson… On n'en finirait pas d'énoncer la litanie de ceux qui ont loué, chanté, meurtri la demoiselle de Domrémy, celle qui, à son procès, disait simplement « qu'en son pays on l'appelait Jeannette et qu'à la cour de France, on l'appela Jeanne ».

Son nom de famille ? Au XVe siècle, les filles adoptaient celui de leur mari, si d'aventure il en avait un. Dès son premier interrogatoire, mené par l'évêque Cauchon, elle affirma que dans son village on nommait Tart ou Darc son père laboureur. De Jeanne d'Arc, ce qui est certain, c'est qu'à Domrémy il n'y en eut jamais.

Pas plus qu'on peut accorder à notre combattante un lien filial avec Isabeau de Bavière et Louis d'Orléans, ce qui en aurait fait la demi-sœur du dauphin qu'elle s'en alla couronner roi de France à Reims sous le nom de Charles VII. Une thèse sans le moindre commencement d'authenticité, dont on se demande comment elle a pu longtemps séduire l'estimable Maurice Druon ; il aurait dû réserver son esprit romanesque à ses chers *Rois maudits*.

Si elle n'était pas de noble filiation, Jeanne n'était pas non plus d'origine plébéienne miséreuse. Jacques, le père, disposait même d'un peu de biens. Lettré ? Non. Illettré ? Pas plus. Quelque chose comme un notable villageois, de ceux auxquels, au XXIe siècle, en France, on donne encore une écharpe tricolore pour mener à bien – ou à mal – les plus petites de nos communes rurales. De ces notables qu'on imagine *a priori* honnêtes et qui s'occupent plus volontiers de régler les litiges locaux que les grandes affaires de la nation. Ainsi le père de Jeanne fut délégué par les habitants de son hameau, afin de se rendre, en 1427, auprès de Baudricourt, sire de Vaucouleurs, pour l'entretenir d'un conflit de terrain qui opposait les gens de Domrémy à leurs voisins du bourg de Montigny. Si Jeanne, comme on peut le penser, est née en 1411, son père devait être déjà plus que quinquagénaire lorsqu'il l'a conçue.

La légende – ou l'imposture – a aussi fait de Jeanne une fille unique, inspirée par ses *voix* pour accomplir sa mission. Une sorte de Vierge Marie de la guerre de Cent Ans ! Une erreur qu'on aimerait involontaire et qu'il est facile de rectifier à la lecture des actes paroissiaux présentés au procès de réhabilitation en 1456 ! Jeanne avait trois frères aînés, Jacquemin, Jean et Pierre. Elle avait aussi évoqué l'existence d'une sœur, Catherine, morte avant son expédition de 1429. Il n'y en a aucune preuve formelle.

En revanche sans qu'on sache à quel âge il a défuncté, Jacques, le père, meurt en 1439. Probablement octogénaire en un temps où dépasser la soixantaine relevait déjà de l'exception. Il devait avoir une force physique au-dessus de la moyenne. Une force dont Jeanne hérita. S'il n'y a aucune trace de son décès à Domrémy, les archives d'Orléans possèdent un document selon lequel la mère de Jeanne, que la municipalité de la ville aidait à vivre, était veuve lorsqu'elle s'est installée, au cours de l'hiver 1439, dans la ville, qu'on croyait encore à cette époque avoir été libérée des Anglais par Jeanne. Elle s'éteignit en 1458, deux ans après le procès en réhabilitation de sa fille, procès auquel, sans doute déjà malade, elle n'assista pas. Si Jeanne est réellement née – ce qui est probable – en 1411 et qu'il y a eu avant elle au moins trois garçons, on peut raisonnablement admettre que sa mère n'était pas non plus une « jeunesse ». On ignore son prénom, mais à Domrémy on l'appelait « La Romée », en référence sans doute à un pèlerinage qu'elle aurait effectué, non à Rome, mais à Avignon, à une époque où en Barrois, le pape légitime était celui des rives du Rhône, alors qu'à quelques kilomètres, de l'autre côté de la Meuse, en cette période schismatique, le souverain pontife des rives du Tibre était le seul reconnu.

Avant de poursuivre la recherche de tout ce qui a contribué à universaliser, à déformer, à récupérer la légende de Jeanne, dite Jeanne d'Arc, il est utile de rappeler quelle était, au moment où débuta l'épopée historique, la situation d'un royaume qui n'était pas le royaume de France tel que nous l'imaginons aujourd'hui.

Lorsque, à son procès, Jeanne parlait de la France, elle évoquait une entité politique qui comprenait, outre l'Île-de-France, avec pour capitale Paris, l'Artois au Nord, la Normandie au Nord-Ouest, la

Bretagne, le Maine, l'Anjou, le Poitou et la Saintonge à l'Ouest, la Guyenne au Sud-Ouest, le Berry, l'Auvergne et le Languedoc au Sud, la Champagne, la Bourgogne à l'Est, le Dauphiné au Sud-Est. Cela faisait une vaste superficie, fort éloignée néanmoins des limites actuelles de ce qu'on désigne communément sous le vocable d'*Hexagone*. De ce royaume, ni la Franche-Comté, ni la Bresse, ni la Savoie et la Provence, pas plus que le Pays de Bar ne faisaient partie. Jeanne avait sans nul doute la fibre patriotique française, mais elle n'était pas « française » au sens politique du terme, elle était barroise et le duché de Bar, même si on y était déjà francophone, demeurait un territoire lige de ce qui demeurait le Saint Empire romain germanique.

Quand Jeanne entre en scène, cela fait une bonne centaine d'années que se succèdent mariages, occupations, pillages, paix rompues à peine signées, souverains et barons pris en otages et rançonnés, couronnes usurpées, assassinats, exécutions sommaires, coups de main transformés en actions héroïques, telles celles de Du Guesclin, retournements politiques, fraternelles étreintes, succédant à de terrifiantes empoignades... Tous ces cataclysmes en série sous le regard, ou avec la complicité, des papes avignonnais. Le royaume et les terres qui l'entouraient offraient, au début du XVe siècle, le spectacle affligeant d'un pays ruiné, dans lequel les gueux devenaient brigands, les rustres mercenaires et où, quand ce n'étaient pas les archers qui semaient la mort, c'était la peste ou la disette qui s'acharnaient sur la plèbe. Le peuple souffrait et mourait.

Vint Jeanne ! Pour se porter au secours des humbles et des affamés ? Que nenni ! Ce furent les rois et les seigneurs de France vers lesquels se tourna la jeune paysanne barroise. Son idéal, c'était la France et non le peuple de France.

Il y eut assez de surprenantes récupérations pour qu'on lui pardonne ses intentions premières ; car comment sauver la France sans personne pour maîtriser les événements ?

Tous ces grands qui s'entre-déchiraient... ceux qui se rangeaient aux côtés des Anglais – ils n'occupaient pas la France puisque de leur point de vue la France était leur – … ceux qui bousculaient les félons, vrais ou faux, et qui souhaitaient que celui que, dans les salles fortes de ses châteaux, on n'appelait que « le dauphin fou de Bourges » fût couronné sous le nom de Charles VII… les uns, les Armagnacs, liés aux Français… les autres, les Bourguignons, du camp des Anglais… De tout cela à la table de famille à Domrémy, on parlait volontiers.

Le père, Jacques, n'appréciait guère les Anglais, ce que nul n'ignorait dans son entourage. Le jour où ces abominables Anglais seraient boutés hors du continent, quand le dernier arbalétrier aurait franchi le *Channel*, ce jour-là, répétait-il volontiers, on ferait la fête et nul doute que les gens du Barrois se rallieraient à la fleur de lys du royaume de France.

Ah oui, évidemment, marmonnait parfois Jacques à ses compagnons de village, avec lesquels il vidait volontiers un pichet de vin blanc un peu acide devant la grande cheminée de la demeure familiale, ce « roi de Bourges » qui n'avait que vingt-six ans, qu'on disait hésitant, soupçonneux, voire lâche, saurait-il diriger les affaires de France ? L'important avant toute chose, c'était de chasser les Anglais. À l'heure qu'il était, en cette fin d'année 1428, ils se rassemblaient au nord de la Loire et avaient un pied dans Orléans.

S'ils prenaient Chinon, le dauphin serait au mieux capturé, au pire assassiné. Il fallait tenter quelque chose. Oui, mais quoi ? Qui, à l'est du royaume, aurait la témérité de franchir les terres tenues par les Bourguignons, pour passer dans les rangs des Armagnacs ? Il n'y avait pas de ce côté-ci de la Meuse de quoi rassembler une armée assez puissante, assez équipée pour rejoindre les troupes fidèles à la Couronne. Les armées étaient décimées, découragées, sans chef charismatique capable d'oublier ses intérêts personnels pour galvaniser ce qui restait d'hommes valides : Orléans ne serait jamais repris, Paris et le royaume seraient anglais… pour l'éternité. On se préparait déjà à changer de maîtres.

Alors, même si Charles le dauphin n'était pas beau, s'il avait, comme sur le portrait peint par Fouquet, les lèvres molles, le nez pendant et pour tout écrire un aspect aussi peu pétillant que possible, si sa femme Marie d'Anjou avait la réputation d'épouse fidèle, ce qui pour les gens du peuple était assez inhabituel chez les seigneurs, il n'y avait pas à hésiter, il fallait voler à son secours. Sans compter, même si on ne manquait pas une messe, sur l'inspiration divine, car dans cette affaire, et on en était convaincu à Domrémy comme ailleurs, ce n'était pas dans les bénitiers et les confessionnaux qu'on trouverait les moyens de chasser l'Anglais, mais plutôt avec la vaillance des combattants et la qualité des armes fournies par les seigneurs luttant pour la juste cause.

L'Église a suffisamment contribué à propager la légende de Jeanne pour qu'on porte à son crédit une lettre envoyée, en 1899, par le pape Léon XIII aux évêques de France, qui frétillaient dans les couloirs du Vatican pour qu'on béatifiât enfin la demoiselle de Domrémy : « *Dieu n'a pas besoin de nos mensonges et de nos histoires imaginaires.* » Il faisait allusion à l'arsenal des arguments développés par l'épiscopat français majoritairement antidreyfusard, qui avait décidé de faire de Jeanne une sainte face au traître juif Dreyfus, incarnation terrestre de Satan, comme Jeanne avait été, cinq cents ans plus tôt, l'exécutante du dessein divin. Si Dieu existait, il serait bien affligé de voir comment on l'avait utilisé, on l'utilise encore, pour justifier de lamentables conflits humains.

Au début du XVe siècle, à la charnière entre le Moyen Âge et les prémisses de la Renaissance, la chrétienté, mise à mal par le schisme entre pontifes romains et papes d'Avignon, avait retrouvé un puissant prestige moral. L'Inquisition régnait sur les bûchers, Rome veillait à la protection des âmes.

Jeanne était une petite fille pieuse, croyante, pratiquante, mais réaliste. Paul Claudel dit d'elle qu'« *elle a disparu dans sa légende* ». Sous la plume du plus éminent écrivain catholique du XXe siècle, chez celui qui a découvert Dieu à l'ombre d'une colonne de Notre-Dame de Paris, il faut déjà voir l'aveu de l'imposture dont a été victime la fille du Pays barrois.

Jeanne était pieuse, c'est indiscutable, mais il y avait dès sa première jeunesse dans son caractère un aspect « garçon manqué ». Dans une lettre, volontairement ignorée par les thuriféraires de l'inspiration divine, Perceval de Boulainvilliers, qui participa peu ou prou à la libération d'Orléans, répond par courrier à une interrogation sur la personnalité de cette jeune Barroise qui semblait mener les grands de France par le bout du nez et qui entendait faire couronner le dauphin Charles en la cathédrale de Reims.

Et Perceval de Boulainvilliers de répéter ce qu'il tenait de la bouche de Jeanne elle-même : elle faisait toujours allusion aux concours de galopades à cheval autour de Domrémy. Elle rapportait qu'en se rendant à l'église du village, elle courait toujours plus vite, non pour s'imposer sur les autres, non par esprit de supériorité, mais parce qu'elle avait besoin de mouvement pour devenir une paysanne apte à la dureté du travail des champs. À dix-huit ans, elle était, dirait-on aujourd'hui, une « sportive de haut niveau »

Comme toutes les jeunes filles de son âge, elle espérait que le mari qu'on lui donnerait saurait se montrer bon époux, affectueux père de famille et honnête travailleur. Elle rêvait d'une vie de simplicité au bon air de son Barrois.

Le destin devait en décider autrement.

Il est de bon ton pour soigner l'image de la bergère héroïque de la considérer comme un brave petit capitaine qui aurait troqué la robe longue et ample des paysannes barroises contre l'armure guerrière des boute-l'Anglais. Avec pour corollaire l'impossibilité de jeter le moindre regard sur les garçons qui l'entouraient. Quoi ? Comment ? clamait-on sous les bures, pas question de confier le plus modeste bataillon à une créature non mariée qui aurait, telle une vulgaire sorcière de village, donné son corps à un homme ! L'Église exigea du dauphin Charles qu'on l'examinât, afin de s'assurer qu'elle était vierge et pure. Ce à quoi consentit Jeanne. Certes, elle était vierge, mais – on se plaisait volontiers à le dissimuler – il se trouve que ce fut après un dépit amoureux qu'elle décida, pour en quelque sorte se changer les idées, de chevaucher vers le Dauphin, barricadé dans Chinon.

Les faits : en juillet 1428, le sire de Vergy, acquis aux Bourguignons, décida de s'emparer de Vaucouleurs où on en tenait pour la France. À Domrémy, distant de quelques kilomètres, ce fut la panique. Emmenés par le père de Jeanne, les gens du village se replièrent sur Neufchâteau, en amont sur la Meuse. Parce qu'ils n'étaient pas les plus miséreux de Domrémy, Jeanne et les siens trouvèrent refuge dans une hôtellerie ; on sait seulement que la tenancière se nommait « La Rousse » et que, pour payer une partie des frais d'hébergement, Jeanne travaillait comme servante.

Un soir, comme dans les romans de Barbara Cartland, un aimable jeune homme de la bourgade s'arrêta pour boire un verre. Entre la servante et le séduisant fils de famille, on échangea vite quelques baisers. Oh ! Rien de plus. Une bluette de jeunes gens gentiment épris l'un de l'autre. Assez pour qu'on en vînt à parler mariage. Les parents de Jeanne donnèrent leur accord...

Les pillards quittèrent Domrémy, on rentra à la maison. La demeure était dévastée mais on avait la vie sauve et c'était l'essentiel. Pour les presque fiancés, la rupture devenait inévitable. Jeanne s'en accommoda, mais pas le garçon, qui n'hésita pas à la traîner en justice, devant l'officialité de Toul, pour rupture de promesse formelle de mariage. Faute de preuve, ce fut l'acquittement.

Pourquoi, au prétexte de préserver l'image de la pure héroïne qui n'avait d'autre pensée que de guerroyer contre l'Anglais, dissimuler cet épisode dont les témoins du procès en réhabilitation de 1456 confirmèrent l'authenticité ? Jeanne avait aimé un garçon, elle avait rêvé qu'il la prît dans ses bras, mais avait préféré rompre plutôt que vivre éloignée de celui qu'elle voulait pour époux. Cet amour de jeune fille avait eu assez d'importance dans sa vie pour qu'elle se cherchât et se trouvât un dérivatif. Ce fut la chevauchée et il n'y avait là rien de supraterrestre. Dans la décision de Jeanne, les seules voix qu'elle écoutait étaient celles de l'amour déçu ; chez une jeune fille de dix-sept ans, il n'y a là rien que de très naturel.

En 2004, un chagrin d'amour peut donner l'envie de s'engager dans une ONG, avec l'intention de fuir ce qui a fait souffrir. Pour Jeanne, la vocation fut la guerre contre l'Anglais, objet de toutes les conversations familiales depuis sa première enfance.

Oui, lors de son procès, Jeanne déclara aux juges ecclésiastiques de Rouen : « *Me vint cette voix, à environ l'heure de midi, au temps de l'été, dans le jardin de mon père…* » Soit, mais il faut savoir raison garder. Lorsque Jeanne qui était tout sauf sotte, prononçait ces mots, où se trouvait-elle ? Qui étaient ces juges qui ne voulaient voir en elle qu'une sorcière à la solde du roi de France, qu'elle avait fait couronner moins de deux ans plus tôt, à Reims ? Jeanne était, à Rouen, une jeune femme de vingt ans, mais elle savait, malgré une piété sans faille, que, face à elle, ceux qui voulaient la condamner étaient des gens d'Église; des hommes en noir qui, pour le service de Dieu, n'avaient qu'une hâte : allumer les bûchers.

L'Église du XVe siècle n'aidait pas les pauvres gens à vivre, elle s'acharnait, en confuses prédictions, en atroces jugements, à les menacer des foudres de l'Enfer si, malgré les persécutions, ils ne consentaient pas sur leur maigre pitance à quelques sacrifices supplémentaires, afin de gaver le haut et le bas clergé. Et s'ils souhaitaient vraiment assurer le salut de leur âme, alors qu'ils aident les seigneurs à préparer une nouvelle croisade en terre infidèle !

Dès lors pour Jeanne, si elle voulait sauver sa peau, elle affirmait que sans croire aux prophéties surnaturelles, à la mode à son époque, elle n'avait jamais eu d'autre obsession que de servir Dieu, lequel par *ses voix* – sans plus de précision – lui avait enjoint de voler au secours du malheureux dauphin Charles. Les voix, le service obsessionnel de Dieu, c'était pour l'Église toujours l'intervention céleste miraculeuse ; il convenait, il convient toujours, de l'exploiter. Les fidèles avaient tendance à déserter les églises, l'imagerie sainte de Jeanne, dite Jeanne d'Arc, pouvait contribuer à venir en aide à celles et ceux qui doutaient de leur foi. Imposture !

Imposture, car la vérité historique est beaucoup plus prosaïque. Cartésienne avant Descartes !

Lorsque la famille réintégra Domrémy, le village offrait un spectacle de désolation, la maison avait été pillée et en partie détruite. Jeanne, qui ne manquait pas de caractère, n'entendait pas se laisser abattre. Sans trop savoir quoi, elle voulait « faire quelque chose ». Elle était fille, et alors ? Était-ce parce qu'elle était fille qu'elle ignorait tout de la guerre et, comme elle le répéta au procès, tout de la *grande pitié* qui s'était abattue sur le royaume de France ? Puisqu'on ne voulait pas la prendre au sérieux, elle irait s'en plaindre à un cousin de sa mère, l'oncle Durand, qui vivait dans le bourg voisin de Burey et serait, selon la jolie formule de Lamartine, « *le premier croyant de Jeanne*[1] ». Jamais le poète romantique, homme politique des barricades de 1848, ne s'est pris pour l'archange Gabriel ; il ne se gênait pas pour brocarder Michelet, dont le délire imaginatif contribua beaucoup à la légende de Jeanne et aux manipulations dont elle serait l'objet.

L'oncle Durand partageait avec Jeanne sa haine de l'Anglais, mais pour monter une expédition, aussi modeste fût-elle, il fallait des soldats et des soldats, cela se payait. Jeanne n'avait pas un liard et l'oncle Durand guère plus. Sans qu'on sût très bien quelle était son activité, il est certain que l'oncle avait ses entrées chez Robert de Baudricourt, seigneur de Vaucouleurs, attaché au roi. Durand comprenait l'ardeur de sa nièce, mais de là à solliciter Baudricourt, ne serait-ce que pour un embryon d'armée, il y avait un fossé qu'il hésitait à franchir. On le comprend. De quoi aurait-il l'air devant le sire de Vaucouleurs, avec ce que sa bouillonnante nièce l'obligerait à débiter ? Jeanne insista, tempêta, supplia... Baudricourt, à l'automne 1428, finit par accepter de les recevoir.

L'inévitable se produisit. Baudricourt avait accepté de recevoir le croyant et sa nièce ; aussi quand il entendit Durand, intimidé et bredouillant, solliciter pour Jeanne une escorte, afin de se rendre à

1. *Le Civilisateur*, 1852, fascicule I.

Chinon, où elle voulait être reçue par le dauphin – rien que cela ! –, pour l'aider à « bouter l'Anglais hors du royaume », Baudricourt se fâcha tout rouge. Il n'avait pas de temps à perdre pour écouter ce genre de folle requête et il conseilla de ramener aussi vite que faire se pouvait la délurée jeune fille chez ses parents. Quelques séances de quenouilles, avec lesquelles en Barrois on tisse de si belles étoffes, calmeraient vite sa tête folle ! La cause était entendue.

Enfin non, car Jeanne n'était pas décidée à renoncer. Ce fut Durand, conscient d'avoir perdu la face et la confiance de Baudricourt, qui allait la lâcher. Mais Jeanne insista. Elle ne cacha pas à son oncle qu'elle n'y tenait plus et qu'elle allait récidiver dans sa requête à Baudricourt.

Elle trépignait, la Jeannette, bavardait ici et là. Trop sans doute. Le curé de Domrémy – l'actuel, on s'en doute, omet de rapporter l'événement –, un franciscain, suggéra à ses parents de la faire enfermer chez les fous et les lépreux de l'hospice de Toul, avant que la hiérarchie ecclésiastique ne la traduise devant les tribunaux de l'Église sous l'accusation de sorcellerie. Ne fallait-il pas être écervelée, folle, donc sorcière, pour déshonorer ses parents en partant comme une ribaude au milieu d'hommes d'armes ? Jacques, le père, « La Romée », la mère, étaient désespérés. Honnêtes chrétiens, ils se demandèrent un moment s'il ne serait pas plus sage, afin de lui éviter les horreurs de l'enfer, de la noyer dans la Meuse toute proche.

S'ils étaient passés à l'acte, l'Histoire de France aurait été privée de sa figure la plus mythique !

Déterminée, bravant le froid et la neige qui recouvraient les chemins du Barrois, Jeanne retourna à Burey. L'oncle Durand finit par céder. Au creux de l'hiver, les seigneurs étaient inactifs, ni guerre, ni chasse, pourquoi ne pas effectuer une nouvelle tentative auprès de Baudricourt ?

Et Baudricourt consentit. Ce fut la première d'une longue série d'impostures dont l'Église ne serait jamais très éloignée. En l'espèce, constater l'imposture n'implique pas condamner le clergé, lequel ne faisait que modeler l'air du temps.

Ainsi donc, Baudricourt donna à Jeanne l'escorte qu'elle réclamait. Que s'était-il passé pour expliquer ce retournement ? Lors de son procès, à Rouen, Jeanne prétendit que Baudricourt « *par deux fois refusa et la repoussa* », mais que « *la troisième fois lui donna des hommes* ».

À s'en tenir aux faits, il n'y eut que deux visites chez Baudricourt, mais tout permet de penser que, lors de la première, l'oncle et la nièce tentèrent par deux fois, avant d'être éconduits, de forcer sa porte. La troisième fut estimée recevable. Pourquoi ?

Après la première rencontre, Baudricourt avait certainement fait prendre des renseignements sur la fille de Domrémy. Ils n'étaient pas mauvais. Jeanne était une adolescente normale, on ne voyait aucun grief sérieux à lui imputer. Elle aidait ses parents aux tâches domestiques et ne manquait jamais une messe. Tout au plus pouvait-on lui reprocher d'avoir mauvais caractère, d'être « *cabocharde* », selon le portrait d'Henri Guillemin. Si Jeanne avait mauvais caractère, cela signifiait qu'à la différence des copines de son âge, elle avait du caractère. Elle allait le prouver...

Toute la jeunesse de notre héroïne n'avait rien de surnaturel. Pourquoi y chercher le commandement de *voix* dont d'ailleurs Jeanne elle-même ne sut pas vraiment préciser où elle les avait entendues ? Si elle parla d'un « arbre aux fées », ce fut en souvenir d'un point de rencontre où les gamines de Domrémy se retrouvaient pour jouer à saute-mouton.

Baudricourt, auquel Jeanne n'avait certainement pas parlé des *voix* de peur de passer pour une folle, c'est-à-dire une sorcière, s'était avisé qu'il pourrait profiter, lui, de la volonté de la jeune femme d'œuvrer pour le bien du royaume. Le premier miracle, ce n'est pas celui, si souvent répété, exploité, des *voix* de la Pucelle, mais bien le fait que Robert de Baudricourt, sire de Vaucouleurs, ait consenti à entendre la jeune fille contrairement aux usages de son temps.

Le pape Pie II, de son nom patronymique Piccolomini – ça ne s'invente pas ! – signale dans ses *Mémoires* que selon l'évêque d'Arras, « *un complot s'était noué en faveur de Jeanne, à Vaucouleurs, le seigneur du lieu ayant trouvé cet expédient au profit du souverain de susciter une vierge qui se dirait envoyée du Ciel, ce que l'intéressée n'aurait jamais répété en confession, mais qui aurait été d'un excellent usage pour les chrétiens de ces contrées* ». La manipulation, l'imposture une fois placées par Baudricourt sur le pas de tir, rien ne pourrait plus jamais les arrêter.

Les *voix inspirées* de Jeanne à Domrémy ne sont qu'une intrigue politique menée par un vassal du roi de France, une intrigue dont Baudricourt lui-même ne pouvait pas imaginer qu'elle entraînerait dans son sillage une longue série d'actes miraculeux, aussi contestables les uns que les autres. D'une baliverne de petit seigneur flagorneur devait naître une mythologie populaire, tout le reste n'est que littérature !

Et il y en eut de l'excellente chez Péguy, de la calamiteuse avec *L'Alouette* de Jean Anouilh, de l'inspirée avec *Jeanne au bûcher* d'Arthur Honegger, de l'abracadabrante, mais hélas de référence, sous la plume de Michelet et beaucoup… beaucoup d'autres plus ou moins illustres.

Robert de Baudricourt n'osait pas, mais après son refus, sa vanité, doublée d'un évident sens politique, l'aurait volontiers conduit jusqu'à Domrémy. Si au moins Jeanne insistait et revenait à Vaucouleurs… Et voilà qu'elle revint. Il n'y avait pas une minute à perdre. Outre l'idée assez opportune – pour lui – de la généreuse inspirée, il entreprenait une véritable opération de relations publiques. S'il le pouvait, avec cinq siècles d'avance, il clamerait par monts et vaux qu'il avait auprès de lui une « sainte » qui allait sauver le royaume et le roi !

Le plus puissant des seigneurs des Marches de l'Est, le duc de Lorraine, voulut rencontrer Jeanne. Celle-ci s'impatientait, les jours passaient, l'escorte promise par Baudricourt n'était toujours pas constituée. Pour calmer son impatience, elle accepta l'invitation du duc et se rendit à Nancy.

La rencontre se passa visiblement mal. Convaincue que le duc de Lorraine voulait lui fournir hommes et armes, elle lui demanda la participation physique de son gendre pour la guider jusqu'à Chinon et la présenter au dauphin. Rien que cela ! Fureur du duc. Ce seigneur, que son vassal Baudricourt avait entretenu d'une jeune fille « inspirée », s'était imaginé qu'elle détenait quelques talents de guérisseuse et viendrait à bout d'une toux persistante.

Sur un ton qui n'était certes pas celui d'une jeune paysanne, Jeanne fit part de son incompétence en matière de sorcellerie bénéfique. Si on avait voulu lui tendre un piège, que le duc sache qu'elle ne se laisserait pas prendre. Le duc de Lorraine n'osa pas rabrouer cette fille intelligente, dont la timidité n'était pas la spécialité. Quant à son gendre, il n'était autre que René d'Anjou, beau-frère du dauphin Charles, par sa femme Marie d'Anjou. Un Grand, acquis à la cause de France, qui pouvait être très utile.

Advienne que pourra ! Voici Jeanne lancée dans l'aventure.

Jeanne n'emporta aucun papier, aucun acte de présentation signé de la main de Robert de Baudricourt. On n'est jamais trop prudent… Si la petite troupe n'atteignait pas Chinon et tombait entre les griffes des Bourguignons ou des Anglais…, le sire de Vaucouleurs n'entendait pas être compromis. Lâche, mais sage décision, les contrées qu'ils allaient traverser sur plus de cinq cents kilomètres étaient aux mains des ennemis du roi ; si les Bourguignons la prenaient, mieux valait qu'elle n'ait rien sur elle qui les désignât à leur colère.

Restait l'essentiel, sans lequel l'aventure n'aurait pu être tentée : Baudricourt accepta de la faire accompagner par deux capitaines acquis à la cause royale, Jean de Metz et Bertrand de Poulengy, chacun prenant à ses frais un serviteur armé ; un courrier barrois, habitué des longues chevauchées, Roger Colet, qui connaissait bien la route, serait du voyage. S'il n'ouvrit pas sa bourse, Baudricourt détacha néanmoins un de ses archers.

L'oncle Durand paya douze francs le cheval de Jeanne, Jean de Metz et Bertrand de Poulengy se cotisèrent pour lui acquérir des habits d'homme. Des habits qui susciteraient beaucoup de polémiques et que Jeanne, fière d'être femme, n'avait accepté de porter qu'eu égard aux périls du chemin. Les frais du voyage, Jean de Metz les prendrait en charge.

« *Cabocharde* » jusqu'au bout des ongles, Jeanne ne passa même pas par Domrémy pour dire adieu à ses parents. Ils auraient bien été capables d'enfermer leur Jeannette dans la maison pour l'empêcher de partir. Voilà une demoiselle de dix-huit ans qui entendait débarrasser le royaume de ses envahisseurs, mais qui redoutait que papa et maman lui interdisent de sortir de la demeure familiale. Elle partit pour une périlleuse chevauchée sans se préoccuper le moins du monde des lamentations et sanglots qu'elle laissait derrière elle. Ainsi donc, on peut avoir la fibre patriotique et assez peu le sens de la famille. Jeanne n'est qu'un exemple parmi d'autres !

Ils furent donc sept à prendre, en février 1429, la route de Chinon. À noter au passage que la pieuse et inspirée Jeanne quitta Vaucouleurs sans même avoir assisté à une messe, ce dont témoigna Jean de Metz au procès de 1456.

La gamine aux cuisses fortes et nerveuses, la nuque rasée sous son casque masculin, ignorante de son destin, resplendissait de bonheur. Elle réussirait son coup et alors remercierait Dieu. C'était là des marques de piété et de courage dans lesquelles le surnaturel céleste n'avait certainement pas sa place. Hélas, dans l'imposture et l'exploitation de ladite, il y a pire !

Notre héroïne, sans doute grâce à la connaissance du terrain et des positions adverses du courrier Colet, arriva sous Chinon le 7 mars 1429. Selon Jean de Metz, la chevauchée avait duré onze jours. S'il n'y avait eu un peu plus tard, à Poitiers, l'examen intime garant de sa virginité, on pourrait s'interroger sur le comportement de ces six gaillards face à cette fille de dix-huit ans, laquelle, si elle n'était pas une beauté, n'affichait pas moins la grâce de la jeunesse. Mais, comme disait Dunois, son plus fidèle compagnon, qui avait vingt-six ans lorsqu'il la vit pour la première fois, « *quand on était avec Jeanne, on ne pensait plus aux femmes* ».

À son arrivée à Chinon, Jeanne s'installa dans une hôtellerie des bords de Loire. Jean de Metz rédigea – ne savait-elle pas écrire ? – la requête d'audience auprès du dauphin.

Selon Simon Charles, alors président de la Cour des comptes royaux, qui était à Chinon ce jour-là, le 8 ou 9 mars 1429 : « *Il y eut délibération à la Cour pour savoir si le roi* (le dauphin) *la recevrait ou non.* » Notre objectif n'étant pas de rédiger une énième biographie de Jeanne, mais de la replacer dans le cadre historique dont elle n'aurait jamais dû sortir, ce qui est certain, c'est qu'à la Cour, on ne lui fit pas le coup du mépris, on ne feignit pas de l'ignorer. Toutefois, quelques vérifications s'imposaient : l'état psychique… la virginité… surtout les propositions concrètes qu'elle pouvait faire. Toutes ces épreuves subies, arriva enfin l'audience espérée. Sa présentation à Charles fut un spectacle à ne pas manquer. Et c'est la seconde imposture qui s'annonce.

La jeune vierge devait reconnaître le dauphin qui se dissimulait au milieu de la foule des courtisans dans la grande salle du château de Chinon. C'était le soir, probablement à la mi-avril. Des bougies, des chandelles, des torchères illuminaient cette vaste pièce dont il ne subsiste que la large cheminée. Capitaines, seigneurs, gens de Cour, ceux d'Église, dames d'honneur et celles qui avaient depuis longtemps perdu leur honneur… Cela faisait un peu plus de trois cents personnes qui suffoquaient dans les vapeurs de suif. Parmi elles, Charles, dissimulé, caché, peut-être masqué…

Et voici ce qu'on nous conte :

Jeanne, accompagnée de Jean de Metz, vêtue d'une longue robe rouge, prêtée ou donnée par l'hôtelière de Chinon, pénétra dans la salle. Le brouhaha cessa, on s'écarta, on ouvrit grand les yeux. Sans effroi, ferme sur ses jambes, la demoiselle de Domrémy fendit la foule, muette, et s'avança. Devant un gringalet cagneux, qui n'avait rien d'un prince de conte de fées, elle fit une révérence. Tous les témoins, qu'on peut imaginer assez stupéfaits, certifièrent l'avoir entendue lancer à voix forte, les yeux plantés dans ceux de Charles : « *Ne doutez point, vous êtes fils de roi !* »

C'était parti ! Cette reconnaissance immédiate portait la marque du privilège divin. Cette fille ne manquait pas d'audace, mais il ne faisait aucun doute qu'elle était « inspirée » et connaissait des « choses » ignorées des autres humains. En connaissance de cause (?), l'Église nous gava du premier miracle de notre héroïne. Ajoutons à cela un secret que la Pucelle aurait confié au dauphin dans l'embrasure d'une fenêtre de cette salle surchauffée, le premier pas était franchi vers la sainteté.

Serait-ce manquer de respect envers l'Église de Rome que de refuser dans cette pseudo-reconnaissance tout aspect surnaturel, tout conseil des anges protecteurs à la paysanne barroise ?

Il convient d'effectuer un rapide retour en arrière.

Après plus de huit jours de chevauchée entre les lignes ennemies, les six cavaliers de l'escorte de Jeanne avaient atteint Gien, en « terre française ». Elle était allée à la messe sur le parvis et, devant le peuple intrigué, avait dit et redit qu'elle arrivait de Vaucouleurs, envoyée par Dieu pour chasser les Anglais et changer à Reims le dauphin en vrai roi. Le long de la Loire, les rumeurs étaient allées vite : cette fille à cheval, connaît-elle le dauphin Charles ? se demandait-on. A-t-elle une lettre d'introduction ? De quoi s'agit-il ? D'une supercherie des Anglais peut-être ?

L'assurance de Jeanne surprenait. Et voici qu'était arrivé Dunois. Agent de renseignement envoyé par le dauphin, il était tombé à la fois sous le charme de la Barroise et de sa volonté d'aboutir. À Dunois, Jean de Metz, à moins que ce ne fût Bertrand de Poulengy, avait apporté la garantie de ce que Jeanne, quoique femme, voulait vraiment venir en aide au dauphin, alors que les Anglais, qui tenaient déjà Paris, assiégeaient Orléans ; la chute de la ville leur ouvrirait la voie du centre du royaume et permettrait la liaison avec la Guyenne déjà sous leur tutelle.

Sans tergiverser, Dunois avait apporté son aide à l'audacieuse jeune fille. La première précaution de Jeanne avait évidemment été de se faire dresser un portrait physique et psychologique de ce souverain au secours duquel elle volait. Elle était honnête, bonne chrétienne, mais entendait agir avec prudence. Sans inutile précipitation.

À Chinon, elle s'était prêtée sans maugréer à tous les examens qu'on lui avait imposés. Dès lors, s'il était tout à fait normal que Charles et son entourage se montrent circonspects, il était tout aussi évident qu'au soir de l'audience elle sût exactement vers quel personnage elle devait se diriger. Il n'empêche, pour les faiseurs de miracle, cette reconnaissance spontanée (?) deviendrait au fil des siècles un atout providentiel. Imposture historique !

À Chinon et à Poitiers, les juges ecclésiastiques n'épargnèrent guère Jeanne, s'acharnant – sans résultat – à l'accuser de sorcellerie. Quant aux jaloux et autres comploteurs, capitaines ou courtisans, ils incitaient à la prudence un Charles qu'ils savaient vil et prisonnier des avis plus ou moins judicieux de sa belle-mère Yolande d'Aragon.

La seconde imposture de l'Histoire n'est pas imputable à Jeanne elle-même, mais liée à un événement dont elle fut la première victime : la libération d'Orléans du siège des Anglais. Officiellement reconnu le 8 mai 1429 – déclaré jour férié –, les sbires du Front national en tirent encore grand profit.

N'en déplaise aux Orléanais, jamais Jeanne, devenue Jeanne d'Arc par décision royale, ne les a délivrés du siège des Anglais, pour la bonne raison que rongés par la maladie, affamés dans leurs bastilles ceinturant Orléans, manquant de munitions, ils avaient déjà reçu l'ordre de repli lorsque Jeanne surgit. La situation était devenue si critique que lever le siège qui durait depuis près d'un an s'imposait. Alors Jeanne arriva !

Elle avait été armée à Tours ; on lui avait fabriqué une armure à sa taille et d'un artiste local elle avait obtenu un étendard, décoré d'un Christ entre deux anges. Pour épée, elle avait réclamé celle de la chapelle Saint-Pierre-de-Fierbois, près de Tours, où elle s'était arrêtée pour prier. Légende ? Réalité ? Peu importe.

La réalité, c'est qu'en aucune façon Jeanne, à Orléans, ne devait jouer une rôle militaire. Pour la protéger, Charles lui avait donné un soldat expérimenté et un page, Louis de Contes ; celui-ci témoigna avec beaucoup de précision au procès en réhabilitation de 1456 : la mission confiée à Jeanne ? Accompagner un convoi de vivres concentré à Blois et placé sous le commandement du maréchal de Boussac, à la tête d'une armée d'environ trois mille hommes.

Orléans situé sur la rive droite de la Loire, c'est par cette rive que Jeanne souhaitait atteindre la ville. Plus prudent et parce que disposant du commandement, Boussac décida qu'on gagnerait la ville par la rive gauche, à travers la Sologne. À en croire Louis de Contes, il y eut sur ce point entre Jeanne et Boussac une explication vive, franche et violente, que les proches de la Pucelle eurent de grandes difficultés à apaiser.

L'imagerie populaire, Michelet et quelques amateurs de chevalerie nous montrent une Jeanne d'Arc triomphante, droite sur son destrier, l'étendard dans une main, l'épée salvatrice dans l'autre. Faux ! Le professeur Bossuat, éminent médiéviste, rapporte, dans un ouvrage paru aux Presses Universitaires de France, une rumeur que, sans doute par admiration inconditionnelle pour son héroïne, Régine Pernoud, relayant Michelet, a toujours démentie.

Ce ne fut pas à cheval, mais en bateau, qu'à la lueur des torches, au milieu d'une foule qui l'acclamait parce qu'elle y voyait le premier signe de la délivrance, Jeanne pénétra pour la première fois dans Orléans. À Blois, le vent ayant tourné, Boussac avait fait charger les vivres de secours sur des barges, dont il avait confié la responsabilité – c'était là sa mission – à Jeanne. Les bateaux arrivèrent à Orléans par le port. À bord, de la nourriture et… Jeanne d'Arc.

Évidemment, elle n'était pas satisfaite ; elle entendait diriger la bataille, on l'en privait. Que les Orléanais ne meurent pas de faim était une chose, que les Anglais lèvent définitivement le siège en était une autre. En l'absence de Boussac, Jeanne s'autoproclama chef de guerre et fit parvenir à William Glasdale, commandant de l'armée anglaise, installé sous la bastille des Tourelles, sur la rive droite, une injonction de quitter les lieux s'il voulait éviter une effusion de sang. Le héraut porteur du message n'obtint pour réponse qu'une bordée d'injures.

Cet échange eut lieu le 28 avril. Jusqu'au 4 mai – soit durant une semaine –, Jeanne partagea sans broncher le sort des assiégés. Mais elle était avertie que, malgré leurs menaces, les Anglais commençaient à plier bagages. Le malheureux Dunois, qui l'avait rejointe, passait son temps à s'efforcer, sans y parvenir, de calmer sa protégée. Et lorsque, le 4 mai, l'armée royale, l'armée officielle en quelque sorte, aux ordres de Boussac, arriva, cette fois sur la rive droite, seules deux bastilles, les Tourelles et Saint-Loup, étaient encore tenues par les Anglais. Les troupes, à peine arrivées, attaquèrent la bastille Saint-Loup. Plusieurs témoins au procès de 1456 confirmèrent que Jeanne n'avait pas été avertie de l'assaut et que, furieuse, elle s'était fait armer en hâte et avait sauté sur son cheval, afin de rejoindre les combattants.

Il convient toutefois de rendre à Jeanne ce qui lui revient. Lorsqu'elle arriva dans les rangs français, sous les coups des Anglais, les hommes commençaient à faiblir. Avec le tempérament qui était le sien, que nul ne conteste, elle ranima l'ardeur des hommes d'armes et fut présente lors de l'assaut final. En guise de remerciement, Boussac l'autorisa à assister – non à participer, la Pucelle n'avait aucune autorité sur les troupes – à l'attaque, le 7 mai, de l'ultime défense anglaise, la bastille des Tourelles.

Le 8 mai, le siège était levé. Jeanne a joué un rôle psychologique dans Orléans, son caractère volontaire a contribué à emporter la victoire, mais pourquoi ne pas admettre qu'en mai 1429, ses conceptions de la guerre, ses capacités stratégiques étaient assez réduites ?

Elle fut d'ailleurs assez mal récompensée de son ardeur, fût-elle verbale. Elle ne fut pas convié, le 7 mai, au conseil de guerre final dirigé par Boussac, réuni chez le duc d'Orléans.

Il n'empêche, la présence d'une jeune femme dans les rangs des libérateurs était assez surprenante pour que les habitants lui attribuent une part importante et divine dans leur délivrance. Ce sont des réactions qui peuvent être pardonnées aux gens du temps.

On ne parlerait pas d'imposture si, une fois encore, les docteurs de l'Église n'avaient immédiatement attribué la chute d'Orléans à un miracle dû à l'intervention personnelle de la fille du duché de Bar.

Historiquement fausse, la délivrance d'Orléans par Jeanne est une imposture qu'on a su exploiter, qu'on exploite encore dans les rangs des laïcs, comme dans ceux des gens d'Église.

Jeanne d'Arc appartient au patrimoine historique de la France. Les nations ont besoin de héros… Vercingétorix… Jeanne d'Arc… Jean Moulin… D'autres plus contestables, tels Du Guesclin ou Napoléon… Pourquoi pas ? Le problème demeure que le héros – en l'espèce l'héroïne –, en se mythifiant, abandonne une part de sa vérité humaine. Dès lors, pour peu que sa figure soit exploitée, récupérée, on ne voit plus que l'avers de la médaille, cédant trop souvent à la tentation d'en négliger l'envers.

Certes, seigneurs et capitaines n'appréciaient guère le renom acquis par Jeanne en quelques semaines. Après la chute d'Orléans, Charles VII fut-il transporté de gratitude ? La couvrit-il de titres et privilèges ? Nullement. Ce fut plutôt l'inverse.

Si on était d'accord pour reconnaître à la Barroise de la « jactance », selon la formule de Quicherat, il était hors de question qu'elle se substituât aux hommes d'armes et qu'elle usurpât, comme à Orléans, des attributions qui n'étaient pas les siennes. Délivrés, les Orléanais réclamèrent la venue de Charles. Il ne vint pas, de peur d'être moins acclamé que la Barroise.

De plus, à la Cour, on commençait à jaser méchamment. Quand Jeanne d'Arc avait pénétré dans Orléans, les Anglais se disposaient à lever le siège, ils avaient subi un échec, mais après ce revers, se retiraient en bon ordre avec des forces encore imposantes. Jeanne n'avait fait que mettre sa « jactance » au service des troupes dont le moral faiblissait.

Du 8 mai à la mi-juin 1429, où elle rejoignit l'armée, que fit Jeanne ? Rien ! Elle s'ennuyait, cela l'indisposait. S'il est difficile de la suivre pas à pas, on sait par Dunois qu'à force de faire pression sur Charles, qui n'osait pas la repousser, elle obtint d'utiliser son épée pour combattre, à condition de faire preuve de docilité envers les capitaines. Surtout, ce qui était plus important pour elle, Charles promit d'aller se faire sacrer à Reims, dans la cathédrale où avant lui les Capétiens avaient reçu la sanction de leur pouvoir de droit divin. Refuser à Jeanne le droit au miracle, n'accorder aucun crédit à ses visions et aux injonctions des anges et archanges n'exclut pas de lui reconnaître une grande piété. Dans « sacre », il y a « sacré »... « sacrements »... Elle se sentait beaucoup plus à l'aise en servant un roi qui détiendrait de Dieu lui-même son autorité sur le royaume, un roi sacré à Reims.

Charles accepta l'idée de se rendre à Reims, ce qui, enfin, lui permettrait de coiffer la couronne de France, afin d'éviter qu'elle soit jumelée sans légitimité avec l'anglaise. Mais il exigeait que de Chinon à Reims le chemin soit dégagé, afin qu'il ne rencontre pas de « godons » (Anglo-Bourguignons). Charles confia au duc d'Alençon le commandement de cette troupe dans laquelle il incorpora Jeanne, sans lui confier aucune mission spéciale.

Avec ses douze cents hommes et la Pucelle, le 17 juin, le duc d'Alençon se trouvait à Patay. Les Anglais tendirent un piège, manquèrent leur coup, battirent en retraite. Ceux qui n'étaient pas parvenus à fuir se firent hacher, Talbot, le commandant anglais, fut fait prisonnier. La victoire de Patay fit oublier aux Français la défaite d'Azincourt. L'événement revêt dès lors une autre importance que la chute d'Orléans, qui paraît très minime.

Le problème, une fois encore, vient de ce que la postérité, récupératrice, a attribué à la miraculeuse présence de Jeanne cette journée de victoire, alors qu'elle n'y fut strictement pour rien.

La veille, Alençon et Richemont avaient eu une violente dispute sur la stratégie à tenir face à l'ennemi. Vexé, Richemont se retira à l'arrière-garde, emmenant Jeanne dans ses rangs. Comment lui faire comprendre que le combat n'était pas de son ressort ? Ils observèrent la bataille, sans y participer un instant. Une fois de plus, Jeanne bouda et s'en alla prier dans l'église de Patay. Prier pour qui ? Pour quoi ? Pour les hommes d'armes ? Pour Charles VII ? Pour ses proches compagnons ? Pour elle-même ? Peu importe, Jeanne pria, cela l'apaisa.

En revanche les Anglais qui commençaient à prendre peur, n'hésitèrent pas, après leur défaite à Patay, à faire courir une rumeur qui gagna jusqu'aux campagnes françaises : Charles qui voulait se faire couronner à Reims avait pris sous sa protection « *une créature en forme de femme, disciple du Malin, appelée la Pucelle* »... La phrase figure dans un rapport de Bedford au roi d'Angleterre.

Charles ne souhaitait pas donner à Jeanne plus d'importance qu'elle n'en méritait, mais il se refusait à voir en elle une envoyée du Démon. D'autant que – peut-être ne s'agit-il que d'une influence psychologique – depuis que la jeune Barroise était à ses côtés, la situation s'était retournée en faveur des Français.

Charles, réaliste, prit la route de Reims. Non par vénération pour les étoles, les crosses et les mitres, mais parce que dans sa lutte contre les Bourguignons, cette cérémonie de sacre lui serait politiquement utile.

1er juin 1429. Le cortège du dauphin, un millier d'hommes, dont une cohorte de moines et d'abbés, contourna Auxerre « la Bourguignonne ». Charles ne s'en formalisa pas ; Jeanne tempêta, elle aurait aimé qu'on donnât l'assaut à ces murailles rebelles. Perdue dans la suite des gens de Cour, elle ne parvint pas à se faire entendre.

Troyes, quoique lié à l'autre camp, Châlons-sur-Marne se montrèrent plus coopératifs. Encore qu'à Troyes quelques cris hostiles : « Dévergondée ! », « Ribaude ! » aient salué le passage de la Pucelle et de son étendard. « Fille à soldats ! » entendit-elle de la bouche d'un paysan venu tout spécialement du Barrois voisin.

À la mi-journée du samedi 16 juillet 1429, Charles et son cortège firent leur entrée dans Reims. Le peuple cria « Vive le roi ! » avec le même enthousiasme que lors de la venue d'Henri VI d'Angleterre. Le peuple dans ses enthousiasmes est versatile, ce n'est pas une nouveauté.

Dès le lendemain, dimanche 17, *ite missa est.* La messe était dite, Charles VII était sacré roi. Des pairs manquaient à l'appel, des figurants les remplaçaient. L'archevêque Régnault avait officié, la cérémonie avait été irréprochable, il l'avait promis.

Et Jeanne dans tout cela ? Jeanne dont ce fut, à en croire, génération après génération, nos livres d'école, le plus beau moment de sa vie ? Jeanne que la postérité a peinte et chantée devant l'autel, à côté du roi, serrant la hampe de son étendard flottant sur la royale tête, pour attirer la protection divine ? Faux ! Archifaux ! Définitivement faux !

Que n'a-t-on pas raconté sur cet illustre sacre ! Jeanne, au fil des mois, avait découvert le goût de mener les hommes, en même temps qu'un certain plaisir à la provocation. C'est pourtant elle qui, probablement victime d'un trou de mémoire momentané, répondit à Rouen, devant l'évêque Cauchon qui l'interrogeait : « *Il me semble que mon étendard fut assez près de l'autel* »... Son étendard était là, certes, mais au milieu des autres, sans qu'une place d'honneur lui ait été réservée. « *Et le roi ?* » demanda Cauchon. « *Moi-même*, ajouta-t-elle, *je m'y suis tenue un court moment, assez près* »... Dans la situation qui était sienne à Rouen, Jeanne n'avait ni intérêt ni désir de mentir. À Reims, elle avait été déçue, elle ne l'avait pas oublié et en faisait part à ses juges.

Dans son adresse aux Rémois, avant de quitter Reims, le roi aurait pu remercier Jeanne, par la grâce de laquelle, si on en croit ce qu'on nous conte, il avait été sacré dans leur bonne ville, il n'en fit rien. Oubli ? Plutôt volonté politique d'ignorer cette « créature » que son cousin Philippe de Bourgogne se plaisait, lui, à diaboliser.

Il ne s'agit pas de s'acharner sur une légende, mais pourquoi s'obstiner à faire de la légende une vérité historique ? D'autant qu'à Reims, la légende convenue nous a gratifiés d'un grossier supplément d'imposture.

Que n'a-t-on glosé sur les « voix » qui, après le sacre, auraient enjoint la Pucelle de rencontrer Charles VII : le roi devait utiliser rapidement ses services, car « *avant un an ne pourrai plus vous servir* ».

Pour les plus sceptiques, il y a là quelque chose de déconcertant. Déconcertant parce que, en effet, la prophétie se réalisa, la Pucelle fut faite prisonnière à Compiègne, avec les suites dramatiques que l'on connaît. L'Église, juge et partie, n'a jamais fait repentance. Il ne suffisait pas, cinq siècles plus tard, de canoniser Jeanne, il aurait fallu condamner avec vigueur le tribunal ecclésiastique qui la traîna sur le bûcher de Rouen. Qu'il y ait eu procès de réhabilitation est louable, mais nettement insuffisant à l'encontre d'une femme d'une piété exemplaire, envers laquelle les juges de l'Église ne montrèrent que très peu de compassion.

Pour ce qui est de la prophétie rémoise, pourquoi compliquer par une ordonnance angélique ce qui relève tout simplement du bon sens ?

Même si Charles utilisa Jeanne « la gêneuse » plus qu'il ne la valorisa, il avait besoin d'elle. Jusqu'à Reims, le chemin avait été jonché d'épines, mais à Reims, c'était la fête. Sans occuper la première place, elle pouvait légitimement se féliciter des résultats obtenus. Après tout, il n'y avait pas si longtemps, elle était encore servante à l'hôtellerie de « La Rousse ».

Dès lors qu'il n'y avait plus de danger immédiat, toute sa famille fut invitée à Reims. À commencer par les parents et les frères. Ceux-ci accoururent, puis prirent les armes aux côtés de leur sœur ; quant aux parents, leur fâcherie s'était transformée en juste fierté. Ils effectuèrent le déplacement, encore que... Encore qu'on ne dispose d'aucune preuve de la présence de la mère, « La Romée ». Mais Jacques était là, qui avait un jour voulu noyer sa fille dans la Meuse. Il était heureux pour elle, le laboureur de Domrémy ! Afin qu'il fût convenablement hébergé, ce n'est pas le roi, mais Richemont, sur sa bourse personnelle, qui l'installa à l'auberge de L'Âne rayé (le zèbre). Quant à Jeanne, il n'existe aucune trace écrite du lieu où elle a été logée. On peut imaginer, mais ce n'est qu'une hypothèse, qu'à Reims, étourdie par sa réussite, elle ait, au profit de Richemont, qu'elle ne quittait jamais du regard tout en cheminant, perdu une virginité qui finalement devait lui peser, et pour laquelle il n'y eut plus d'enquête jusqu'au jour de la sinistre exécution, le 31 mai 1431, à Rouen.

Pourquoi ne pas faire confiance à André Breton, lorsqu'il écrit : « *Il se peut que la vie de Jeanne d'Arc demande à être déchiffrée comme un cryptogramme.* » Un cryptogramme qui n'est pas toujours lisible, ce qui facilite de flagrantes et insupportables menteries.

Une certitude : à Reims, Jacques, le père, se trouvait bien. Si bien qu'il n'en bougea plus pendant des semaines ; dans les archives de la ville, le registre des comptes de la paroisse Saint-Rémi laisse apparaître qu'après avoir payé le 18 septembre – deux mois après le sacre – vingt-quatre livres à l'auberge de L'Âne Rayé, on lui offrit au surplus « *un cheval pour s'en aller* », ce qui prouve qu'à cette date, « La Romée » n'était pas là ou qu'elle avait déjà quitté Reims pour Domrémy.

La présence paternelle explique très simplement le « pseudo-mystère » de la prophétie (*sic*). Certes, le père était fier de sa fille et s'il rougissait d'avoir envisagé de la noyer, il entendait ce qui se disait autour de lui. Pour les uns, Jeanne était une hérétique, pour d'autres, la catin du roi. Il y avait autant d'injures que d'hommages. Cela nécessitait une explication entre le père et la fille.

Dès le sacre achevé, Jacques fut clair, il dut lui dire à peu près ceci : d'accord, tu as fait du bon travail, mais tu es une fille ; désormais, tu dois t'abstenir de la guerre, rentrer à Domrémy, le village dont tu es l'honneur, prendre un bon époux et me donner des petits-enfants aussi robustes que toi. La voix paternelle de la sagesse.

Le genre de discours qui ne plaisait guère à la « cabocharde », mais devant son père elle devait éviter les éclats de voix, terrestres ceux-ci. Elle supplia. Convaincue qu'avant un an les Anglais seraient boutés hors de France, elle demanda encore une année. Ensuite, promis, elle reviendrait à Domrémy, mission accomplie.

Jacques hésita, puis lâcha : si c'est pour la France, si tu ne commets pas d'excès, je t'accorde encore un an…

Jeanne se précipita pour annoncer la nouvelle à Charles VII. Les voix divines n'avaient rien à faire là-dedans ! Il s'agissait d'une banale affaire de famille !

Pour Jeanne, le mois d'août 1429 fut sans doute le plus actif de sa brève carrière. Les capitaines qui entouraient celui qui était depuis son sacre Charles VII, roi de France, ne cachaient ni leurs inquiétudes, ni leur doute ; ce qu'ils dissimulaient plus volontiers : leur aptitude, assez commune aux Grands de ce monde, à la trahison. Les puissants seigneurs se montraient souvent à l'image des girouettes tournant dans le sens du vent. Certes, les Anglo-Bourguignons reculaient, mais ils tenaient encore Paris et un vaste territoire au nord de la Seine. Leurs armées étaient plus vives que celles du nouveau roi, dont le sacre n'avait modifié ni le physique ingrat, ni le caractère maussade, pas davantage la pression qu'exerçait sur lui, et pas toujours à bon escient, Yolande d'Aragon. L'armée française n'était guère motivée, les victoires à venir aléatoires. Nombreux étaient les Grands hésitant à se rallier au jeune et nouveau souverain.

Néanmoins, maintes cités firent soumission : Soissons, Laon, Provins, Compiègne, Beauvais qui chassa son évêque trop dévoué aux Anglais ; il s'appelait Pierre Cauchon. Dans cette chevauchée en direction de Paris, Jeanne était enfin reconnue, sinon comme stratège, du moins comme courageuse, voire téméraire, chef de guerre.

Pour la première fois, qu'elle fût femme ne gênait personne. Avec à ses côtés Dunois et La Hire, elle se portait régulièrement à l'avant-garde de l'armée en mouvement. Par ses cris d'encouragement, par son ardeur, par son omniprésence dans les rangs, elle parvenait à accélérer le pas des hommes. Elle brandissait son épée, mais ne l'utilisait jamais, ne voulant pas voir le sang couler. Après les avoir tant évoquées, elle semblait avoir oublié « ses voix », celles de Gabriel, Marguerite ou Catherine. Elle n'avait qu'un objectif : Paris.

En fait de protection divine, Jeanne implorait surtout Charles VII de ne pas faire de sottises. Soissons, Château-Thierry, Provins, Gien… En toute quiétude Charles regagnait les bords de la Loire. Comme si rien ne s'était passé. Jeanne était révoltée, en rage. Cette esquive royale lui était insupportable. Les Anglais allaient profiter de la situation. Sous la direction de Winchester, qui avait succédé à Talbot, enfermé dans les geôles de Soissons, ce furent quatre mille hommes qui devant Paris attendaient moins de deux mille soldats emmenés par Jeanne d'Arc ; les capitaines avaient enfin discerné que, quoique femme, elle ne manquait pas d'audace. Et de l'audace, il lui en fallait à Jeanne pour envoyer une missive à Charles lui imposant quasiment de la rejoindre, afin de marcher sur Paris. Charles n'en avait que faire, il venait de signer une suspension d'armes, une trêve qui excluait tout combat contre les Anglo-Bourguignons jusqu'au 25 décembre 1429, jour de Noël.

Jeanne désapprouvait cette trêve, qui excluait Paris des accords de Compiègne. À la fin de l'été 1429, elle avait assez d'influence sur le roi puisque Charles rebroussa chemin et prit la direction de Paris, qu'il rejoindrait, affirmait-il, avant deux semaines. Et cette fois, inutile d'avoir recours aux miracles divins pour convaincre et obtenir ce qu'elle exigeait. À la fin de l'été 1429, Jeanne d'Arc se conduisait en chef de guerre. Comme si l'armée était *sa* chose ! Au roi elle répondit : « *Je tiendrai et maintiendrai l'armée du roi, pour être prête* [à assiéger Paris] *au terme de quinze jours.* » Cette lettre est datée du 7 août et localisée « *auprès de Provins, un logis sur champs, en chemin de Paris* ». Pour Jeanne, Paris, ce serait l'apothéose. Paris rendu à la France, le reste de la chasse à l'ennemi ne serait que broutille. Ceux qui ont vécu, le 25 août 1944, la libération de la capitale peuvent comprendre la portée hautement symbolique d'une telle victoire. Jeanne chevauchant vers Paris, c'était Leclerc pénétrant avec ses chars vrombissants dans une ville enthousiaste : elle entraîna les assiégés en révolte dans un élan triomphal.

Dès lors, pour Jeanne les choses allaient se compliquer. Charles avait confié, avec un peu d'avance sur l'horaire, le gouvernement de Paris, arraché aux Anglais de Winchester, à son adversaire et cousin Philippe de Bourgogne. En bon « collabo », Philippe, qui détestait Jeanne et ne pensait qu'à l'éliminer, encouragea les troupes françaises à marcher sur Paris. Il était convaincu que la Pucelle perdrait la vie dans un siège qui ne s'annonçait pas comme une partie de plaisir. Mais Philippe était prêt à tout pour qu'on le débarrassât de cette jeune et exaspérante créature. D'ailleurs, prendre Paris, Charles n'y songeait pas, il avait cédé la ville à Philippe de Bourgogne, mais par un de ces arrangements dont les diplomates sont friands, on allait simuler un siège ; un geste de bonté à l'égard de Jeanne-chef-de-guerre. Et si elle voulait réussir, qu'elle invoque « ses voix » pour pénétrer dans Paris aussi triomphante qu'à Orléans.

Thierry Maulnier, éminent éditorialiste au *Figaro*, laissait entendre dans un article paru en 1951, le jour de la fête de la sainte, que « *l'échec de Jeanne à Paris pourrait bien avoir été désiré, préparé dans son propre camp* ». Il ne faisait qu'emboîter le pas à George Bernard Shaw qui, dans *L'Alouette*, met dans la bouche de Dunois ce propos qu'il tenait pour historique : « *Je ne suis pas si sûr que les conseillers du roi vous laissent prendre Paris, il en est je crois qui préféreraient que ce soit Paris qui vous prenne.* » Jeanne morte au champ d'honneur… Le roi aurait pris le deuil, affecté la désolation, réprimé quelques sanglots et c'en aurait été fini de cette insupportable gêneuse.

Et Dieu là-dedans ? Dieu que Jeanne n'a jamais cessé d'implorer, de prier. Il devait se dissimuler dans quelque recoin caché du Paradis, car la fille de Domrémy, il avait tout l'air de l'avoir lui aussi abandonnée.

Dans la petite armée rassemblée à Saint-Denis, pour Jeanne, rien n'allait plus… Rien n'irait jamais plus. Son page Raymond fut tué sous ses yeux, avant qu'à son tour, dès le premier assaut, elle reçoive une flèche dans la cuisse. Elle était blessée. Blessée physiquement, mais plus encore dans son orgueil. Le coup à la cuisse, elle ne voulait plus y penser, suscitant encore l'ardeur des troupes. Hardi ! En avant !… Cela ne servait à rien, ses compagnons tombaient les uns après les autres, les hommes d'armes étaient épuisés. Le pire était à venir.

Le 8 septembre, Jeanne, sous une tente, prenait quelque repos. Un homme se présenta, qu'elle connaissait bien, René d'Anjou, le visage fermé, le regard sombre. Il lui tendit un papier. Sans peine elle reconnut le sceau royal. Un ordre du souverain d'arrêter net tous les combats ! Avec même cette injonction pour Jeanne : « [elle] *sera forcée si nécessaire à l'obéissance.* »

Jeanne d'Arc n'était pas rayée de l'armée par décès, mais par ordre de celui qu'elle avait contribué à faire roi.

« Ses voix » auraient pu à ce moment lui souffler que parfois la Providence emprunte d'étranges chemins. L'épopée héroïque, si elle n'avait pas été ce que probablement Jeanne souhaitait, avait duré à peine plus d'une demi-année.

Jeanne, « *abreuvée de peines et de dégoût* » (Quicherat), tombait de haut ; Péguy écrit juste, quand il se scandalise de ce que « *Jeanne, qui était venue vers un roi de la chrétienté, n'avait trouvé qu'un roi d'affaires, un roi de courtage. Elle espérait un roi mystique, elle dut subir un roi politicien* ».

La suite, jusqu'à l'infâme procès, n'est plus vraiment une imposture. Jeanne soigna sa blessure, elle n'avait rien d'autre à faire.

Qu'allait-elle devenir ? Rentrer à Domrémy avant l'échéance fixée par Jacques son père ? Elle n'y songeait pas. Au fond d'elle-même, elle conservait un peu d'espoir que Charles VII ferait appel à elle. Quoiqu'elle eût à Paris échoué dans sa mission, l'Anglais occupait toujours un gros morceau de cette France qui lui était si chère. Et c'est en cela, en cela seulement, qu'elle a sa place dans l'Histoire. N'en déplaise aux bigots, Jeanne n'est pas une sainte, mais c'est une patriote. Une patriote plus pieuse que mystique, une patriote sincère, qui, comme certains résistants plus tard, avait compris que pour s'épanouir les patriotes ont besoin d'une autorité qui les guide et les commande. De l'autorité, elle en a eu la « *cabocharde* », mais maintenant, c'était fini.

Sans trop savoir pourquoi, elle s'installa à Bourges, chez « La Tourloude », cette femme venue à Poitiers procéder, sur ordre de celui qui n'était encore que le dauphin, à quelques examens intimes.

Une fois encore, Michelet, qui ne s'intéresse guère aux documents, nous présente, pendant l'hiver 1429-1430, une Jeanne désœuvrée, sans autre divertissement que les messes. Faux ! Au procès en réhabilitation – le texte peut être consulté par quiconque le souhaite –, « La Tourloude », bien vivante en 1456, dit qu'« *elles allaient ensemble aux bains et aux étuves* ». Jeanne au bain ! Voilà où nous aimerions contempler notre héroïne ! Cela Michelet le passe sous silence, comme il tait les déclarations de « La Tourloude » affirmant que Jeanne se livrait avec plaisir à la technique des masseuses. Dans ce triste XVe siècle regorgeant d'horreurs, on aimait la propreté et l'hygiène corporelle plus qu'à Versailles, où Louis XIV se couvrirait le visage de frangipane afin de ne pas trop puer !

Alors oui, à Rouen, dans le débordement d'accusations que déversèrent les théologiens sur Jeanne, on les entendit (article 13) lui reprocher de « *s'être exhibée maintes fois parée d'étoffes d'or et de fourrures* ». Pour excessive que soit l'accusation, elle n'est pas fausse. D'ailleurs Jeanne, si prompte à répondre de ses actions, lorsqu'on lui jeta à la figure son « luxe », garda le silence. Tout simplement parce qu'à dix-neuf ans, une jeune fille qui ronge son frein d'avoir été trahie dans son élan patriotique redevient une femme comme les autres. À la fois sérieuse et frivole. C'est vrai qu'à Bourges elle goûta au plaisir d'être bien habillée. Elle sortait volontiers, participer aux dîners des notables de la ville. Elle allait à la messe, mais sitôt l'ultime prière achevée, montait un des cinq chevaux dont elle était propriétaire.

Encore fallait-il avoir les moyens de vivre dans cet agréable confort qui comblait partiellement le désœuvrement. Sans doute parce qu'il pensait qu'elle allait rentrer dans son village, Charles VII, dès octobre 1429, lui avait fait parvenir une bourse de deux cent quatre-vingt-quatre livres et de treize ducats d'or. À Rouen, elle déclara qu'au moment de sa capture, à Compiègne, elle devait « *posséder de dix à douze mille livres* ». Sachant que le traitement annuel du chancelier de France avait été fixé à trois mille huit cent livres annuelles, elle était loin, à Bourges, la petite paysanne sans le sou du village de Domrémy en Barrois ! Quelques seigneurs, conscients qu'elle avait toujours œuvré pour le bien du royaume, lui accordaient-ils quelques privilèges, quelques donations ? En échange de quoi ? Dans quel but ? Mystère…

Ce qui est certain, c'est que si Jeanne s'ennuyait, elle faisait la belle. Le conseiller royal La Trémoille débarqua à Bourges, ayant soudainement besoin d'elle. Oh, il ne s'agissait pas de reprendre la lutte contre l'Anglais, non… Plutôt lui proposer un « petit boulot ». Monter une opération de police contre une sorte de nobliau de La Charité-sur-Loire, spécialisé dans les razzias, les enlèvements et les demandes de rançon.

Elle rêvait de Paris, on lui offrait un malfrat des bords de Loire ! Jeanne enragea. La Trémoille ne chercha pas à lui rabattre son « *caquet* » (Quicherat), il l'assura qu'il la ferait accompagner par d'Albret, un des meilleurs capitaines du roi. Avec dédain Jeanne rejeta la proposition. Ce serait Paris ou rien !

La plupart des historiens, à la suite de Michelet, dissimulent cette face cachée de la vie de l'héroïne. Une tranche d'existence sans doute trop profane pour la sainte image de Jeanne d'Arc !

De même il est rarement mentionné que, s'il n'y eut point de Jeanne d'Arc à Domrémy, Charles VII en revanche, peut-être à l'initiative de sagaces conseillers, anoblit Jeanne en décembre 1429. Elle avait du tempérament, était populaire, avait déclaré ne reconnaître qu'un seul pape, celui de Rome, rejetant l'ultime Avignonnais dans les oubliettes de l'Enfer. Qui sait ? On pouvait avoir encore besoin de ses services. On l'anoblit et en termes louangeurs ! « *Afin de reconnaître les très pures et bonnes grâces dont elle a comblé Notre Majesté, elle portera désormais le titre de Jeanne de Lys.* » L'acte fut signé à Meung-sur-Loire, le 29 décembre 1429.

Jeanne de Lys ! Comment l'Histoire n'a-t-elle pas retenu, au lieu du patronyme truqué, celui de Jeanne de Lys, qui a le double mérite d'être à la fois honorable et officiel ? Il y a, au-delà des impostures, des usages qui perdurent siècle après siècle et dont on saisit mal l'opportunité. Jeanne-la-sainte devenue Jeanne-la-noble ? Au XVe siècle finissant on était quasiment à un demi-millénaire d'une canonisation qui ne deviendrait effective qu'en 1920 !

L'anoblissement a-t-il plu à Jeanne, éloignée de la Cour et des champs de bataille ? Le décret royal a été rendu public le 14 janvier 1430 et c'est le 16, dans une longue robe de velours rouge, piqueté de petits diamants, qu'elle vint fêter à Orléans un événement assez inattendu. Au cours de la réception, furent consommés « *six chapons, neuf perdrix et cinquante-deux pintes de vin, le tout ayant coûté à la ville six livres et douze sols* ». Si les convives étaient nombreux, on a connu plus lourds festins !

Toujours est-il qu'au procès, lors de l'interrogatoire d'identité, Jeanne de Lys répondit simplement : Jeanne ou Jeannette. De Lys, connaissait pas. L'Histoire a emboîté le pas à ce silence.

La suite relève du bon ou du mauvais usage des manuels scolaires. Les professeurs qui enseignent l'Histoire ne sont pas tous des spécialistes de telle ou telle période du passé universel ; qu'ils exercent dans le public ou le privé, leur discours manque souvent d'objectivité.

En dépit de quelques victoires et escarmouches, les Anglais, dans les premiers mois de l'an 1430, tenaient une vaste part du royaume, dont Paris dans un entrelacs de conspirations ourdies par l'un et l'autre parti. Sur ces faits, nous ne manquons ni de documents, ni de chroniques fiables. Charles VII, malgré la trêve, ne manifestait aucune énergie particulière à libérer le royaume.

Jeanne, qui avait quitté Bourges pour Sully, où La Trémoille, allié du roi, l'hébergeait, ne voulait pas renoncer à sa mission. La Trémoille lui répétait sans cesse que son existence même était sortie de l'esprit du roi, elle trépignait d'impatience. Cette fille, aimée du peuple, détestée de la Cour, puisqu'elle n'avait pas succombé à sa blessure sous Paris, à l'automne précédent, devait s'effacer. Ce qui n'était pas du tout du goût de l'intéressée.

À la fin du mois de mars 1430, avec quelques centaines de fidèles, guère mieux armés que des gueux, mais décidés à se battre contre les « godons », de sa propre volonté, à l'insu du roi et de La Trémoille lui-même, Jeanne quitta Sully. Après avoir passé Melun, tenu par l'ennemi, et Lagny-sur-Marne, acquis aux Français, elle gagna Compiègne, assiégé par les Bourguignons menaçant de massacrer toute la population si la reddition tardait.

Le 22 mai, avec l'aide d'un fidèle, le comte Pothon de Xantrailles, Jeanne et quelques compagnons pénétrèrent dans la ville. La situation sanitaire y était catastrophique. La faim, la soif tenaillaient habitants et soldats. Il fallait tenter quelque chose et vite...

Le soir même, Jeanne était reçue par le gouverneur de la ville, Guillaume de Flavy, lequel n'avait jamais dissimulé son antipathie pour cette sorcière prétentieuse qui voulait « *bouter les Anglais hors de France* ». Des Anglais dont il se serait volontiers fait l'instrument docile s'il avait eu la certitude que la victoire demeurerait de leur côté.

Avec Jeanne, accompagnée de son frère Pierre et d'un chevalier gascon, Pothon de Bourguignan, qui ne l'avait pas quittée depuis

Orléans et qui était sans doute pour elle plus qu'un dévoué protecteur, Flavy se montra particulièrement courtois. La nourriture était rare dans Compiègne, mais la table du gouverneur était toujours bien garnie, il y convia ses visiteurs. Au cours du souper, il donna son accord : le lendemain, la nuit venue, Jeanne et une centaine d'arbalétriers tenteraient une sortie.

Jeanne sortit en effet, mais prévenus par Flavy, les Bourguignons l'attendaient. À la vue de l'ennemi très supérieur en nombre, Jeanne et ses hommes voulurent se replier. Le pont-levis avait été relevé et une herse devant les remparts interdisait tout retour dans Compiègne. Les Bourguignons firent trépasser quelques soldats, mais celle qu'ils voulaient, c'était Jeanne et ils la voulaient vivante. Vite repérée, elle fut désarçonnée et capturée.

Lorsqu'il apprit la nouvelle, Charles VII dit simplement, selon ce que rapporte le chroniqueur Monstrelet : « *À cause de son orgueil, Dieu l'a abandonnée* » et il ajouta : « *Un berger du Gévaudan n'en ferait pas moins que celle qui se prétend Jeanne la Pucelle.* » Cynisme assez en usage chez les puissants, souvent ignorants de celles et ceux auxquels ils sont redevables de leur pouvoir.

Cela devenait sans importance ; après quinze mois de loyaux services, dont cinq d'inactivité hivernale à Bourges et à Sully, la carrière de Jeanne la Barroise était achevée ! Elle inspirait davantage confiance aux populations qu'aux capitaines et seigneurs. Le roi n'était pas fâché d'en être débarrassé ; les Anglais la voulaient prisonnière, afin de la faire exécuter, dans l'enthousiasme populaire, au pied de la Tour de Londres ; l'Église souhaitait que l'Inquisition la jugeât comme sorcière, afin que cela servît d'exemple aux âmes en péril.

Dans sa prison de Cambrai, Jeanne gardait courage. Avec l'aide d'un gardien admirateur, elle se laissa glisser à l'aide d'une corde le long d'une tour… La corde cassa… Inanimée, Jeanne fut soignée et livrée à Bedford ; celui-ci accepta de la remettre aux juges de l'Inquisition, à une condition : si elle était déclarée innocente de sorcellerie, elle retournerait aux Anglais.

Elle fut enfermée à Rouen. Procès... Jugement... Sentence...

Le bourreau battit le briquet. Le feu crépita. Jeanne toussa, s'étouffa. On la vit de plus en plus difficilement dans les fumées qui grimpaient sur la place du Vieux-Marché, en se dispersant le long de la flèche de la cathédrale voisine. Dans les craquements du brasier, on l'entendit crier « *Jésus !* ».

Serrées dans un sac de lin, ses cendres furent jetées dans la Seine.

Celle qui se faisait appeler Jeanne d'Arc quitta l'Histoire. Il lui fallut attendre trois siècles pour entrer dans la légende. Trois siècles de silence et d'oubli pour une brève aventure humaine et un supplice inique, atroce, dont l'Inquisition, c'est-à-dire l'Église, porte la responsabilité.

Entre le 30 mai 1431 et 1839, l'année où Michelet, à une heure d'extrême tension franco-anglaise – une parmi tant d'autres – inventa une Jeanne initiatrice du patriotisme français, on avait négligé le rendez-vous de la Barroise avec l'histoire de France.

Les souverains ne daignèrent pas se soucier d'elle et le pape Pie II, désireux de ne pas fâcher son clergé, conclut : « *L'aventure de Jeanne est-elle œuvre de Dieu ou invention des hommes ? J'aurais peine à me prononcer sur ce point.* » Formule vaticane que le gouvernement de l'Église utilisa à maintes reprises, chaque fois qu'à une réponse claire le Saint-Siège préféra l'ambiguïté.

À l'image de l'Ancien Régime, la Révolution n'a jamais considéré l'épopée de la Pucelle comme un événement majeur de l'histoire de France. Même à Orléans, la ville où sans nul doute on avait toujours entretenu son souvenir, la municipalité insurrectionnelle détruisit, dès le 10 août 1789, le monument commémoratif.

Curieusement, alors qu'un libelle de Voltaire et la pièce allemande *Die Jungfrau von Orléans*, écrite en 1801 par le dramaturge Friedrich Schiller, n'avaient connu que peu d'échos, c'est l'impérial soudard Napoléon Bonaparte – peut-être se prenait-il pour une réincarnation de la demoiselle de Domrémy – qui, tout occupé à sa lutte contre l'Angleterre, introduisit Jeanne dans l'Histoire et lui ouvrit toutes grandes les portes de la légende et de l'imposture.

« *L'illustre Jeanne*, déclara-t-il lorsque les Orléanais eurent replacé une statue au centre de la ville, *a prouvé qu'il n'y a pas de miracle que le génie français ne puisse produire lorsque l'indépendance nationale est menacée.* » Propos gaullien avant l'heure, unique rapprochement entre le tyran et le libérateur.

Il n'empêche. Par cette petite phrase, c'est toute la mythologie de Jeanne, avec ses divagations et ses récupérations ignominieuses, qui allait se mettre en branle. Michelet, au plus cynique de son lyrisme, mit l'imposture des voix célestes sur orbite. Le culte de l'héroïne nationale allait s'emparer des catholiques d'un côté, des libres-penseurs de l'autre. Ce que ni la monarchie, ni la Révolution, ni l'Empire n'avaient osé faire, le République troisième de la série le proclama : en 1884, deux cent cinquante parlementaires se rassemblèrent pour réclamer une « fête nationale » de Jeanne d'Arc ; elle fut fixée au 8 mai, jour anniversaire de la chute d'Orléans.

La même année, Charles Péguy, socialiste de fraîche date, rédigea sa première *Jeanne d'Arc*, tandis que Sarah Bernhardt triomphait dans un drame musical de Barbier et Charles Gounod.

Dès lors l'héroïne allait surgir de toutes parts, la mystification et la légende proliférer, mêlées aux superstitions et à la vérité historique.

Fidèle à ses traditions, la France, les circonstances aidant, polémiqua. Combes en personne, alors ministre de l'Instruction publique, s'il souhaitait qu'on ne s'attardât pas trop dans les établissements scolaires sur la geste « jeannesque », ne put éviter l'affrontement entre les catholiques et les autres courants de pensée ; il se rendit à Vaucouleurs où il prononça un discours visant à la réconciliation. Rien n'y fit. Félix Faure, président de la République, inaugura en 1896 la statue de Jeanne à Domrémy ; dans un éditorial virulent Jaurès adjura le gouvernement de « *cesser le revêtir l'armure de la nouvelle vierge de Domrémy* ».

Lorsque éclata l'affaire Dreyfus, les bataillons de choc d'Édouard Drumont conclurent un meeting parisien par ces vociférations :

« À bas les juifs ! À bas la République maçonnique ! Vive Jeanne d'Arc ! » Désormais Jeanne devenait la propriété exclusive des « camelots du Roi », qui organisaient chaque année un défilé devant sa statue, à cheval, couverte d'or, érigée en 1876 à la demande de Mac-Mahon, par Frémiet, rue de Rivoli, face au Louvre. Un siècle plus tard, les hordes lepénistes ont pris le relais et un jeune Français d'origine marocaine fut jeté en Seine et paya de sa vie d'avoir voulu arracher des griffes de l'extrême droite le symbole patriotique d'une nation qu'il avait faite sienne.

Totalement oublieuse de ce que Jeanne fut brûlée sur l'ordre d'un tribunal ecclésiastique, l'Église n'entendait pas demeurer étrangère au culte de cette Jeanne qu'aucun pape n'avait jamais songé à inviter dans le cercle des bienheureux. La récupération ne pouvait surgir que d'Orléans et c'est d'Orléans qu'elle partit. L'illustre Monseigneur Dupanloup, évêque d'Orléans, avait, soutenu par onze de ses collègues, réclamé au pape Pie IX la canonisation de l'ex-sorcière, devenue depuis Michelet héroïne nationale.

Pie IX tint Dupanloup pour un aventureux et, après avoir consulté Napoléon III, lequel avait d'autres soucis, décida prudemment, avec toute la lenteur vaticane, qu'« il était urgent d'attendre ».

L'affaire Dreyfus inquiétait les milieux catholiques modérés. Léon XIII, francophile mais antisémite, se proposa de faire un cadeau à la France, cette chère fille aînée de l'Église. Et de sortir du placard la suggestion de Monseigneur Dupanloup, pour la plus grande joie des antidreyfusards. Mais attention ! Il s'agissait d'agir avec calme et sans précipitation. Le Saint-Siège ordonna « *d'instruire la cause d'une éventuelle béatification* ». Béatification oui, canonisation non ! Car, pour accéder au rang de saint, il faut, selon le droit canon, avoir accompli un miracle...

Et quel miracle avait accompli sur terre la fille du Barrois ? Elle avait servi Dieu, mais elle n'était pas la seule, n'est-ce pas le devoir de chaque fidèle ? Et les voix ? Quelles preuves avait-on des fortes et fécondes paroles qu'aurait entendues Jeanne ? Aucune. Mais l'affaire Dreyfus et le développement d'un esprit voltairien chez les intellectuels favorisaient en France les poussées d'anticléricalisme. Et ce n'était pas le ministère Waldeck-Rousseau qui allait améliorer les relations acides entre Rome et Paris. À l'entrée dans le XXe siècle, chacun appelait Jeanne à son secours.

L'histoire de France fut gommée d'un coup d'étendard de la Pucelle. La séparation de l'Église et de l'État, en 1905, n'arrangea pas les choses. Il fallait fouetter les mécréants, rugissait-on dans les colonnes de L'*Action française*.

Pie X vola au secours de la jeune école maurrassienne. Le 18 avril 1909, il signa la bulle déclarant Jeanne bienheureuse. Dans son coin d'enfer éternel, l'évêque Cauchon dut se dire que l'Église n'était décidément plus ce qu'elle était au temps de son séjour terrestre.

Bienheureuse, mais pas sainte. Pas encore. Restait encore pour Jeanne à gravir l'échelon suprême.

En 1920, la France était victorieuse. Les Allemands n'appréciaient guère d'avoir dû restituer l'Alsace et la Lorraine. La patrie voulut saluer l'héroïsme de ses Poilus et profiter de l'occasion pour enrayer l'anticléricalisme toujours plus grinçant. Cela permettrait peut-être la reprise des relations diplomatiques entre le Saint-Siège et Paris, rompues depuis la loi de Séparation. Le 16 mai 1920, Rome, bonne mère compréhensive, canonisa Jeanne. Le 10 juillet de la même année, la Chambre des députés vota avec célérité la loi qui vouait le 8 mai à la célébration nationale de l'héroïne ; le 20 novembre, le Vatican et Paris procédaient à un échange d'ambassadeurs. Opération réussie. Succès de l'imposture récupératrice.

Et les miracles nécessaires à la sainteté ? Imposture pour imposture, on n'en est plus à une près. La bulle de 1920 attribuait à Jeanne deux guérisons miraculeuses dont on « oublia » (*sic*) de mentionner les lieu et date. À Paris, ce fut l'euphorie. Robert Brasillach et Thierry Maulnier, tous deux incroyants, rejoignirent Charles Maurras pour chanter les mérites de la « *cavalière angélique* ».

Fin des polémiques et – exemple unique – le nom de Jeanne fut attribué à autant d'écoles privées chrétiennes qu'à des établissements scolaires publics. En toute laïcité naïve, Jeanne est chaque année couverte de louanges posthumes à l'église et à la mairie. Autour de la Pucelle, c'est un peu Peppone et Don Camillo.

Mais au fait, l'imposture majeure n'est-elle pas la place qu'a réellement tenue la jeune Barroise dans la longue et brouillonnante histoire de France ? Que savent les élèves officiers de la Marine nationale, lorsqu'ils embarquent pour une croisière autour du monde – en un temps où la défense de la laïcité suscite de nouveaux débats, nécessite de légiférer au Parlement –, sur le croiseur porte-hélicoptères auquel on a donné le nom de la sainte ?

Chateaubriand, dans son *Génie du christianisme*, a oublié Jeanne. Il a eu raison. Il ne voyait dans les temps historiques de la France « *que deux beaux sujets de poèmes épiques : les croisades et la découverte du Nouveau Monde* ».

N'est-il pas juste, dans le tohu-bohu qui, depuis deux siècles, agite les esprits les plus opposés autour de Jeanne, de dénoncer une imposture dont la Barroise a été, et demeure, la victime ?

Cette Jeanne était vaillante et fut iniquement immolée, mais quels furent ses indiscutables faits d'armes ? Elle n'occupa le grand théâtre de l'histoire mondiale qu'un peu plus d'un an, cela ne justifie pas le délire inacceptable dont son image est entourée.

Les derniers mots, il convient de les laisser à un esprit aussi rigoureux qu'indépendant, Anatole France, le bien nommé, prix Nobel de littérature en 1921 : « *Il n'est pas de bonne méthode historique que d'inventer des affirmations, confondre l'imaginaire avec la documentation, donner des hypothèses pour des certitudes, noyer dans le vague des textes embarrassants...* »

Penser Jeanne, c'est penser Orléans, et Orléans n'est pas la France. La cause de ceux qui on besoin pour glorifier le passé de mythes est défendable, Jeanne la réelle ne méritait pas que depuis deux siècles on manipulât son souvenir. Jeanne fut une patriote sincère, cela ne nécessitait pas autant de niaiseries académiques et lyriques, encore moins de dévotes récupérations.

Christophe Colomb,
découvreur ou aventurier ?

Qui est le marin qui, avec trois caravelles, quitte, le 4 août 1492, le port de Palos en Andalousie, cap à l'ouest, à la découverte d'une nouvelle route des Indes ? Quelles sont ses origines ? Pourquoi deux maisons natales reconnues, l'une à Calvi, l'autre en pays génois ? Un navigateur averti, Cristóbal Colón ? Un aventurier, sans doute bigame, peut-être meurtrier, qui taisait sa jeunesse ? Riche ou couvert de dettes, il a fini sa vie, oublié, volontairement ou non, des princes qu'il a servis.

S'il n'a jamais posé le pied sur le sol américain, Christophe Colomb a conquis Haïti et quelques autres Caraïbes. Celui que le monde entier connaît, dont l'Espagne a fait un héros national, ne fut-il qu'un aventurier sans scupules, un pirate massacreur ?

Colomb Christophe, 1451-1506, fils de tisserands génois, navigateur et premier explorateur du Nouveau Monde.

Christophe Colomb n'a jamais posé le pied en Amérique ! Il n'empêche, les Espagnols ont fait de cet aventurier un héros national et des esprits connaisseurs persistent à voir en lui un navigateur hors du commun, le plus génial découvreur de l'histoire humaine !

Tout cela alors que sa vie a été une succession d'intrigues, de mensonges, d'impostures. À commencer par ses origines. Pour les uns il a vu le jour à Calvi, en Corse, pour les autres à Gênes. Le lieu même de sa naissance, Colomb l'a toujours dissimulé. Ses thuriféraires clament que le héros serait mort dans la misère, ayant passé l'âge de « bourlinguer » ; en réalité il a fini abandonné par ceux qu'il n'avait jamais cessé de duper. Rien ne justifie une renommée aussi chargée de contre-vérités.

Le sommet du mythe a été atteint à Séville, en 1992, lors de l'Exposition universelle, grandiose manifestation tout entière vouée au cinq centième anniversaire de la première traversée de celui qui, ne songeant qu'au profit et à la fortune, fut le plus cruel massacreur des autochtones dont les richesses en or l'intéressaient plus qu'une éventuelle conversion à la religion chrétienne. Homme chargé d'exporter les valeurs de l'Église, il ne fut qu'un brigand sans foi ni loi, sauvé par d'exceptionnelles qualités de navigateur. L'Histoire doit-elle définitivement se résigner à authentifier ce que les historiens avertis savent n'être que mensonges ? Les héros sont l'opium du peuple, cela ne peut être que provisoire. Pour ce qui est de Christophe Colomb, la légende est d'autant plus perverse qu'elle ne repose que sur des supputations, souvent controversées.

Comment des spécialistes réputés sérieux, des encyclopédistes ayant accès aux archives les plus formelles se laissent-ils encore facilement abuser ? Comment, avec les documents dont nous disposons, ne pas avoir depuis longtemps déboulonné la statue ? Dans l'affaire Colomb, l'histoire authentique n'est d'ailleurs pas dénuée d'intérêt. Au contraire... Elle commença dès sa naissance, voire un peu avant...

À en croire dictionnaires et manuels scolaires, notre Grand Homme serait né dans une famille de tisserands, à Gênes ou à quelques lieues, en 1451 ; personne n'a jamais retrouvé de documents probants. Il aurait été ouvrier lainier, puis cabaretier jusqu'à l'âge de vingt-deux ans. Il serait devenu ensuite représentant de commerce en cotonnades, ce qui l'aurait contraint à voyager, le plus souvent par mer. À trente-deux ans supposés, on le retrouve au Portugal. En 1483, l'ouvrier lainier, le négociant aux multiples périples affichés se fit reconnaître par les capitaines lusitaniens comme un excellent marin. Unique certitude : celui que désormais nous n'appellerons plus que Colón – son identité orthographiée à l'espagnole – devait avoir assez d'expérience de la navigation en haute mer pour que le roi Jean du Portugal consentît d'énormes dépenses, afin que le Génois (*sic*) se consacrât à la recherche d'une nouvelle route maritime vers les Indes, plus courte donc moins périlleuse et moins coûteuse pour les péninsulaires. Ils auraient ainsi pris l'avantage sur les Vénitiens, toujours entreprenants, dans les échanges avec ces contrées lointaines.

Passons provisoirement sur ses difficultés de tous ordres, malversations, bigamie, éthylisme, qui finirent par le contraindre à fuir le Portugal...

1492, année de sa gloire. La référence absolue dans l'histoire de Colón !

Dans la relation de cette première expédition de 1492, Martín Pinzón, propriétaire de plusieurs caravelles, qui accompagnait Colón, avant de se brouiller avec lui, s'émerveillait des qualités de navigateur de son capitaine. Dès le retour triomphal du héros, de Barcelone, en Catalogne, où il se trouvait, Pierre Martyr d'Anghiera, aumônier de la reine Isabelle, italien de surcroît, écrivait en latin dans son *Journal*, conservé à la bibliothèque de l'Escorial, à Madrid : « *Est revenu des Antipodes Occidentales un certain Christoforus Colonus, qui avait obtenu difficilement de nos rois trois navires pour aller dans cette province.* »

Malheureusement pour le prétendu Ligurien, ce témoignage n'est pas unique. S'agissant de Ferdinand et Isabelle, ils entretenaient, comme tous les monarques de cette époque, les meilleures plumes du royaume à chanter leurs louanges. Louis IX avait eu Joinville, les souverains espagnols eurent Bernaldez, qui se félicitait que ses maîtres eussent confié à « *un marin aussi illustre que Cristóbal Colón, le soin d'aller porter le Christ à d'étranges peuplades* ».

Cette phrase pourrait être interprétée comme un coup de brosse à reluire d'un chroniqueur rémunéré. Son intérêt réside surtout dans le fait que Bernaldez avait hispanisé le nom du marin en Colón. Cela ne devait sans doute rien au hasard.

Mais d'où venait-il ? Quelles étaient les véritables origines du glorieux pourvoyeur d'or de la couronne espagnole ?

Pour ce qui est des origines génoises, on peut, dans une première approche, admettre qu'il y ait eu confusion. Mais avec les moyens techniques dont disposent les historiens du XXIe siècle, pour leurs travaux de recherche, il est facile de prouver que notre homme n'a aucune racine en Ligurie. Comment expliquer l'erreur, si erreur involontaire il y eut ?

En effet, vivait en Ligurie, dans la deuxième moitié du XVe siècle, une famille Colombo ; les archives de l'Église nous enseignent qu'un fils prénommé Christophoro fut condamné, le 22 septembre

1470, à payer « *solidairement avec son père trente livres génoises pour une pièce de vin qu'il a achetée et qu'il n'a pas payée...* ». Le même Christophoro, « *âgé de plus de vingt ans* », signait, l'année suivante, en 1471, à Savone, un testament en qualité de témoin, où il était désigné comme « lainier de Gênes » et « citoyen de Gênes »... Enfin à Savone, le 7 août 1473, il consentait avec son frère Bartolomeo à ce que son père vendît une terre dont il était propriétaire.

Quel rapport entre notre « héros » et cette famille Colombo ? Supposons que Colón soit né, comme le prétendent ses biographes officiels, en 1451. Il aurait été effectivement âgé d'une vingtaine d'années au moment de la rédaction des actes qu'on peut consulter à Gênes. Mais pouvait-il se trouver en terre génoise à cette époque ? À la lecture de ses propres carnets de voyage, la réponse est : non.

À la date du 21 décembre 1492, dans son journal de bord, il écrivait : « *J'ai passé vingt-trois ans sur la mer, sans jamais m'en éloigner...* » Le calcul est facile : il aurait donc commencé sa carrière de marin en 1469. Ce qui est plausible : né en 1451, il aurait pu embarquer à dix-huit ans, cela n'avait rien d'exceptionnel. S'il courait les océans « *sans jamais* [s']*en éloigner* », comment pouvait-il être le témoin d'un testament à Savone en 1473 ? S'il fut un homme peu fréquentable, il eut à maintes reprises l'occasion de prouver ses qualités de capitaine de haute mer. Sur ce point, il ne mentait vraisemblablement pas.

Nous ne disposons quant à sa biographie que d'une certitude : Colón est mort en 1506, « *à l'âge de soixante-dix ans* », selon Bernaldez, chroniqueur de l'époque. Toute une série de témoignages oraux et écrits le confirment, il « *avait l'air très usé et était blanc de poil* ».

Né à Gênes en 1451, il serait mort, en 1506, à cinquante-cinq ans seulement et non à soixante-dix, comme précisé dans son acte de décès. Sur ce document officiel, il n'y a pas d'erreur possible.

Si, selon d'autres témoignages fiables, il avait vu le jour en 1436, quoi de plus normal qu'à soixante-dix ans il ait eu « l'air usé » ? Au XVe siècle, à soixante-dix ans, on était un vieillard.

Certes, Colón avait de solides connaissances en matière de navigation quand il se présenta en 1483 à la cour de Lisbonne. Né en 1436, il aurait eu quarante-sept ans, un âge raisonnable pour avoir appris le métier de marin par les voyages dont il a fait lui-même le récit. Sans jamais en préciser les motifs. Négociant ? Pirate ? L'un et l'autre sans doute. À n'importe quelle époque de l'Histoire humaine, d'Ulysse à Ellen Mac Arthur, on ne devient pas bon marin sans de solides connaissances de la mer. Le jeune lainier promu soudainement découvreur, cela n'a pas de sens !

Reste qu'à Gênes vivait une famille Colombo – des tisserands, pourquoi pas ? – avec lesquels notre découvreur n'avait aucun lien. En revanche, et pour des raisons que nous qualifierions de nos jours de « relations publiques », les Génois, soucieux de conserver la maîtrise des mers lointaines, ne tardèrent pas, dès le succès de l'expédition de 1492 connu, à répandre l'idée que Colón était des leurs et qu'il avait pour lignage d'origine cette famille Colombo. La légende est passée à la postérité ; à Gênes, on demeure convaincu que Colón y a vu le jour. À tort.

On peut reprocher à Colón d'avoir veillé à ce que sa naissance demeurât secrète – il avait d'excellentes raisons pour qu'il en fût ainsi –, on ne saurait lui tenir rigueur, en revanche, d'avoir été récupéré par les Génois. Sans doute ignorait-il l'existence d'une famille Colombo, d'autant – ce n'est pas le moindre des paradoxes pour les tenants de l'origine génoise – que Colón ne parlait pas un mot d'italien !

La légende génoise est devenue, siècle après siècle, vérité historique. Depuis quelques décennies néanmoins certains historiens s'interrogent. Il semble acquis que le conte ait pour origine un certain Justinius Gallo. Natif de Gênes, chancelier de la banque Saint-Georges de la cité et historiographe officiel de la ville dès 1477, il n'aurait pas pu résister à la tentation de flatter la puissance génoise. En 1500, Colón était au faîte de sa gloire, Ferdinand et Isabelle semblaient ne pas avoir eu vent des turpitudes dont il s'était rendu coupable. À moins qu'informés, ils ne les aient couvertes par prudence politique.

L'archiviste avait ainsi trouvé la trace d'une famille Colombo contemporaine du navigateur qui, en quatre expéditions, avait rempli d'or les caisses des royaumes d'Espagne. D'où l'idée de rédiger un libelle tout à la gloire de Gênes, en établissant une filiation entre le navigateur et les Colombo de Savone. Dans les rangs des aristocrates génois, il fit circuler une notule qui eut très vite un immense retentissement : « *Christophoro Colombo*, écrit-il sans vergogne, *de nationalité ligurienne, issu de parents plébéiens et qui subvenaient à leurs besoins en travaillant la laine, acquit la grande renommée qui honore notre cité par des exploits de la plus courageuse hardiesse et d'une remarquable nouveauté dans les affaires humaines. Quoiqu'il n'eût reçu que peu d'instruction dans son enfance, dès qu'il eut l'âge de la puberté, il s'adonna à la navigation suivant l'habitude de la race génoise…* »

Pourquoi n'aurait-on pas cru ce lettré renommé ? Les chroniqueurs ne tardèrent pas à prendre pour certitude un panégyrique qui chantait les vertus des capitaines de Gênes la puissante, la rivale de Venise. Les Génois se flattaient, en bombant le torse, de la réussite, fût-elle en Espagne, d'un de leurs enfants.

Colón eut-il connaissance de ce texte diffusé cinq années avant sa mort ? Ce n'est pas impossible. À cette époque de sa vie, il devait affronter d'autres soucis.

Pourquoi Colón n'a-t-il jamais, de son vivant, précisé ses origines ? Pourquoi Colón se contentait-il de répondre à ceux qui manifestaient quelque curiosité : « *Je ne suis pas le premier amiral de ma famille…* » ? Il n'y a jamais eu d'amiral – le titre le plus élevé de la marine espagnole au XVe siècle –, dans la famille des lainiers génois. Le mensonge n'était pas innocent ; il faut savoir que pour s'approcher des trônes, qu'ils fussent portugais, anglais, français ou espagnol, tout navigateur, dans le contexte social du XVe siècle, avait besoin de se réclamer d'un bon lignage. Et, pour parvenir à ses fins, Colón n'en était pas à un mensonge près !

Quelques années plus tard, Luis, son petit-fils, se chargea de tout démentir en bloc et farouchement : « *Il y a des gens*, relatait-il à propos de son grand-père, *qui, désireux de se hausser, disent qu'il était de Savone, d'autres de Gênes, d'autres encore le veulent né à Plaisance où il y aurait des familles fort honorables du nom de Colombo qui ne concernent pas notre famille…* »

Pour quels obscurs motifs Luis a-t-il été contraint par Charles Quint de faire disparaître tout ce qui avait trait au tissu familial de ce grand-père qui se voulait l'égal des maîtres du monde ? Il est plus que probable que Charles Quint n'ait pas eu cette exigence sur un simple accès d'humeur. Le texte lui déplaisait fortement, d'où l'ordre donné à Luis d'abandonner ses recherches sur la généalogie familiale. Luis ne pouvait qu'obtempérer.

Dans les rangs des conquérants, il y eut quelques esprits généreux ; le plus noble d'entre eux fut sans nul doute Bartolomé de Las Casas. Ce dominicain espagnol, plus découvreur par le goupillon qu'évangélisateur par le sabre, prit la défense des Indiens et donna son nom au bourg de San Cristobal de Las Casas, ancienne capitale de l'État mexicain du Chiapas, à proximité de la frontière guatémaltèque, aujourd'hui centre névralgique des troupes indiennes aux ordres du sous-commandant Marcos. Pourquoi Las Casas se rallia-t-il à la thèse de Justinius Gallo ? Dans le récit qu'il fait de la conquête, il affirme avec candeur que non seulement son illustre prédécesseur, auquel il reproche ses exactions sur les Indiens des îles découvertes, était génois, mais serait – et de citer l'écrivain latin Tacite – descendant d'un lignage de marins qui comptait dans ses rangs un capitaine de galère romain, lequel aurait ramené Mithridate prisonnier à Rome avant de connaître quelques revers de fortune ! Par son honnêteté, son esprit scientifique, ses textes documentés, Las Casas devint vite une référence historique... Il n'en fallait pas plus pour que l'Histoire reprît à son compte les origines génoises de Colón.

Que les Corses revendiquent aussi la naissance de Colomb à Calvi, on leur pardonne cette tardive récupération touristique. Jusqu'en 1767, l'île n'était-elle pas génoise ?

Que Colón ait été ou non génois, en quoi cela justifie-t-il la décision irrévocable de Charles Quint d'interrompre les travaux du petit-fils du navigateur sur la vie de son illustre aïeul ? Interdiction d'autant plus bizarre que Luis avait veillé à « expurger » son ouvrage de tout ce qui aurait pu nuire à la renommée du grand-père. Luis n'avait évidement pas, délibérément ou par ignorance, levé le mystère de la naissance de Colón. Peut-être avait-il lui aussi pris le parti de suivre les déclarations de Justinius Gallo... À moins que Luis n'ait fait, au cours de ses recherches, quelques découvertes peu flatteuses pour la réputation de l'illustre marin...

Tout cela est empli de bizarreries, lesquelles, si on s'y attache, jettent sur la personnalité de Colón une lumière toujours gênante.

En effet, comme ils sont bizarres les récits de ses compagnons de traversée ! Bizarre aussi la disgrâce dans laquelle les Rois Catholiques plongèrent sur la fin de sa vie celui qui avait si largement contribué à leur fortune ! Bizarre encore la volonté de Charles Quint d'enfermer le navigateur dans un anonymat dont l'Histoire – il ne pouvait s'en douter – finirait par avoir raison.

Dans les impostures de l'Histoire, le hasard tient parfois une place importante. La chance de Justinius Gallo fut qu'à Savone vivait réellement dans le même temps une famille de tisserands, les Colombo. Rien de ce qui pouvait servir la gloire des Génois ne devant être négligé, il lui suffit de bousculer un peu les dates ; à l'époque, on n'y prêta guère attention. Et pendant des siècles, personne ne s'avisa de contester ce qui pourtant était faux.

La vérité, aujourd'hui, est connue, mais retirer ce que l'Histoire doit à la légende serait priver le Vieux Continent en général, l'Espagne en particulier, d'un mythe auquel depuis plus de cinq siècles ils demeurent profondément attachés. Malgré les preuves, le silence assourdissant ne s'expliquerait-il pas par une constante historique : la persécution des juifs ?

Il y a en effet des coïncidences qui interpellent inévitablement.

Au cours de l'été 1492, Colón leva l'ancre avec trois galères en direction de l'Ouest. Le jour où Isabelle et Ferdinand avaient fixé l'ultime délai pour l'expulsion d'Espagne des juifs qui refusaient la conversion au christianisme. Pendant la traversée, dans le prologue de son *Journal de bord*, rédigé de sa main, à l'intention des souverains, le marin écrivit, ni en castillan ni en italien, mais en langue catalane : « *Ainsi après avoir expulsé tous les juifs de vos royaumes et seigneuries dans ce même mois de février* (1492), *Vos Altesses me commandèrent d'aller avec une flotte suffisante afin de m'avancer jusqu'au chemin menant aux Indes, m'anoblissant pour que désormais je puisse m'appeler Don et me nommant grand amiral de la mer océane…* » Colón était donc d'origine roturière.

Toujours extrait du *Journal de bord* de l'expédition de 1492, au cours de laquelle la première terre qu'il toucha fut Haïti – baptisée *Hispaniola* en hommage aux souverains espagnols –, le capitaine cite régulièrement la Bible. Avec des expressions utilisées volontiers par les juifs. Ainsi évoque-t-il « *la destruction de la Seconde Maison* » ; il ne peut s'agir que du Second Temple de Jérusalem, qu'il fixe comme les judaïsants en l'an 68 et non en 70 comme le rapportent les écrivains romains.

Colón était donc juif. Au milieu du XVe siècle, cela menait plus facilement au bûcher qu'à la gloire. Mais Colón était surtout ambitieux, il voulait réussir coûte que coûte. Impossible en Espagne où les juifs souffraient d'humiliations et de persécutions. Il ne put toutefois s'empêcher, alors qu'il naviguait, de rapprocher le départ de l'expédition de 1492 et l'expulsion, la même année, des juifs d'Espagne. Colón n'a pas écrit au hasard de la plume. En quelques lignes il a adressé un clin d'œil aux Rois Catholiques, lesquels savaient que leur amiral était juif, mais devaient garder le secret. Ils avaient besoin de lui, excellent navigateur, pour leur politique d'expansion au-delà des mers. Colón fut donc anobli et devint Don Cristóbal Colón. Accorder le titre de Don – comme Don Diègue ou Don Juan –, à un juif était faire preuve d'une mansuétude dont l'intéressé usa et abusa, jusqu'au jour où lassés, les souverains refusèrent de le tirer de la misère dans laquelle il avait chu et dans laquelle il mourut.

Colón juif, on comprend mieux que son petit-fils Luis, sur ordre de Charles Quint ou simplement pour se sauver lui-même, ait brûlé tous les documents éventuellement compromettants.

La judéité de Christophe Colomb explique les silences dont le navigateur a dû s'entourer. Dans l'Espagne de l'Inquisition, il était inconcevable qu'un déicide fût dépêché par les Rois Catholiques pour porter la parole chrétienne aux barbares, à une époque où l'Église multipliait, sous la houlette du sulfureux Torquemada, humiliations et spoliations contre les juifs.

Au nom de la raison d'État, les souverains ne voulurent pas trahir leur dévoué serviteur. Les pillages d'or et de pierres précieuses dans les terres lointaines n'étaient pour eux qu'une activité lucrative et il n'y avait pas lieu de l'interdire. La puissance du clergé hispanique était telle que la sagesse imposait de feindre d'ignorer que le conquérant était juif.

Colón était juif, des générations d'érudits l'ont volontairement ou non dissimulé, les tenants de la naissance génoise l'ont utilisé. Subsiste en effet, de nos jours, en Ligurie, une petite communauté juive dont le peintre Amedeo Modigliani fut, au XXe siècle, le plus illustre représentant.

Colón, juif « protégé », ne fut pas le seul à échapper au sort imposé à ses frères de religion ; d'autres juifs évitèrent la proscription… en se convertissant ; on les appela les *conversos*. Au sein de la communauté espagnole, Colón sut obtenir, malgré un passé sulfureux, le soutien de coreligionnaires assez puissants à la Cour. Au premier rang de ses avocats auprès des souverains, Luis de Santangel, membre du Conseil royal, trésorier de la police, chancelier, contrôleur d'Aragon, à la tête d'un des plus actifs entrepôts de Galice et… juif ! N'est-il pas plaisant de constater que c'est à lui que Ferdinand d'Aragon confiait la gestion des biens juifs confisqués au royaume de Valence ? Plus modeste dans ses fonctions, mais très influent dans le cercle des courtisans, dom Juan Cabrero, chambellan royal, aragonais et… juif ! Également dom Juan de Coloma, catalan et… juif, intendant des finances et maître du budget des Armées royales et seigneuriales, y compris la Marine – l'illustre invincible Armada ; il eut en charge l'armement des galères des expéditions successives vers les Nouvelles Terres. Mais il y avait plus fort… Diego de Sauza, dominicain castillan, archevêque de Séville, de Tolède, avant de devenir précepteur du prince Don Juan, héritier du trône.

Dans une lettre miraculeusement épargnée par l'autodafé, datée du 22 décembre 1504 – moins de deux ans avant sa mort –, Colón écrit à son fils Ferdinand : « *Monseigneur de Sauza est cause que leurs Altesses possèdent les Indes et là est la raison pour laquelle je n'aurai pas à sortir de Castille.* » En 1504 la situation de Colomb n'était guère brillante ; amer, il espérait bien que Diego de Sauza plaiderait pour son retour en grâce… Ce dont de Sauza, devenu Grand Inquisiteur, s'abstiendrait, parce que lui-même *converso*, il tenait à conserver sa place et protéger sa peau.

Diego de Sauza, bien informé par les fils tissés entre communautés juives, savait qu'avant un mariage catholiquement célébré, sans qu'il n'ait jamais été baptisé, ni manifesté quelque désir de se convertir, le navigateur avait tenté de s'infiltrer dans ce qui restait de familles juives à Lisbonne, mais la bonne société portugaise s'était montrée réticente : nul dans le monde très préservé des capitaines-marins n'ignorait les frasques en tous genres et les dettes que Colón avait un peu partout contractées par goût du jeu et des dames.

En Espagne, en revanche, les juifs fortunés avaient, sans doute dans l'espoir d'en tirer quelques profits, introduit Colón à la Cour et défendu avec ardeur ses projets alors que les Rois Catholiques, malgré leur volonté de conquérir le monde connu et inconnu, hésitaient à subventionner une coûteuse expédition lointaine. À ces juifs Ferdinand avait apporté une curieuse « absolution anticipée », afin d'obtenir d'eux à peu près tout ce qu'il exigeait.

On détient la preuve formelle, après les travaux de l'érudit professeur Ellua, que Colón était un juif catalan. Catalan ! Pour Isabelle et Ferdinand, il ne pouvait y avoir pire situation. Par leur mariage, ils avaient unifié l'Espagne. Mais les Catalans étaient – et demeurent – pointilleux quant à leur autonomie par rapport à l'autorité madrilène.

Le juif Colón avait-il effectivement du sang catalan ? La réponse tient... dans l'orthographe de son nom. Celui qu'en français on dénomme *Christophe Colomb* et dans tous les pays hispaniques *Cristóbal Colón* s'appelait en réalité *Colom*. Si *Colom* ne pouvait pas être la traduction de l'italien *Colombo*, en revanche de nombreuses familles juives catalanes se nommaient *Colom*, qui désignait également en Catalogne un fief, voire un titre nobiliaire.

Les premiers billets payés au marin par les rois d'Espagne et datés de 1488, ont été établis au nom de *Colom*... à Séville. En zone linguistique castillane. Le castillan était alors la langue orale officielle du royaume, mais pour écrire la lettre *m* était totalement inusuelle. D'Adam on a fait Adan, Abraham est devenu Abran... Tout naturellement *Colom* s'est transformé en *Colón*. Le judéo-espagnol encore pratiqué par certains juifs séfarades atteste cette particularité. C'est sous ce nom de *Colón* que le navigateur se fit connaître en Espagne, après sa fuite précipitée du Portugal.

Les origines catalanes de *Cristóbal Colón* se confirment quand on découvre que, nommé amiral et anobli, il se choisit pour « armes parlantes » des colombes sur champ d'azur : or en Catalogne, *colom* désigne aussi la colombe. Il ne peut s'agir là d'une simple coïncidence !

D'autres détails de la correspondance du marin réduisent la thèse génoise à ce qu'elle n'aurait jamais dû cesser d'être, une accablante imposture, et expliquent que Colón soit toujours demeuré discret sur ses années de jeunesse.

Une fois élucidé le faux mystère de sa naissance, reste à dénoncer, preuves à l'appui, que le culte voué à Colón n'est en fait qu'une longue succession d'impostures en tous genres et en tous lieux. Leur énumération ferait l'objet d'un ouvrage complet. Il en est de plus perverses que d'autres.

À commencer par le célèbre « Terre ! Terre ! », cri qu'il aurait poussé en apercevant les côtes de ce que, peut-être de bonne foi, il croyait être les Indes. D'où l'appellation d'« Indiens » donnée aux premiers indigènes accourus sur la plage.

Jamais Cristóbal Colón n'a poussé ce hurlement de joie. Son équipage s'en est plaint auprès de Martín Pinzón, capitaine de la *Pinta*, une des trois caravelles de la première expédition de 1492. Une plainte que les marins avaient d'excellentes raisons de déposer.

Les navigateurs trouvèrent auprès de Pinzón une oreille attentive. Celui-ci n'avait jamais dissimulé qu'il prenait Colón pour un aventurier plus que pour un navigateur à la recherche d'une nouvelle route vers les Indes. La gloire que la postérité a accordée à Colón, ce sont les frères Pinzón qui la méritaient, ce n'eût été que justice.

Dès le départ, Colón avait d'ailleurs fait fi de tout scrupule. Le 2 août 1492, alors que tout était prêt pour l'appareillage, Colón décida qu'on ne lèverait l'ancre que le lendemain. Afin de bénéficier d'une bonne marée, affirma-t-il. À voir… Nous savons que Colón était juif… Non seulement le chiffre 2 était pour les juifs néfaste, mais le 3 août 1492, le 9 du mois de l'Ab, anniversaire de la destruction de Jérusalem, marquait l'expiration du délai accordé aux juifs pour quitter l'Espagne. Torquemada veillait. Ne s'estimant sans doute pas complètement à l'abri, malgré les puissantes protections dont il bénéficiait, Colón avait accéléré les préparatifs, préférant s'éloigner au plus vite du port de Palos. Pour découvrir une hypothétique voie vers les Indes ? Non. Seulement pour fuir l'Espagne sur des caravelles payées par les rois, avec la ferme intention de relâcher rapidement aux Canaries, afin d'achever le chargement en vivres et en eau douce. C'est de Madère, qu'il avait visité après son mariage au Portugal, qu'il lèverait les voiles vers l'Ouest, vers l'« inconnu ». Ce qui fâcha fort les frères Pinzón : non seulement cela allongeait le parcours tel que le Florentin Tognanelli l'avait établi au long du 28° parallèle, sur une carte dont Colón avait pu se procurer un exemplaire, mais ils n'ignoraient pas que leurs concurrents portugais, en raison des vents alizés, avaient connu aux Canaries et aux Açores de nombreux échecs. Ils étaient sous les ordres du nouvel amiral royal, ils devaient lui obéir. Ce qu'ils firent. De mauvaise grâce.

Neuf semaines plus tard, le 11 octobre 1492, après maintes péripéties, erreurs de navigation, mutineries, maladies et autres incidents dont la relation a été établie non par l'amiral mais par Martín Pinzón, qui tenait, lui, régulièrement et honnêtement son journal de bord, les équipages épuisés virent autour des nefs, à la surface de la mer qui est forte, des joncs fraîchement coupés. Des êtres humains vivaient donc dans les parages… Un peu plus tard, du creux d'une vague surgit un bâton sculpté. Il ne pouvait plus y avoir de doute, une terre était proche. Au bâton qu'on réussit à hisser sur le pont succéda une planchette. Le soir tomba. Contrairement aux jours précédents, la nuit était claire, il n'y avait pas sur l'océan de ces longues langues de brumes qu'ils avaient trop souvent prises pour des îles.

Martín Pinzón était venu à bord d'un canot se concerter avec l'amiral. Le chemin de mer qui menait aux Indes était à portée de lorgnette, ils avaient gagné leur impossible gageure. À l'horizon, une lumière encore floue confirma une présence humaine. À bord des trois caravelles, l'excitation régnait sur le pont. Pinzón fut d'avis de progresser encore, mais lentement, par précaution, afin d'éviter les écueils invisibles la nuit et surtout les attaques éventuelles de ceux qu'ils appelaient déjà des « Indiens », puisqu'il ne pouvait évidemment s'agir que de ces Indes orientales si convoitées pour leurs épices, leurs soieries et leurs pierres précieuses. Et pourtant Colón ordonna de « mettre la panne », de s'arrêter. On attendrait le lendemain matin pour toucher les côtes, décida-t-il sans explication.

Le récit des témoins de cette nuit historique du 11 au 12 octobre 1492 prouve à quel point cet homme que la postérité a voulu héroïque n'a été qu'un aventurier imposteur et cupide.

Bartolomé de Las Casas, qui ne fut pas homme à médire de son prochain, reconnaît qu'en la circonstance l'amiral *« s'est conduit de manière fort déplaisante et par la duperie »*. Pourquoi ? Parce que la reine Isabelle avait promis dix mille maravédis – une fortune colossale ! – et un pourpoint de soie à qui découvrirait le premier une nouvelle route maritime vers les Indes, plus courte que le chemin terrestre qu'avaient emprunté Marco Polo et ses successeurs. Colón n'ignorait pas que la *Pinta* était plus légère et plus rapide que la *Santa Maria* dont il avait le commandement. Si on progressait, Pinzón, capitaine de la *Pinta*, ou un de ses matelots avait toutes les chances d'empocher la prime. Colón pensa qu'il était assez près de la côte pour que profitant de la nuit, les deux autres nefs arrêtées, il pût faire route légèrement par l'ouest et être le premier à avoir la certitude qu'il s'agissait réellement des Indes. À Colón la prime et la gloire ! Il allait enfin pouvoir rencontrer le grand Khan et, n'hésitant pas à trahir les Espagnols, lui proposer ses services… après avoir reçu la bourse et le pourpoint de soie dorée promis au vainqueur.

Martín Pinzón avait appris à se méfier de l'amiral. De retour sur la *Pinta*, il donna l'ordre de « faire servir toute la toile et d'aller tant qu'on pourrait », mais à faible allure, afin de ne pas être aperçu par Colón qui n'avait sans doute pas regagné la couchette qui, dans le « château », au sommet de la caravelle, lui servait de cabine.

Et brusquement, sous le clair de lune, un tir de bombarde, suivi d'un cri sur la *Pinta*… Un marin de veille à la proue avait tiré et hurlé « Terre ! Terre ! » sous le ciel étoilé. Son nom : Rodrigo de Triana. Le navigateur qui, le premier, aperçut les Nouvelles Terres n'a jamais été Cristóbal Colón, mais un modeste marin, Rodrigo de Triana, tombé dans les abysses de l'Histoire.

Rodrigo fut tellement ulcéré d'être dépossédé de sa découverte plus que de la prime que, sur le chemin du retour, à proximité de Gibraltar, il s'enfuit sur une barque de pêcheur et accosta sur ce qui est le Maroc ; la religion chrétienne qu'invoquait sans cesse Colón n'était pas la bonne, il se fit musulman.

Pinzón, capitaine, ne profita pas davantage de l'événement historique, le grand gagnant fut l'aventurier imposteur.

Un modeste imprimeur de Saint-Dié aurait pu modifier le cours de l'Histoire, il n'en a rien été. Accroché au mythe de Colón, la légende a été plus tenace que la réalité. Finalement, la découverte de l'Amérique sera accolée au nom d'Amerigo Vespucci. Tout cela, parce qu'un imprimeur de Saint-Dié, dans les Vosges, admirateur de Gutenberg, se plut à inclure dans un ouvrage sur la conquête de lointaines terres le nom de Vespucci auquel il vouait une grande admiration. Ainsi se construit l'Histoire !... Pas plus Vespucci que Colón ne posèrent le pied sur le sol aujourd'hui américain, un sol depuis longtemps exploré par les Vikings, dont les drakkars connurent moins de tragédies que les caravelles portugaises ou espagnoles !

De la proue de la *Pinta*, le « Terre ! Terre ! » de Rodrigo da Triana ne put être entendu sur la *Santa Maria*. En revanche le vacarme de la bombarde alerta Colón. Furieux, il donna l'ordre au pilote et aux marins brutalement délogés des lattes de bois où ils dormaient sur le pont, de tirer toute la voile et de naviguer rapidement jusqu'à la côte sablonneuse.

Le vendredi 12, au matin, entouré de son équipage, Colón débarquait et prenait solennellement possession de cette terre au nom des souverains d'Espagne. À lui la prime ! En leur honneur, il la nomma – il ne tarda pas à s'apercevoir qu'il s'agissait d'une île – Hispaniola... l'Espagnole...

L'Histoire n'a plus qu'à s'effacer. Place à la légende... À l'imposture. Journée inoubliable pour l'aventurier qui voyait, après des mutineries en mer, ses équipages se prosterner devant lui. Dans l'ordre de mission délivré par Isabelle et Ferdinand les Catholiques, il était précisé que le découvreur, s'il rencontrait des indigènes non chrétiens, avait la charge de leur imposer le baptême. Encore eût-il fallu, comme ce fut le cas dans la quasi-totalité des autres expéditions, qu'il y eût un religieux à bord... Une présence que Colón, lui, n'avait pas jugée nécessaire...

À peine les caravelles eurent-elles jeté l'ancre que des hommes quasiment nus, mais affables, se précipitèrent pour accueillir dignement ces hommes à la peau blanche, basanée par le vent, qui ne pouvaient être que les envoyés de leurs divinités. Et qu'offrirent-ils aux dieux visiteurs ? Ce dont ils disposaient : quelques plaques de ce métal jaune dont ils s'ornaient les narines avec des petits morceaux. De l'or ! De l'or ! En échange de quelques poteries, de morceaux de rubans décolorés par les embruns, les « marins du ciel » chargèrent leurs caravelles d'or pur et massif. Encore de l'or, toujours plus d'or ! Colón, à son retour, souleva l'enthousiasme de ses souverains et du peuple espagnol, racontant, en ouvrant devant Isabelle et Ferdinand les coffres emplis du plus précieux des métaux, qu'il avait découvert le plus beau pays du monde. Colón perçut les maravédis dus à un matelot dont il ne mentionna même pas le nom !

Dans l'inventaire non exhaustif des impostures et des coups bas dont la vie de Colón est jalonnée, il en est de plus odieux que d'autres. Qu'il ait transformé son existence de marin débauché en celle d'un noble héritier de bonne lignée, afin de duper femmes et amis, il n'en a pas l'exclusivité. En revanche qu'on ait édifié une légende dorée et héroïque autour de son activité de découvreur, cela demeure une des plus graves failles dans l'histoire du Vieux Monde. Un exemple parmi beaucoup d'autres prouve à la fois la surdimension de son orgueil et le peu de cas qu'il faisait de ceux qui le servaient.

Le trucage du « livre de Loch » – utilisé par tous les navigateurs du Bassin méditerranéen, qui deviendra dans la marine royale française « livre d'estime », puis « Journal de bord » – montre à quel point Colón était aussi doué pour la duplicité que pour la navigation. Le livre de Loch contraignait le capitaine du navire à noter, outre les incidents de navigation et la position réelle ou supposée de la nef, la distance parcourue en une journée. Lors de l'expédition de 1492, que fit le navigateur ? C'est Las Casas qui, vingt ans plus tard, relata la supercherie, d'après les notes de Martín Pinzón qui, contrairement à celles de l'amiral, ont été conservées : « *Ils firent soixante lieues de jour et de nuit... mais il ne compta sur le livre de Loch que quarante-huit lieues pour que les hommes ne s'aigrissent pas à la longueur du voyage...* » L'imposture, si elle ne fut pas remarquée par des matelots inexpérimentés, embauchés à bas prix à Palos et en Andalousie, fut rapidement décelée par les frères Pinzón. Eux connaissaient leurs nefs, ils en étaient propriétaires à Palos et avaient suffisamment navigué à leur bord pour avoir une idée précise du chemin parcouru. Il est d'ailleurs intéressant de constater que cette estimation de la distance ne figure que sur les notes de Colón, les frères Pinzón n'ont rien transcrit. Sans doute effrayés à la pensée de contredire l'amiral désigné par les souverains, ont-ils préféré rester muets. La peur peut ainsi contraindre l'Histoire à emprunter des chemins de traverse.

Dans cette évidente tromperie, Colón courait pourtant un double risque, celui d'être dénoncé par les frères Pinzón, et surtout de décourager les marins, la lenteur de la progression leur faisant penser que le retour serait impossible quand il faudrait lutter contre des vents défavorables. Inconscient ou aventurier sans scrupules ? L'un et l'autre dans nul doute.

Malgré ses contradictions, Colón est prêt à tout pour satisfaire son orgueil, ce Colón qui savait tout juste compter et dont les connaissances astronomiques ne dépassaient pas celles de Ptolémée, ce Colón dont la vie n'a été qu'amères victoires et échecs avilissants, a réussi malgré cela à prendre place – et à la conserver depuis plus de cinq siècles – dans la cohorte des héros de l'humanité. Dix fois, cent fois, Colón aurait mérité qu'on lui tranchât le col. Par quel mystère l'Histoire a-t-elle fait la fortune de ce marin qui apprit sans doute très jeune les éléments d'une bonne navigation et qui devint pirate en titre après avoir servi d'autres pirates, bourlinguant dans tout le Bassin méditerranéen, poussant même sans doute jusqu'aux îles du Cap-Vert, au large du Sénégal ?

Du jour de sa naissance à celui de sa mort, la vie de Colón ne fut que duperie et secrets douteux. Faut-il joindre nos larmes aux siennes quand, débarquant en 1483, à Lisbonne, il raconta partout, jusqu'à la cour du roi Jean II où il avait réussi à s'introduire, qu'aussi doué pour la mer que pour le commerce, il avait pris place sur un vaisseau se rendant en Angleterre où il devait traiter des « affaires ». Ce vaisseau dont, confessa-t-il – et il était assez convaincant pour qu'on l'écoutât ! –, il avait oublié le nom, avait été attaqué par des pirates puis incendié. Courageusement il s'était jeté à l'eau et, chevauchant un madrier, avait pu atteindre la côte portugaise. Colón ne devait pas manquer de force de conviction, il parvenait toujours à ses fins. On aurait dû le prendre, on le couvrit d'or !

Fallait-il lui accorder plus de crédit quand, à la cour d'Angleterre, pour obtenir les subventions royales, notre commis voyageur affirmait qu'il avait commandé une nef, propriété du duc d'Anjou, roi de Naples, celui que les Provençaux appelaient affectueusement le « bon roy René », et qu'il s'était battu en Tunisie sous son drapeau ?

Faut-il compatir à la douloureuse flamme qui brûlait Colón quand, en 1485, dans un couvent de Lisbonne, une jeune fille de bonne famille Felipa Muniz de Pestrello, dont le père était mort dans l'incendie qui avait ravagé l'île de Madère – *madeira*, bois en portugais – tomba sous son charme, lui le vaillant navigateur qui avait échappé mille fois à la mort dans des expéditions qui, selon lui, l'avaient conduit jusqu'en Islande et au royaume de Thulé (le Groenland)... ? Et Felipa de raconter qu'elle conservait précieusement une masse de papiers rédigés par son père, lequel avait entendu des marins anonymes évoquer une terre lointaine à l'Ouest, où des indigènes seraient couverts d'or...

Elle était jeune et jolie Felipa, son frère était gouverneur de l'île de Porto Santo, non loin de Madère, et surtout elle possédait de précieux documents. Colón ne l'aimait pas, mais elle pouvait lui être utile, il décida donc de l'épouser. Par folle passion, clama-t-il néanmoins quand il fut contraint de l'abandonner pour fuir en Espagne, afin d'échapper à ses créanciers portugais. Si, comme tout permet de le penser, il est né en 1436, il se marie à cinquante ans, âge avancé pour l'époque, Felipa en avait dix-huit. L'amour fou se portait moins sur la donzelle que sur les notes et les cartes maritimes de son défunt père. Felipa offrit à son mari un bien plus précieux que l'or : le chemin pour atteindre l'or.

Marié, Colón n'eut qu'une hâte : embarquer pour Porto Santo, aux Canaries. Étrange lune de miel que Colón imposa à son épouse ! Pourquoi s'est-on pendant des siècles interrogé sur les raisons qui avaient poussé pendant près de trois années le navigateur à séjourner sur un îlot perdu, balayé par les tempêtes, où les vents lancent les vagues en montagnes d'écume, sur les rochers ? Par amour a-t-on dit ! Imposture et mégalomanie. Encore et toujours ! Felipa eut-elle été borgne et cul de jatte qu'il l'aurait néanmoins épousée.

Cristóbal, qui s'était inventé à Lisbonne de mystérieuses origines nobiliaires, afin de conquérir la belle, ne prévoyait pas que le séjour à Porto Santo lui ouvrirait les portes de la célébrité. Certes il avait navigué, sans trop insister sur les raisons « commerciales » de ses voyages, dont un à Chio – où la tradition fait naître Homère – qui aurait suscité chez lui un tel enthousiasme qu'il aurait définitivement fixé sa vocation de marin, mais on ignore toujours en quel port ce voyage aurait débuté. Mystère, même s'il l'évoqua à maintes reprises dans ses écrits et dans ses correspondances avec Isabelle, reine d'Espagne. Certes, il avait appris à connaître les instruments de navigation du XVe siècle : la boussole inventée depuis longtemps par les Chinois et en usage depuis la fin du XIIe siècle sous le nom de *magnete*, que les Siciliens en la montant sur un pivot appelèrent *bussola* (la boîte) ; le compas avec lequel sur les cartes existantes on fixait la direction et la distance parcourue ; certes, il savait utiliser le quadrant, une équerre dont le côté circulaire était divisé en quatre-vingt-dix degrés ; l'ampoulette, afin de mesurer le temps, un sablier dont l'écoulement durait normalement trente minutes, mais qui, parce qu'on oubliait souvent de le retourner au moment propice, ou parce que la houle particulièrement vigoureuse en modifiait l'écoulement, était régulièrement bouleversé. Ce que Colón sut utiliser à son profit. Quant aux cartes maritimes, elles indiquaient assez convenablement la longitude, mais étaient évidemment imprécises et hautement fantaisistes quant à la localisation des terres sur cet océan qu'on appelait encore mer des Ténèbres.

Pour Colón, le fatras de manuscrits et de vélins jaunis dans les coffres de feu son beau-père, c'était le trésor d'Ali Baba ! Chaque nouveau papier découvert, il le serrait sur son cœur comme Harpagon sa cassette. Il lui fallut trois ans pour tout dépouiller, ce qui démontre à quel point l'homme qui se flattait d'avoir tant navigué ne connaissait de la technique maritime que ce qu'un matelot de base ne pouvait ignorer.

À Porto Santo, dans sa contemplation avide du ciel et de la mer, Colón fit une découverte sans laquelle il serait peut-être – c'eût été préférable – tombé dans l'oubli. Dans les documents de son beau-père, il trouva une carte du monde établie par le médecin florentin Paolo Toscanelli. Une carte que Colón baptisa « carte catalane » – preuve supplémentaire de ses origines catalanes – quand il la présenta au roi du Portugal, affirmant sans sourciller qu'il en était bien entendu l'auteur.

Colón était un menteur, mais comme le sont souvent les imposteurs, il ne manquait ni de ruse ni d'intelligence. Si son défunt beau-père possédait la carte du Florentin, il ne devait pas être le seul. Tous ceux, Portugais ou Espagnols, qui depuis près d'un siècle cherchaient une route vers les Indes par l'Ouest avaient peut-être eu connaissance de cette carte.

De Porto Santo il écrit à Toscanelli pour lui dire qu'il avait – sans donner les raisons – le plus urgent besoin d'un exemplaire de sa carte. Dans un geste de désintéressement total, Toscanelli envoya au pseudo-ermite de Porto Santo un exemplaire de cette carte sur laquelle il avait travaillé de longues années. Une carte qui suit d'Est en Ouest le 28° parallèle et qui indique qu'entre Lisbonne et Cipango – ainsi appelait-on l'Asie –, 130 degrés seulement – environ mille milles – séparent la pointe occidentale de l'Europe et l'extrémité orientale de l'Asie. Trois semaines de navigation tout au plus et personne, pensait Colón – ce qui était faux –, n'avait osé s'aventurer jusque là ! Lui, il irait... Il irait parce que dans les parchemins qui lui étaient tombés entre les mains, les auteurs affirmaient que sur les côtes orientales de Cipango, il n'y avait pas que des épices, mais également de l'or, beaucoup d'or, des montagnes d'or, dont les habitants, des Infidèles – bouddhistes sans doute –, recouvraient les murs de leurs temples et les statues de leurs idoles.

Toscanelli, qui vraiment n'avait guère le sens des affaires, joignit une lettre – conservée dans le trésor royal de Lisbonne – . Colón avait dû la fournir à Jean II lorsqu'il avait sollicité, sans succès, une subvention pour monter son expédition. Qu'écrit Toscanelli ? « *Ne t'étonne pas de voir que j'appelle Occident les lieux où poussent les épices, car en général on dit plutôt qu'elles prospèrent en Orient. Celui qui naviguera vers l'Ouest rencontrera ces lieux à l'ouest. Les gens de ces pays, où on trouve en masse ce dont nous avons besoin et spécialement de l'or, se réjouiront d'entrer en relations avec les chrétiens de nos pays...* »

De l'or et des âmes... Le lucre et l'apostolat. Colón pouvait abandonner sa femme Felipa et leur jeune fils Diego pour rentrer à Lisbonne. En 1486, il obtint une audience de Jean II, héritier d'Henri le Navigateur, convaincu lui aussi que pour le Portugal les richesses viendraient de la mer plutôt que des voisins espagnols contre lesquels il ne cessait de guerroyer.

Le jour de l'audience, le roi avait réuni autour de lui les meilleurs scientifiques du pays, dont le juif Abraham Zacuto, professeur de mathématiques à l'université de Salamanque, enseignant à Coïmbra, la plus réputée des universités de la Péninsule, dont Colón avait obtenu le soutien en échange sans doute de quelques promesses qu'il n'avait évidemment pas l'intention de tenir, ce qui chez lui aurait été contre nature. Afin de prouver, au cas où on en douterait, qu'il était un authentique chef de mer, il se présenta, selon l'usage, avec des brodequins rouges en cuir de Cordoue et à sa ceinture l'épée large et courte qu'on voyait aux capitaines de vaisseaux. Devant le roi et les gens de sciences, il déploya la carte de Toscanelli, dont il affirma être l'auteur, étala des plans, parla… parla… accumula les chiffres, cita Ptolémée, contesta – avec modération car des ecclésiastiques siégeaient dans ce brillant aréopage – quelques idées sur la terre formulées par saint Augustin et se hasarda – il l'avait lu dans un manuscrit de son défunt beau-père – à suggérer que la terre pourrait être ronde. Simple hypothèse afin de ne pas déplaire aux membres du clergé.

Le problème avec les maîtres imposteurs c'est qu'ils ont souvent tendance à en faire trop, ce qui permet de les démasquer. À la Cour portugaise, Colón en fit trop. Peut-être Jean II aurait-il néanmoins accepté l'offre si un grain de sable n'avait pas brutalement grippé la machine…

À la fin de l'audience, le chancelier du roi se leva, coupa la parole à Colón et, se tournant vers le roi, fit remarquer d'une voix suave que dans le galimatias d'éloquence de Colón il avait retrouvé un projet présenté par son ami Pestrello, le père de Felipa, du temps où il était gouverneur de Madère.

L'assemblée éclata de rire. L'imposteur, qui avait aussi contre lui d'être espagnol, ne songea qu'à fuir. Le roi trouva la fable grotesque. Colón avait suffisamment abusé du temps du monarque, l'audience fut levée. Colón sortit libre du palais.

Puisque le Portugal ne voulait pas de son idée, il la proposerait à d'autres nations. La France ou l'Espagne ? Quoique juif en un temps où les persécutions se multipliaient, il opta pour l'Espagne ; il s'exprimait assez bien en castillan, il pourrait plus aisément défendre sa cause. L'Espagne, mais pas immédiatement. L'imposture exige parfois de la patience.

Quoique en conflit permanent, les souverains d'Espagne et du Portugal, cousins de surcroît, ne s'ignoraient pas l'un l'autre. Il n'est pas impossible que Jean II, qui savait qu'en matière de conquête l'Espagne était la puissance rivale, ait pris la précaution d'aviser

Ferdinand, roi d'Aragon, qu'un certain Cristóbal Colón, navigateur, usait, pour solliciter des bailleurs de fonds, un verbiage dépourvu de sérieuses connaissances pratiques. Colón humilié, convaincu de l'ingratitude du Portugal, jugea sage de patienter.

Pendant sa retraite, de quoi vivait Colón au Portugal ? De peu. Il battait le pavé, déambulait de tripot en tripot. Il jouait, perdait souvent, gagnait rarement. Dormait dans des entrepôts, mangeait peu, buvait beaucoup et quand, exténué de fatigue, couvert de dettes, après avoir commis ici et là quelques rapines, il envisagea de retrouver Felipa qu'il avait oubliée ou dont il avait complètement perdu la trace, il apprit par un marin que son fils Diego avait été accueilli dans le couvent où son épouse avait elle-même passé une partie de son enfance. Sans hésiter, Colón prit le chemin du couvent, persuadé d'y trouver de l'aide. N'était-il pas le père d'un des pensionnaires ? Le vagabond frappa au portail. Malgré sa tenue misérable, ou en raison de cet accoutrement de mendiant affamé, on le laissa entrer. Ensuite ?… Nouveau long trou d'ombre.

A-t-il enlevé son fils ? Le lui a-t-on remis après qu'il eut prouvé qu'il était son père légitime ? On ne pouvait lui refuser de l'emmener avec lui, malgré la triste condition dans laquelle il se trouvait. Et Felipa ? L'a-t-il revue ? Était-elle morte ? De mort naturelle ou assassinée par Colón lui-même ? Crime abominable auquel on ne veut pas penser, mais que certains témoignages de courtisans du roi du Portugal permettent d'envisager comme une éventualité, aussi atroce soit-elle ; non confirmée, il est préférable de ne pas la retenir. Ce qui est certain, c'est que jamais Felipa Muniz de Pestrello ne reparut dans la vie de Colón. Pas un mot à son sujet… Diego lui-même n'évoquait pas sa mère dont la trace avait été officiellement perdue…

Dès qu'il pressentit que la Fortune pouvait lui être favorable, Colón sortit de l'ombre. Ainsi le retrouve-t-on au creux de l'hiver

1487-88, à une trentaine de kilomètres de Séville, à deux heures de marche de Huelva, dans un monastère franciscain juché sur une colline ; les moines vivaient pour l'essentiel des produits de la vigne, des citronniers, figuiers et câpriers entourant les deux cloîtres intérieurs, la petite église et la douzaine de cellules.

Avant de cogner à l'huis, Colón jeta un ultime regard sur les nefs agitées par le vent hivernal, alignées dans le port de Palos, au creux du golfe de Cadix. Il n'était pas venu par hasard dans ce couvent dissimulé dans la végétation andalouse.

« Du pain et de l'eau pour mon enfant », supplia le voyageur aux yeux hagards, aux vêtements loqueteux. Le père prieur dom Juan Perez était un brave homme, la porte de l'abbaye de la Rabida se referma sur Cristóbal et Diego Colón.

Que raconta Colón ? Qu'inventa le navigateur épuisé ? De quels exploits se flatta-t-il ? D'où venait-il ? Du Portugal, oui… mais encore ? Parla-t-il de sa naissance, de sa jeunesse, de son passé ? Comment expliqua-t-il l'absence de femme, de mère auprès du gamin qui l'accompagnait ?

La chance était au rendez-vous, avec Diego son fils, Colón bénéficia de la compassion des franciscains de la Rabida. Il avait appris – par quel hasard ? – que dans la petite collectivité des moines, vivait un certain Antonio de Marchena, passionné de géographie. Colón, avec son éloquence naturelle, parvint sans difficulté à convaincre Antonio de Marchena du réalisme d'un projet que les Portugais n'avaient pas su apprécier.

Le moine géographe fut conquis par le discoureur, d'autant que, si pour subvenir à ses besoins et payer quelques dettes de jeux, Colón avait vendu presque tous les documents de son beau-père, il avait gardé la précieuse carte de Toscanelli.

Antonio de Marchena et le prieur dom Juan Perez tombèrent sous le charme de Colón, qui, n'en doutons pas, avait dû accabler les « abominables » Portugais. Rusé et finaud, le navigateur laissa même croire à ses protecteurs que le roi de France Charles VIII, successeur de Louis XI, s'intéressait vivement à son projet. Intérêt dont il ne subsiste évidemment aucune trace, parce que ledit projet n'a jamais existé que dans l'esprit de Colón, mais qui produisit l'effet escompté. Si l'aventure méritait d'être tentée, il était hors de question que l'expédition fût armée par les Français. Ce serait l'Espagne !

Ancien confesseur de la reine Isabelle, le prieur de la Rabida, dom Juan Perez, n'était pas totalement retiré du monde, il avait conservé des relations à la Cour. Il était disposé à les utiliser en faveur de Colón...

Pendant près de deux ans, Colón disparut de la Rabida, où il abandonna son fils aux moines. Quelles furent ses occupations pendant ce temps ? Les indices sont rares, mais, comme en matière judiciaire, il y a un faisceau de présomptions.

En premier lieu, la question à l'ordre du jour, en 1490, en Espagne, celle qui passionnait l'opinion publique et intéressait rois ou modestes princes des dynasties locales, n'était pas la découverte de Nouvelles Terres, mais l'achèvement de la Reconquête sur les Maures. Jacques Ier d'Aragon avait récupéré les Baléares et Murcie, mais... deux siècles plus tôt. Isabelle et Ferdinand, qui avaient uni à la fois leurs amours et leurs États, n'avaient qu'un objectif : l'expulsion définitive d'Espagne des Maures et des juifs. Le pape Sixte IV leur accorda une bulle de croisade, consacrant ainsi le caractère religieux de l'entreprise. La christianisation totale et définitive de l'Espagne valait qu'on y mît le prix... Malaga, Almeria, Cadix tombèrent aux mains des Rois réputés « Catholiques », Grenade résista... La Cour délaissant provisoirement Valladolid, s'installa à Cordoue, à cent soixante kilomètres de Grenade. Cordoue devint plus qu'une cité royale, un quartier général de guerre...

Le couvent de la Rabida n'était pas très éloigné de la nouvelle capitale. Le moine dom Juan Perez conseilla à Colón de se rendre à Cordoue, muni d'une lettre de recommandation pour Santangel, l'intendant des finances de Ferdinand.

Dès leur première rencontre, les deux interlocuteurs se confessèrent réciproquement leur judéité. L'un et l'autre savaient qu'après les

Arabes, ce seraient les juifs espagnols que chasseraient Isabelle et Ferdinand. La tâche serait plus aisée qu'avec les Maures, les juifs, eux, ne disposant pas d'une armée équipée et entraînée.

Santangel et Colón en convinrent volontiers, la meilleure façon d'échapper à l'expulsion programmée était de se rendre indispensables aux souverains. Un accord fut conclu entre les deux hommes : Santangel défendrait le projet de Colón auprès des rois, surtout auprès d'Isabelle, véritable détentrice du pouvoir dans le couple et sur l'Espagne ; en échange Colón itinérerait discrètement en Andalousie, du côté de Grenade, afin de glaner des renseignements précis sur la position des Maures, renseignements que Santangel communiquerait aux Rois Catholiques. Le navigateur se fit espion, ce qui par attrait naturel de l'aventure a dû l'enchanter. Oublié dom Juan Perez qui, à la Rabida, veillait à l'éducation du jeune Diego, devenu encombrant pour son père qui entendait se mêler de politique.

Jamais Colón ne dévoila ses activités durant ces deux années d'éloignement de la scène publique. Tout au plus sait-on que, de passage à Cordoue, il résida à proximité de la plus vaste synagogue espagnole, dans la Carrière (ghetto) juive de la ville, dans l'attente d'être reçu par la reine Isabelle. Comment finit-il par obtenir une audience ? Toujours est-il que c'est dans l'Alcazar des Maures qu'eut lieu entre le juif Colón et la Très Catholique Isabelle l'entrevue décisive. Dans la foule des courtisans qui assistèrent ce jour à l'audience, Colón ne put s'empêcher de s'incliner devant une aimable personne, ravissante demoiselle d'honneur, Beatriz Enriquez de Arana… Beatriz devint vite maîtresse de son destin et de son cœur.

Depuis qu'il avait quitté le Portugal, Colón s'était inventé d'autres aventures extraordinaires, d'autres rencontres au cours desquelles il aurait appris que là-bas, à l'occident, sur la mer des Ténèbres, les habitants des Indes vivaient dans des palais plaqués d'or, naviguaient sur des nefs dont les proues étaient sculptées en dragons couverts de pierres précieuses. Isabelle était reine, mais coquette… Ferdinand était roi, mais se méfiait des Portugais progressant le long des côtes d'Afrique. Hâbleur, menteur, cupide, mais éloquent et rusé, Colón gagna la partie…

De 1493, date de son premier retour des « Indes », à 1506, année de sa disparition, la vie de celui qui avait été salué comme un héros universel par les Rois Catholiques ne fut plus qu'une succession d'aventures où l'imposture le disputa à la cupidité, voire la cruauté envers les populations autochtones des îles Caraïbes. Au cours des quatre expéditions dont une, la deuxième, véritable cabotage pillard, dura plus de trois ans et demi, Colón et ses marins se livrèrent à une incessante chasse à l'or dont les souverains espagnols profitèrent largement, sans s'interroger sur les conditions dans lesquelles les coffres avaient été emplis. Colón possédait l'art de la flatterie, un exercice indispensable aux imposteurs professionnels. Il savait, pour obtenir ce qu'il voulait, porter le plus grand soin à la composition de son personnage. Ses appétits du lucre étaient tels qu'il proclamait, non sans talent oratoire, des vérités qu'il savait être des mensonges, à seule fin de mieux convaincre ses interlocuteurs. Parfois même inconsciemment. Que Martín Pinzón se brouillât avec lui avant de mourir, peu après le retour de la première expédition, il n'en eut que faire. Sans Martín Pinzón, nul ne se serait enflammé avec autant d'ardeur pour Colón, lui qui pour aboutir dans ses projets agissait avec un froid réalisme. Avec cynisme. Que lui importait le sort de ses compagnons ! Martín Pinzón mort, il se sépara du frère dont l'utilité ne lui semblait pas évidente dans l'accomplissement de ses projets. Sur le théâtre de la Conquête, il entendait tenir le premier rôle, convaincu que la malchance l'épargnerait. Pour réussir il était prêt à tout.

Les seigneurs les plus huppés se disputaient l'honneur de l'accueillir et à la chasse il chevauchait au côté du roi. Colón se laissa-t-il emporter dans ce tourbillon, lui qui refusait obstinément de révéler quoi que ce fût sur ses premières années de vie ? Il gardait la tête froide et entendait toujours repartir au plus vite. Par amour de la navigation ? Non ! Il savait qu'il y avait là-bas, à l'Ouest, du métal brillant et il en voulait toujours plus. De l'or... Encore de l'or...

Ne le voyait-on pas, lui le juif, alors que Torquemada et les inquisiteurs multipliaient les bûchers où ses coreligionnaires grillaient dans les flammes, se rendre à Rome et obtenir du pape Alexandre VI une bulle accordant à l'Espagne toutes les terres situées à cent lieues de la dernière d'entre elles, les Açores ? Ce qui provoqua la fureur des Portugais et suscita de l'inquiétude chez les Rois Catholiques. Épuisés par la Reconquête de la péninsule sur les Maures, ils n'avaient pas envie d'un nouveau conflit armé avec leur voisin portugais Jean II.

L'accord historique de Tordesillas repoussa la ligne de démarcation vers l'ouest, de cent à trois cents lieues de la dernière Açore connue... Colón, lui, voulait aller plus loin, parce que c'était là-bas, beaucoup plus à l'Ouest, que se trouvaient – il ne l'ignorait pas – de colossales réserves d'or.

Les Rois cédèrent. L'amiral obtint douze caravelles pour mettre le pied sur la terre de Cipango. Au-delà des îles, il n'y avait, il en avait la certitude – du moins plaida-t-il cette évidence devant les rois – que l'Asie. Cipango ne pouvait pas être éloigné d'Hispaniola. De découverte Colón n'avait que faire, ce qui habitait son esprit cupide, c'était la volonté d'entasser de l'or et des pierres précieuses, dont par contrat il ne devait que la moitié à la couronne espagnole.

Pendant trois années, de Saint-Domingue à Cuba, probablement de la Martinique à la Barbade, de Trinidad à Cuba, Colón et un de ses capitaines, Antonio de Torres, multiplièrent incursions et exactions. Chaque tribu était contrainte de fournir une certaine quantité d'or pur. Pour les « Indiens » débutaient les temps de l'esclavage. Il n'est pas évident que l'histoire appartienne définitivement au passé.

Colón avait réussi ses paris les plus fous. Il n'était rien, il était devenu tout. Il était tout, il avait tout. S'il n'avait pas assassiné Felipa, son mariage avec Beatriz, avant le deuxième voyage, faisait de lui un bigame. Un second fils, Fernando, avait vu le jour. Colón s'était même inventé un frère, Bartolomé. Probablement un ancien complice de piraterie. Pour Bartolomé, apparu dans sa vie quand et où cela était nécessaire, Colón, incapable de réunir de quoi financer ses expéditions, obtint des rois presque autant de privilèges que pour lui.

En 1495, il commit sa première grave erreur. La Très Catholique monarchie espagnole était attachée à l'évangélisation des tribus lointaines auxquelles en échange de l'or, elle offrait le Christ. En revanche, la christianisation de ces populations n'était pas la préoccupation majeure de Colón. Mais... par les premiers passagers des caravelles qui débarquaient, aussi avides que le navigateur de faire fortune, celui-ci apprit que sur le Vieux Continent il commençait à susciter des jalousies, certains évêques allant jusqu'à suggérer qu'évangélisation ne coïncidait pas obligatoirement avec massacres.

Et Colón d'affirmer qu'il ne pouvait imposer le Christ à des populations qui le refusaient. Pour preuve – seconde erreur de Colón –, il envoya cinq cents « Indiens » à la Cour qui avait rejoint, la Reconquête achevée, les lambris de Valladolid. Embarras des souverains. Que faire de ces esclaves quand ceux qui les avaient « transportés » se plaisaient à critiquer les méthodes peu chrétiennes de l'amiral ?

Un matin de 1495, à la fin du mois d'octobre, une caravelle mouilla dans le port d'Isabella, à Hispaniola, l'ébauche de ville que Colón avait érigée pour les Blancs ; il y résidait dans un petit palais aux murs tapissés d'or, aux salons emplis de statuettes sculptées dans le précieux métal ; certaines prendraient plus tard le chemin du musée de l'or, à Bogota, d'autres celui du Prado, à Madrid.

À bord de la caravelle, un émissaire des rois, dom Juan de Agado. Il souhaitait s'entretenir avec Colón. Colón n'était pas là, il guerroyait contre un clan « indien » à l'autre extrémité de l'île, aujourd'hui la République dominicaine.

Dom Juan de Agado n'insista pas, il n'attendit pas longtemps l'amiral. Le rapport qu'il fit à son retour en Espagne ne fut pas tendre. Au point qu'il obtint le remplacement de Colón au gouvernorat d'Hispaniola. Il fit désigner un de ses amis, Francisco de Bobadilla. Avec Colón le conflit devenait inévitable. Après un bref séjour en Espagne, au cours duquel il ne fut pas reçu en audience par le couple royal, Colón revint à Hispaniola. Son orgueil l'avait trahi ! À son arrivée, il découvrit que Bobadilla avait réuni contre lui « Indiens » et Espagnols récemment débarqués. Colón fut arrêté ; il avait joué, il avait perdu. La soixantaine passée, sommé de rendre ce qui lui restait de sa fortune, il allait découvrir le temps de la pénitence.

Les fers aux pieds, hué sur les quais par le peuple du port de Palos, en Andalousie, où on ne lui avait jamais pardonné la mort de Martín, l'aîné des frères Pinzón, rejeté par Beatriz, l'épouse aimée, c'est un juif déguisé en pénitent dominicain qui prit le chemin de Burgos, pour être présenté aux rois.

« Voyez mes chaînes, mes cheveux blancs et mes larmes ! », murmura-t-il en s'écroulant aux pieds de la reine.

Les souverains échangèrent un unique regard, leur décision était prise. Irrévocable. Ce serait la disgrâce ! Mais eu égard aux services rendus, on le laissa en liberté.

Colón, qui avait dilapidé tout l'or volé à l'Ouest, se retira à Grenade, privé de fortune et d'honneurs.

Le jour il clamait que désormais l'Écriture sainte était sa nourriture essentielle, qu'il était tout absorbé par les textes des prophètes. À Isabelle qui s'éteignit peu avant lui, il dédia le *Livre des Prophéties*. Colón était devenu sur la fin de sa vie un misérable jouisseur qui, la nuit, allait de bordel en bordel, dépensant en filles publiques ce qu'il avait emprunté à tel ou tel qui avait succombé à ce qui lui restait d'éloquence, pendant qu'à Séville grondaient les bûchers dressés pour les juifs qui avaient échappé à l'expulsion générale de 1492. Dans sa déchéance, il avait conscience que si ses origines étaient découvertes, personne ne le protégerait, les flammes ne l'épargneraient pas.

Il mourut le 21 mai 1506, le jour de l'Ascension. Sa mort passa inaperçue. La chronique de Valladolid n'en fit même pas mention.

Colón mort, restait à découvrir l'Amérique et à la postérité à faire d'un navigateur aventurier un héros universel. N'est-ce pas le privilège de l'Histoire que de transformer une imposture humaine en légende d'éternité ?

Contrairement aux peuples férus de légendes, l'Histoire est toujours en quête de héros mythiques.

14 juillet 1789, une erreur de l'Histoire ?

En Polynésie, le « 14 juillet » dure deux semaines. Partout dans le monde, la fête nationale française est la figure de proue de la liberté, la revanche du droit sur l'absolutisme.

Une journée comme la France en a peu connu dans son passé. La chute de la Bastille marqua la victoire de l'homme sur le despotisme. Mythifié, commémoré, source d'inspiration permanente pour romanciers, chansonniers, peintres, dessinateurs, cinéastes et autres créateurs, le 14 juillet 1789 n'est-il pas au final une erreur, sinon une imposture de l'Histoire ? À cette question, les pièces du dossier apportent une réponse sans appel.

Est-ce courir le risque d'être accusé de conservatisme rétrograde, d'antirépublicanisme primaire, d'archaïsme, de bienveillance pour un régime qui pratiquait plus qu'il ne convenait, mais moins qu'on le croit, la lettre de cachet, que de replacer la chute de la prison d'État de la Bastille dans son contexte historique ?

Est-ce faire injure aux élus de la nation que de souligner qu'en 1880 – ça n'est pas si éloigné dans le temps –, lorsqu'ils ont promulgué une loi instituant le 14 juillet pour fête nationale française, ils n'ont peut-être pas choisi la date idéale ? Était-ce donc la seule envisageable pour commémorer la victoire de la République naissante sur les restes gémissants de la monarchie ?

Est-ce malvenu que de sourire parce que, depuis cent quinze ans, poètes et politiciens, musiciens et artistes ont brandi qui son luth, qui sa passion oratoire, qui son talent artistique, pour célébrer la victoire du peuple souverain sur la monarchie de droit divin ? Le 14 juillet 1789, un jour qui, comme le soulignait Louis XVI en inscrivant « *rien* » dans son journal de chasse, simplement parce qu'il n'était pas sorti, fut en réalité un non-événement, une erreur, voire une imposture historique, qui permit à une insurrection que tout dans le pays annonçait de se bercer d'une grande illusion dans sa quête du bonheur de n'être plus un « sujet » mais un « citoyen » ? Une révolution dont le peuple devrait payer chèrement le prix lorsque, le 18 Brumaire, Bonaparte, sur le chemin qui allait faire de lui un impérial soudard, se servit des acquis de cette Révolution pour gravir un échelon supplémentaire vers un pouvoir dont il jouirait dans la démesure. Napoléon ne méritait pas – autre imposture – les honneurs et la popularité que la postérité ne cesse de lui accorder.

Il fut un tyran mégalomane et sanguinaire, et on comprend mal que les bons esprits s'acharnent à le couvrir de louanges. Il avait le sens de la stratégie militaire, et alors ? Au cours de son histoire, la France en connut d'autres, aussi avisés, moins illustres, moins accrochés aux nues de la postérité.

Est-ce montrer quelque suffisance que de rappeler à nos compatriotes et à bon nombre de nos édiles qu'en choisissant le 14 juillet pour fête nationale, les parlementaires de 1880 avaient à l'esprit non la « prise » de la Bastille, en 1789, mais la Fête de la Fédération, qui a été, en effet, le 14 juillet 1790, une immense fête, la plus importante, la plus belle, la plus égalitaire de toute l'histoire de notre pays ?

Si aujourd'hui la date du 14 juillet fait l'unanimité, il en alla différemment lors des débats de 1880, avant de l'inscrire sur notre calendrier.

Le premier à avoir songé à commémorer le 14 juillet 1789 fut un personnage fort heureusement oublié, un dénommé Fleury-Lescot. Outre sa fonction de maire de Paris, il se félicitait d'être un dynamique pourvoyeur de la guillotine, regrettant auprès de son ami Maximilien Robespierre que la machine du docteur Guillotin ne fonctionnât pas plus souvent. On était en pleine Terreur robespierriste lorsque, le 26 messidor an II (14 juillet 1794), s'adressant aux comités de surveillance révolutionnaires, il prononça un discours qui ferait frémir d'effroi les plus conservatrices de nos éminences politiques. Le moins qu'on puisse écrire est que le susnommé Fleury-Lescot ne ménagea pas les propos musclés : « *Salut au 14 juillet ! Salut au jour à jamais mémorable, où le peuple de Paris a cimenté de son sang la première pierre de la liberté publique en renversant la Bastille !* »

Certes le sang coula, et quand le sang coule c'est toujours déplorable, mais les statistiques établies sous le contrôle très strict de La Fayette font état de quatre-vingt-trois morts sur place, dans les deux camps, de dix-neuf veuves et de cinq orphelins. On a connu, hélas, depuis le 14 juillet 1789, des révoltes et des conflits sanglants pour défendre des causes justes ou non ; il y eut tout au long de l'Histoire beaucoup trop de morts inutiles. La fin du massacre des innocents n'est pas en vue.

Emporté par sa fibre révolutionnaire, Fleury-Lescot, maire de Paris, poursuivait : « *Salut à vous tous qui avez concouru ce jour-là par votre énergie à renverser le despotisme, dans un combat à mort qui lui a été livré !* »

À la Bastille, le 14 juillet 1789, le peuple parisien, désireux certes de mettre à bas la monarchie sur le déclin, fut quantitativement composé pour l'essentiel de curieux, plus que d'assaillants armés.

Napoléon, quant à lui, suivi par Louis XVIII, Charles X, Louis-Philippe et Napoléon III, supprima toute commémoration.

Il fallut donc attendre la IIIe République pour que l'on songeât à fixer un jour de mémoire, afin de se souvenir des patriotes qui avaient préservé les libertés acquises depuis un siècle. Cela se déroula sur fond de revanche anti-allemande, après la défaite humiliante de 1871 et la perte de l'Alsace-Lorraine. On commémorerait prioritairement l'esprit de ceux qui avaient rédigé la Déclaration des droits de l'homme, on y associerait toutefois les militaires qui brûlaient d'un retour rapide sur le Rhin. Fête nationale donc, mais accompagnée d'une parade au Bois de Boulogne, afin que la population parisienne et les supporters accourus des provinces pussent « *saluer, voir et complimenter l'armée française* ». Laquelle armée, moins d'une décennie plus tôt avait subi une des plus terribles défaites de son histoire, et n'avait pas vraiment l'envie de défiler devant le peuple revanchard mais surtout meurtri.

Il y aurait donc fête nationale. Et l'armée pourrait à cette occasion être « *complimentée* ». Encore fallait-il fixer une date. De préférence estivale, si on souhaitait que la célébration ait un caractère commémoratif, festif, populaire.

Plusieurs dates furent proposés : le 4 août, suppression des privilèges – la plus symbolique de la volonté d'émancipation populaire, semble-t-il ; le 21 septembre, abolition de la royauté, peu compatible avec l'esprit révolutionnaire puisque – il ne faudrait pas l'oublier – pendant deux ans Louis XVI, s'il n'était plus « roi de France », était demeuré « roi des Français ». Sans doute le serait-il resté plus longtemps s'il n'y avait pas eu la lâche et odieuse fuite vers les Émigrés en Allemagne. Mais il y eut Varennes, le roi et la reine eurent le col coupé.

Ce qui permet au passage de rappeler une autre imposture de l'époque. Jusqu'au milieu du XIXe siècle, la rumeur a circulé qu'un certain Naundorff, inhumé plus tard à Utrecht, aux Pays-Bas, était le véritable Louis XVII. De très sérieux contempteurs de la monarchie affirmaient qu'il aurait été, à la prison du Temple, remplacé par un anonyme, du temps où sa mère Marie-Antoinette payait le prix le plus fort pour ses erreurs passées. Naundorff, les royalistes en avaient la certitude, allait dévoiler ses royales origines. L'imposteur n'en fit rien.

Pour toutes ces raisons, qui ressuscitaient le souvenir de la monarchie, les parlementaires de 1880 écartèrent le 21 septembre. Une date qui, par ailleurs, marquait le début de l'année dans le nouveau calendrier républicain.

En 1880, Victor Hugo, un sénateur auquel on coupait rarement la parole, défendit le projet proposé par Benjamin Raspail, député de la Seine, qui instituait le 14 juillet jour anniversaire de l'imposante fête unitaire de 1790, comme jour de fête nationale. Avec son habituel lyrisme oratoire, Hugo, s'adressant aux sénateurs, leur lança : « *Le 14 juillet 1790 fut plus qu'une fête des Ordres fédérés, ce fut une fête humaine, universelle, qui célébrait la chute de notre Bastille, mais aussi de toutes les Bastilles à travers le vaste monde... Notre 14 juillet doit marquer la fin de tous les esclavages, la volonté des humains de vivre libre. Pour l'univers entier, le 14 juillet sera un mythe autour duquel les peuples se rassembleront !* »

Paroles... Paroles... De celles qui n'engagent que ceux qui les écrivent. On connaît la suite. Combien de Bastilles plus redoutables que la vieille prison d'État, érigée sur ordre de Louis XI, demeurent encore à prendre ? Trop ! Beaucoup trop !

Le choix fixé, la loi fut votée le 6 juillet 1880. Une semaine plus tard, à Longchamp, dans le Bois de Boulogne, sans trop savoir exactement pour quelle raison la date du 14 juillet avait été retenue, les Parisiens « *voyaient et complimentaient* » les quelques fantassins et cavaliers pour lesquels on avait trouvé des uniformes dignes d'une telle commémoration. Les travailleurs, eux, profitèrent de la journée supplémentaire de congé qui leur était offerte. Cela leur plut, ils se prirent à danser dans les rues. « *Bal, petit bal…* » chantait le bon Francis Lemarque. Une tradition qui se perd. Il nous reste pour entretenir la mémoire de ces bals de rues, qui eux furent spontanés, quelques refrains et un film superbe, *14 Juillet*, de René Clair.

La loi votée, la première commémoration célébrée, le mythe en marche, il ne faut pas croire que ce fut l'union nationale. Autour du 14 juillet, on vit renaître le spectre d'une fête franc-maçonne. Raspail était franc-maçon. Dans le journal *La Croix* on parla de « *la folie du 14 juillet* » et les milieux conservateurs catholiques hurlèrent qu'on allait rendre hommage à « *la voyoucratie historique* » !

Sans la méchanceté de Paul Léautaud qui affirmait que « le patriotisme fait beaucoup d'imbéciles », il est possible de voir dans le mythe de la Bastille une sorte de trait d'union annuel entre tout ce qui, depuis 1789, a trop souvent divisé le peuple de France. Et ce n'est pas discréditer l'esprit républicain que de s'étonner du nombre de légendes auxquelles la chute de la Bastille a servi de puits sans fond avec toutes les inspirations possibles, les pires et les meilleures.

Rétablir la vérité sur le 14 juillet 1789 ne signifie pas faire l'éloge de l'illustre forteresse, en réalité prison d'État. On n'entrait d'ailleurs jamais à la Bastille sans raison. La lettre de cachet suivie d'embastillement était, c'est vrai, le fait du prince, mais ne fut que rarement signée par simple caprice royal. L'arrestation de Fouquet, surintendant des Finances de Louis XIV, ne fut pas arbitraire, mais injuste, parce que le procès du ministre embastillé fut le fruit aigre de la jalousie de courtisans moins fortunés.

Qu'on ait enfermé à la Bastille comploteurs, traîtres, rebelles à l'autorité royale, dans le système pénal de l'Ancien Régime, on ne devrait pas s'en étonner, on s'en étonne néanmoins, négligeant qu'il y eut – à tort ou à raison – plus de têtes coupées et d'emprisonnements de longue durée de 1789 à 1804 qu'il y en avait eu pendant tout le règne de Louis XVI. La « Terreur », la juste nommée, n'est pas elle, une imposture, mais une cruelle succession d'intrigues meurtrières et de vengeances personnelles.

Quant aux « droits communs », les manifestants des années 2000 n'ont jamais eu l'idée de prendre d'assaut la Santé ou Fleury-Mérogis, simplement parce que les escrocs ont été et demeurent des escrocs, les meurtriers sont – sauf erreur judiciaire – des meurtriers, les voleurs des voleurs et les pédophiles des pédophiles. En revanche – l'affirmer ne doit pas être perçu, pour insolite que cela puisse paraître, comme une défense du système monarchique –, la liberté d'expression était beaucoup plus licite à la Bastille qu'elle ne l'est dans notre univers carcéral contemporain. Combien de libelles, d'écrits vengeurs, dont les moins brillants ne sont certainement pas ceux de Voltaire ou avant lui de Bussy-Rabutin, ont été rédigés à l'intérieur de la Bastille ! Cela n'empêche pas la Bastille d'être le symbole d'une justice hors-la-loi.

Qui pourrait oublier que le cortège d'un des premiers « panthéonisés », Voltaire, fit un détour par les vestiges pantelants de la Bastille avant de rejoindre l'illustre reposoir national ? L'Histoire doit toujours prendre du recul face aux mythes, se garder des légendes et des abus de « licences poétiques ».

Comment vivaient les embastillés ? Mieux, beaucoup mieux que les prisonniers de nos établissements pénitentiaires surpeuplés, dont certains murs sont antérieurs à ceux de la Bastille détruite. Une prison reste une prison. Toutefois s'il est injuste que certains VIP, PDG escrocs, tricheurs de haute volée surmédiatisés ou corrompus jouissent de la protection du pouvoir, bénéficient d'avantages « locatifs » et alimentaires refusés aux détenus « ordinaires », il n'est pas évident que le confort soit pour certains comparable à celui des embastillés.

Dans tous les textes – il n'en manque pas – de ceux qui ont séjourné dans la prison, il est extrêmement rare qu'on s'y plaigne de maltraitance physique… jusqu'au moment d'être remis entre les mains du bourreau. Ces exécutions qui firent couler tant d'encre après le 14 juillet 1789, il est impossible d'en recenser plus d'une trentaine en deux siècles ! Et il n'y eut qu'un supplicié à l'intérieur de la prison, le maréchal de Biron, sous Henri IV. Les jugements de la Bastille étaient prononcés au nom du roi, selon son « bon plaisir » (*sic*), à l'exception des juridictions ecclésiastiques, à la main particulièrement lourde, et seigneuriales. Mais indépendants, les juges ne l'étaient guère, ils étaient soumis à la tutelle du monarque. De nos jours, la justice est-elle plus indépendante ? Poser la question, c'est supposer la réponse.

Au risque de se montrer répétitif, ce n'est en aucun cas plaider pour l'Ancien Régime que d'établir quelques comparaisons strictement historiques entre ce qu'il y a de mensonges et d'impostures dans la mythologie « quatorze juilletiste » et notre réalité quotidienne.

Un exemple : il n'est pas rare en matière criminelle que l'instruction d'une affaire, menée par un juge surchargé de dossiers à traiter, laisse en détention préventive pendant des mois, voire des années, des mis en examen, toutefois présumés innocents jusqu'à leur condamnation définitive. La consultation des registres d'écrou de la Bastille, mentionnant avec rigueur l'identité, les titres de l'incarcéré, le motif de sa peine – une exception : le Masque de Fer, nul historien sérieux ne pouvant revendiquer une solution à cette énigme – permet d'affirmer qu'un enfermé sur deux sortait avant six mois, qu'un sur quatre était transféré dans une maison d'arrêt « ordinaire ». Quant au total des décès et suicides, de la mort de Louis XIV au 14 juillet 1789, il n'a jamais excédé 1%. Quel directeur de centrale ne se réjouirait pas en 2004 d'un chiffre aussi faible !

Contrairement aux idées reçues, les embastillés ne furent jamais des enterrés vivants. Si le mobilier des cellules ne portait pas la marque d'un des ateliers d'ébéniste du proche Faubourg Saint-Antoine, la nourriture, au dire de ceux qui sont « sortis », a toujours été convenable. Quant à l'habillement, rien de l'uniforme des galériens ! Il suffit pour être édifié de lire les mémoires de l'illustre Latude qui passa des années à la Bastille, tout simplement parce qu'il s'acharnait à rejeter toutes les grâces de libération, offertes par le gouverneur.

Latude raconte avoir refusé une culotte doublée de soie, confectionnée par un tailleur de renom, parce que la coupe ne lui convenait pas. Une autre fois, il écrit au gouverneur pour déplorer que les volailles qu'on lui sert ne sont pas assez entrelardées.

Au cardinal de Rohan, personne n'aurait songé à retirer sa vaisselle d'argent. Tous n'étaient pas aussi bien traités, mais l'ordinaire demeurait convenable. Dans ce que nous appellerions aujourd'hui une « prison cinq étoiles », la vie quotidienne conservait un certain caractère aristocratique. Les prisonniers ne maugréaient pas et ceux – six selon les uns, sept selon les autres – qui étaient enfermés en juillet 1789 éprouvèrent quelque difficulté à comprendre pourquoi le peuple avait voulu les libérer, aucun d'eux n'ayant explicitement demandé à être élargi.

Une fois de plus, dès qu'il s'agit d'une page importante de l'histoire de France, on retrouve Jules Michelet l'imposteur, champion toutes catégories des légendes qui, faisant fi de la vérité historique, s'est montré l'inlassable arrangeur du passé de notre pays. Michelet avait besoin d'héroïsme pour que l'histoire de France fût plus vertueuse qu'elle ne l'était dans la réalité. Jeanne d'Arc ne lui suffisait pas, il accapara la Bastille.

De toute la période révolutionnaire, il place la Bastille au cœur des débats, au-dessus de tous les autres événements. À ses lecteurs, à ses laudateurs, Michelet s'enflamme : « *De la tyrannie au nom de la grâce royale, le peuple ne voulait plus. Le peuple voulait être maître de son destin et maître de sa Justice.* » Y croyait-il ? Était-il rémunéré pour y croire ?

Si, avant Jules Michelet, on avait beaucoup écrit et discouru sur le 14 juillet, comme sur Jeanne d'Arc, le mythe ne prit vraiment la forme que nous lui connaissons aujourd'hui qu'au milieu du XIXe siècle. Le peuple, le petit peuple n'était pas directement menacé par la Bastille, mais Michelet en rajoute : « *Roi et Bastille sont synonymes. On le vit en 1789. Lorsqu'il prend la Bastille le peuple tressaille, parce qu'il creuse lui-même le sépulcre de la monarchie…* »

Or – il ne manque pas de preuves irréfutables –, le peuple parisien, et *a fortiori* celui des provinces, n'a jamais eu l'intention de s'emparer de la Bastille, pour la simple raison que la Bastille ne le concernait pas. Lorsqu'ils décidèrent de faire du 14 juillet la fête nationale, les parlementaires républicains de 1880 expliquèrent, dans le préambule de leur loi, leur choix par cette phrase : *« La chute de la Bastille a ouvert le tombeau de l'arbitraire monarchique, la face cachée de Versailles. »* Soit, on ne peut contredire le symbole, à la condition que dans la légitime détestation de ce temple de la liberté bafouée qu'était la prison de la Bastille, on ne fasse aucun amalgame entre le symbole et le déroulement réel d'une journée qui suscita aussitôt un déferlement d'écrits totalement inexacts, que seul peut excuser, voire justifier, le lyrisme débordant de leurs auteurs. Qu'on y ajoute une abondante iconographie et tout s'explique. Tout sauf la vérité.

Que devrait retenir l'Histoire de cet illustrissime 14 juillet ? Cette commémoration permet au moins une fois l'an d'apprécier de quel bien nous bénéficions à vivre dans un État de droit, de libre expression, de laïcité bien comprise, jouissant en conscience de ces libertés indispensables pour, lorsque cela est nécessaire – on l'a vu le 21 avril 2002 –, la nation s'unisse derrière son drapeau.

La légende n'a voulu retenir que le 14 juillet 1789 comme événement d'importance ayant entraîné la chute de l'Ancien Régime. C'est faux. D'autant plus faux que si, à part la mise à sac de la prison d'État et l'assassinat de son gouverneur, il ne s'est rien passé en cette journée de vraiment déterminant pour l'avenir de la Révolution, il y avait longtemps que le feu couvait et qu'il était facile de prévoir sinon le déroulement, au moins l'inéluctable chute de la monarchie. La seule journée du 14 juillet, à la différence de ce qu'on veut nous imposer, ne fut en réalité qu'une tempête dans un verre d'eau. Il n'est pas inutile d'en rappeler les prémisses.

La Révolution n'a pas débuté brutalement en 1789, des frémissements l'avaient précédée dès 1780, couronnés, à Grenoble, par la journée des Tuiles, le 7 juin 1788. Épisode autrement plus meurtrier que le 14 juillet de l'année suivante !

« *On sentait dès 1780 quelque chose d'orageux dans l'atmosphère politique de la France*, écrit dans ses souvenirs la vicomtesse de Faus-Fausselandry. *L'horizon se chargeait de noir. On ressentait un malaise qui annonçait l'approche de la tempête et sans pouvoir fixer le moment fatal il était facile de savoir qu'il approchait.* » Plus que les discours et les écrits sonnant lyriquement le glas de la monarchie déjà condamnée, ces quelques lignes ont dans leur sécheresse une signification importante. Elles expriment une vérité historique à laquelle sept ans avant l'explosion, chacun dans toutes les classes de la société savait ne plus pouvoir échapper.

Sans revenir, parce que ce serait hors du sujet, sur les signes d'affaiblissement de l'autorité de Louis XVI, il semble, puisque le mythe libertaire devait être commémoré, que la journée du 7 juin 1788 eût été plus appropriée pour la fête nationale que le 14 juillet 1789.

En 1788, il ne pouvait échapper à personne que le roi n'avait plus aucune prise sur la nation. Ce n'était pas en comblant la noblesse de faveurs que celle-ci, consciente de la menace pesant sur elle, se rallierait à Versailles. Il eût été préférable de chercher un remède contre la misère qui accablait le petit peuple. Il n'y avait peut-être pas de remède, mais n'avoir rien tenté ne pouvait qu'échauffer des esprits déjà mûrs pour la rébellion.

Quant aux magistrats, bourgeois et seigneurs, ils étaient complètement ignorés. Les gens de justice étaient généralement intelligents, même s'ils n'affichaient pas une ostensible richesse. Ils avaient toujours été opposés aux lettres de cachet laissées à l'arbitraire total du pouvoir royal et lorsqu'on leur abandonnait un embastillé, afin qu'il fût jugé selon les lois ordinaires, ils avaient depuis des années pris le goût, pour manifester leur désaccord avec Versailles, de se montrer particulièrement cléments dans leurs jugements. Si le royaume échappait à la royauté, il ne fallait pas compter sur les parlements régionaux pour rétablir l'ordre. Plutôt le contraire. Ce qui advint à Grenoble le 7 juin 1788.

Le Parlement, composé pour l'essentiel de jeunes juristes hostiles à l'absolutisme, avaient su se faire entendre des Dauphinois jusque dans les hautes vallées et les montagnes ceinturant la ville.

À Grenoble, le 7 juin 1788, jour de marché, il y avait foule, même si les produits étaient rares et chers. Le peuple grondait. Le gouverneur de la ville, le duc de Clermont-Tonnerre, avait ordonné à cinq-cents hommes du régiment Royal-Marine de se montrer dans les rues – il suffisait de montrer la force pour ne pas avoir à l'utiliser –, et il avait été décidé de ne pas tirer. À l'intérieur du Parlement, un juriste de vingt-sept ans, Antoine Barnave, réputé malgré sa jeunesse pour son éloquence et sa ténacité, tançait ses collègues : impossible d'accepter la pression de la force royale sans réagir. Il n'y eut même pas de discussion. Barnave, à 11 heures du matin, courut de paroisse en paroisse, fit sonner le tocsin. C'était le signal qu'inconsciemment la population attendait. Aux habitants de Grenoble se joignirent les campagnards et les montagnards accourus sur le marché. Sortis d'on ne sait où, comme plus tard en 1944, des hommes, arme à l'épaule, réussirent à organiser l'émeute. Dans toute la ville, ce ne furent que cris hostiles au roi. Les militaires du Royal-Marine firent retraite en direction de l'hôtel du gouverneur.

Au Parlement, Barnave proposa sans tarder d'en appeler aux autres Parlements régionaux, pour constituer un gouvernement dit « d'insubordination au roi ». Le mot République ne fut ni prononcé, ni écrit, Barnave avait la conviction que les réformes nécessaires seraient obtenues d'une monarchie constitutionnelle.

Pour avoir exprimé quatre ans plus tard un sentiment identique devant Robespierre, celui-ci eut vite fait de l'envoyer chez Guillotin.

C'est ainsi que le premier à avoir spontanément initié le mouvement révolutionnaire fut guillotiné. Cela, hélas, ne relève pas de la légende, mais de l'Histoire.

Dans le centre de Grenoble, le Royal-Marine se replia ; la foule, de plus en plus dense, enhardie par les cris des femmes et des enfants qui réclamaient du pain, progressait en direction de l'hôtel du gouverneur. Il ne s'agissait pas, comme ce serait le cas l'année suivante, de quelques assaillants entourés d'une foule d'émeutiers, mais d'une masse compacte, décidée à en découdre.

L'hôtel du gouverneur fut investi. Les portes forcées ; face aux manifestants, dans le grand vestibule, une double rangée de soldats, fusils dirigés contre eux. Allaient-ils tirer ? Sur ordre de Clermont-Tonnerre, ils tirèrent. Des blessés, des morts. Beaucoup plus qu'à la Bastille.

La répression ne faisait qu'exciter le peuple. Voulait-on le massacrer ? Repoussés, les protestataires, les révolutionnaires – oui, on peut l'écrire – se répandirent dans les rues de la ville, envahirent les maisons, montèrent sur les toits. Les tuiles se mirent à pleuvoir sur les forces de l'ordre. L'ébullition ne se calma pas. Jusque dans la nuit, l'insurrection se poursuivit. Un bruit courut : d'autres régions s'étaient soulevées... des militaires désertaient... Si le soulèvement embrasait le pays, Louis XVI pourrait-il compter sur son armée ? C'était peu probable ; les régiments de recrutés sur ordre avaient quitté villes, campagnes, famille, avec l'esprit de révolte au cœur.

Barnave, et son collègue parlementaire, Jean-Joseph Mounier, obtinrent du duc de Clermont-Tonnerre – on est en droit de se demander comment lui fut épargné le sort réservé à Launay, gouverneur de la Bastille – qu'il renouvelle sa confiance au Parlement et accepte que l'assemblée provinciale du Dauphiné se réunisse dans les plus brefs délais au château de Vizille, à une vingtaine de kilomètres de Grenoble.

Ce qu'on devait appeler la journée des Tuiles marqua de son empreinte beaucoup plus que la chute de la Bastille, la fin de l'Ancien Régime. Le 7 juillet, l'assemblée du Dauphiné était réunie sur les rives de la Romanche.

Si le 7 juin avait été déclaré fête nationale commémorative par les élus de 1880, c'eût été un hommage mérité à ceux qui ont écrit de leur révolte et de leur volonté une page d'histoire qui ne doit rien à la légende…

N'est-il pas vrai également que notre *Marseillaise*, aux paroles guerrières, obsolètes dans une Europe pacifiée, fut composée à Strasbourg ! Et que la musique attribuée à Rouget de l'Isle, qui la joua publiquement en Alsace, n'était qu'un « arrangement » d'une sonate de Joseph Haydn ! Mais Haydn était allemand et la légende tenace…

Certes après la journée des Tuiles et jusqu'au printemps 1789, malgré la convocation des États Généraux, l'horizon de Louis XVI ne cessait de s'assombrir, il devenait de plus en plus difficile, voire impossible de redresser la situation dans une suite ininterrompue de crises économiques et politiques. Si la journée des Tuiles a été historiquement authentifiée et peut avoir valeur de symbole pour la juste reconnaissance des « droits de l'homme et du citoyen », il y eut en France une série de soulèvements de moindre importance, à Rennes, Bordeaux, Pau et ailleurs, qui pouvaient donner quelques insomnies.

Seule Marie-Antoinette ne semblait pas bouleversée par l'insurrection populaire. Lors d'un interrogatoire au Temple, elle répondit – démenti cinglant à ceux qui voyaient en la fille de Marie-Thérèse d'Autriche une « *étrangère éplorée pour les malheurs du peuple de France* » : « *J'avais prévenu Sa Majesté que si on laissait la canaille se plaindre hautement, cela pourrait aller loin.* » C'était cruellement prémonitoire, mais ne justifiait pas qu'on la décapitât.

Les événements, on le sait, se sont amplifiés, bousculés, précipités avec la convocation des États Généraux, leur réunion, le renvoi et le rappel de Necker, des incidents et des émeutes, tout ce qui constituait les prémices d'un bouleversement annoncé des institutions monarchiques... tout cela et ce qui suivit jusqu'au sinistre 18 Brumaire, jour de deuil pour les libertés acquises au prix de tant de sacrifices. Le 18 Brumaire, ceux qui avaient contribué à abattre l'Ancien Régime accueillirent avec plus ou moins d'amertume l'arrivée d'une dictature bonapartiste dont le peuple français, illuminé par de pseudo-réformes, devrait payer le prix fort. Cela n'explique pas que seul le 14 juillet 1789, jour de la prise de la Bastille, soit entré par effraction dans la mythologie du patriotisme national.

Il y eut d'abord, et on l'a trop souvent oublié, un élément géographique. La prison d'État se serait dressée, telle celle de Vincennes, extra-muros, le déroulement des événements eût sans doute été très différent.

Mais la Bastille était située au cœur du Faubourg Saint-Antoine, un quartier réputé « chaud », avec plusieurs centaines de petites échoppes, d'ateliers sombres, de modestes fabriques artisanales, dans lesquelles les ouvriers, souvent venus à Paris dans l'espoir d'une vie meilleure que celle des campagnes, où la quotidienneté n'était, entre disettes et impôts, guère réjouissante, recevaient des salaires de misère. Ils travaillaient quatorze heures par jour dans des locaux exigus, où l'insalubrité était la règle.

En 1788, la population du Faubourg s'était accrue, avec l'arrivée, après des récoltes catastrophiques, de nouveaux immigrants provinciaux. Un afflux d'hommes et de femmes sans qualification, qui se battaient régulièrement pour obtenir une boule de pain.

Dans le Faubourg Saint-Antoine, après Grenoble, le peuple révolté entendit mettre bas le régime maudit. Et comme à Grenoble, l'émeute éclata un jour précis, qui, beaucoup plus que le 14 juillet, aurait pu devenir jour de fête nationale.

Dans cette multitude de boutiques et d'ateliers misérables, une manufacture employait plus de trois cents ouvriers à la fabrication de papiers peints destinés aux riches demeures du royaume, à commencer par Versailles.

Le propriétaire, un certain Jean-Baptiste Reveillon, choisit le plus mauvais moment – c'est souvent le cas en matière de licenciements économiques – pour réduire le nombre des ouvriers et annoncer une nouvelle baisse des salaires. Il n'en fallait pas plus pour que le Faubourg s'enflammât. Il y eut, à quelques centaines de mètres de la Bastille, plus de victimes le 28 avril 1789 qu'il n'y en aurait moins de trois mois plus tard lorsque tomberait la forteresse.

Le 28 avril, les manifestations qui agitaient le Faubourg Saint-Antoine depuis quelques jours tournèrent à l'émeute. Les fabriques de Reveillon et de Regnard, un autre entrepreneur, furent pillées et incendiées. Le 2e Régiment des Gardes Royales boucla le quartier. Les troupes manquèrent beaucoup plus de sang-froid le 28 avril que le 14 juillet.

Qu'on veuille mythifier le 14 juillet soit, mais pour ce qui est du sang versé par le peuple, il en coula beaucoup plus en avril qu'en juillet. Les gardes tirèrent à bout portant sur les manifestants. Le bilan fut très lourd : près de mille blessés, plus de trois cents morts. Dans toute l'histoire de la Révolution, seul le 10 août 1792 fut plus meurtrier. En 1792, l'esprit révolutionnaire était déjà avancé et dans les rangs de ceux qui tombèrent le 10 août flottait comme un air de revanche, de vengeance, d'où la satisfaction d'ambitions personnelles n'était pas exclue. Rien de tel en 1789.

Ce fut le 28 avril et non le 14 juillet que commença la Révolution française. Ce jour-là, le peuple en colère s'est levé, suscitant dans tout Paris des scènes de joie libératrice.

À défaut de retenir la journée des Tuiles de Grenoble, les parlementaires de 1880 auraient été avisés de choisir, pour commémorer la liberté conquise par la volonté populaire, le 28 avril plutôt que le 14 juillet. Mais en dehors de la symbolique icône que représentait la prison d'État, si souvent chantée depuis un siècle, les législateurs de 1880 souhaitaient-ils vraiment offrir au peuple une fête de la liberté ? Ne préféraient-ils pas manifester des sentiments revanchards contre ceux qui, derrière Napoléon III, avaient conduit la France à la déroute ? À lire les comptes rendus des séances au Parlement, on est en droit de pencher pour la deuxième solution. Cela aussi appartient à l'Histoire.

Reste qu'il serait sot de dénier à la prise de la Bastille, le 14 juillet 1789, le pouvoir quasi surnaturel qu'exerce sur les Français ce non-événement historique qui n'a jamais cessé de marquer l'inconscient collectif de nos compatriotes. On pourrait ajouter avec un brin de malice que le 14 juillet marque aussi le point culminant des vacances et qu'on peut y voir un excellent repère dans la période bénie du *farniente*. L'Histoire ne peut s'abstenir de retenir les mythes en les respectant en tant qu'« idées » plutôt que comme des « faits » avérés, prouvés et majeurs.

L'idée du 14 juillet, qui marque la victoire des bons sur les méchants, n'est ni nouvelle ni menacée de perdre son intérêt. N'est-ce pas le général de Gaulle lui-même qui, dans un discours prononcé à Alger, en 1943, s'exclamait : « *Quand la lutte s'engage entre le peuple et la Bastille, c'est toujours la Bastille qui finit par avoir tort.* » Cela ne doit soulever aucune objection, mais marque à quel point cette chute de la Bastille exerce sur des personnalités aussi fortes que de Gaulle une singulière et étrange fascination.

Il faut donc, sans ignorer le mythe, examiner ce que fut réellement le 14 juillet 1789. À commencer par les forces en présence.

Par chance pour ce qui est de l'intérieur de la prison forteresse, nos disposons d'un témoignage capital, celui du lieutenant Deflue. Jusqu'à l'attaque finale du 14 juillet, Deflue, assez désœuvré, passa l'essentiel de son temps à relater ce qu'était la vie à la Bastille, dont il commandait sans enthousiasme la petite garnison. Deflue était littérateur, mais d'abord officier. Sa relation des faits a donc la forme d'un rapport précis, celui d'un militaire qui, à l'exception peut-être du comportement du gouverneur Launay, ne comporte aucun jugement de valeur. C'est un constat rigoureux qui n'a, d'ailleurs, jamais été infirmé.

Dès son arrivée, fin juin 1789, Deflue fut frappé par la faiblesse en nombre des occupants, une centaine d'hommes dont une moitié d'invalides, rescapés de la guerre de Sept Ans, et une trentaine de gardes suisses qui réclamaient à boire plutôt que des munitions.

Le gouverneur Launay, dans l'éventualité d'une attaque, avait fait obturer quelques créneaux et placer sur les tours quatre canons, mais Deflue assure qu'ils étaient si mal entretenus qu'il n'était pas certain qu'ils aient pu lancer un seul boulet. Par crainte de pillage, près de dix mille fusils avaient été transférés le 12 juillet de l'Arsenal à la Bastille. Encore eût-il fallu des hommes pour s'en servir. Quant aux munitions, Deflue décompta cinq cents boulets, dix mille cartouches et deux cent cinquante barils de poudre.

Pour nourrir cette centaine d'hommes dont peu étaient en état de combattre efficacement, Deflue constata qu'il y avait pour moins de six jours de vivres encore mangeables et surtout très peu d'eau potable. Rien de réjouissant. C'était moins l'aspect matériel de la forteresse, capable de soutenir un siège de deux ou trois jours, si les assaillants, selon lui armés de bâtons plus que de fusils, consentaient, pour éviter trop de victimes, à se disperser, qui inquiétait Deflue que le mauvais moral des hommes et leur état de fatigue avancé.

Tout cela – c'est son unique commentaire –, hors « revue de détail » minutieusement établie, il l'impute au gouverneur Launay, dont il affirme qu'il était tout sauf un chef déterminé. Son jugement est sévère : « *Le gouverneur de ce château est un homme sans grande expérience, de peu de connaissances militaires et de peu de courage... Je vois clairement que nous serions bien mal commandés si nous étions attaqués... Il nous écoute, paraît nous approuver et ensuite agit tout autrement... Je n'ai jamais vu d'homme d'aussi grande irrésolution...* »

Le baron de Besenval, général des armées du royaume, venu visiter la Bastille, le 10 juillet 1789, confirme, si besoin était, les observations du lieutenant Deflue. Dans ses *Mémoires*, Besenval constate à son tour : « *Causant avec ce gouverneur, je lui trouvai la mine d'un homme effrayé, je priai M. le maréchal de Broglie de le remplacer par M. de Verteuil, officier nerveux, qu'il serait difficile d'obliger à se rendre. Des considérations d'équité firent rejeter ma proposition et la Bastille fut prise.* »

S'il est nécessaire de respecter le symbole, il est difficile de considérer, comme certains esprits ouverts à l'imaginaire, que ce fut pour les assaillants une extraordinaire et historique action d'éclat !

Que se passait-il à l'extérieur de la forteresse ? Depuis que le 27 juin, les États généraux s'étaient réunis en Assemblée nationale constituante, Paris – 700 000 habitants, la plus importante capitale de l'Occident, plus peuplée que Londres – était en effervescence. Il suffisait de marcher dans les rues, d'entrer dans la plus modeste taverne, pour sentir que la situation devenait chaque jour plus agitée.

On connaît l'échange (?) célèbre entre Louis XVI et Necker :

– C'est une révolte ?

– Non, Sire, une révolution !

Necker appelé, renvoyé, rappelé, de nouveau rejeté le 12 juillet, était non seulement populaire, malgré ses origines helvétiques, mais écouté des militaires, à commencer bien entendu par ses compatriotes. Necker limogé, ce qui devait arriver arriva. Ce nouveau renvoi sonna comme le tocsin dès qu'il fut connu à Paris. On promena le buste de Necker, tel celui d'un héros, à travers toute la ville. Camille Desmoulins, bien que bègue, parut à la loggia du Palais-Royal – l'actuel Conseil d'État –, propriété du duc d'Orléans, dit Philippe-Égalité, cousin et adversaire de Louis XVI, dont il vota la mort.

Le 13 juillet, Camille Desmoulins appela aux armes : « *Ce soir, tous les bataillons suisses et allemands rassemblés au Champ de Mars envahiront nos places et nos rues, afin de tous nous égorger. Il ne nous reste qu'une ressource, courir aux armes et prendre des cocardes, afin de nous reconnaître…* »

Effectivement, à la fin d'une belle et chaude journée d'été – rares les insurrections sous la pluie ! –, le peuple était en révolte. Des dizaines de milliers de Parisiens se retrouvèrent autour de la place Louis-XV – actuelle place de la Concorde – où s'étaient massés la Garde suisse et le Royal-Allemand. Environ 3 000 hommes. Cela commença par des injures, des jets de pierres. Le désordre ne fit qu'augmenter heure après heure.

Dans ses *Mémoires*, Besenval qui commandait le Royal-Allemand, parle d'une « canaille de 300 000 assaillants ». Sans doute pour se justifier d'avoir fait charger ses hommes. La réalité, par recoupements de nombreux témoignages, dont celui du frère d'André Chénier, sans doute le plus fiable, doit se situer autour de 50 000 « citoyens » de tous âges. Nombre difficile à évaluer avec certitude, tant les écarts se révèlent importants selon les sources.

Ce qui est historique, c'est que la véritable insurrection révolutionnaire s'est effectuée dans la journée et la soirée du 13. La fièvre ne retomba pas, d'autant qu'il faisait très beau et que nombreux étaient ceux qui ne voulaient pas aller se coucher. Chez les uns, c'était l'effroi, chez les autres, la fureur. Le 13 juillet – Louis-XVI en avait parfaitement conscience –, le peuple avait gagné la partie, la Révolution était en marche, la monarchie en péril.

Dans la soirée du 13, la foule des émeutiers reflua des Champs-Élysées vers les Invalides. Ce n'est pas à la Bastille, mais aux Invalides que tout se joua. Ce fut le moment capital. Comment allaient réagir les régiments qui, massés sur la place Louis-XV, devraient faire mouvement – 1 km environ – vers les Invalides ? Malgré les morts et les blessés de la journée, ils étaient démoralisés ; un grand nombre d'entre eux, à l'exception des Suisses, se désarmèrent spontanément et se glissèrent dans les rangs de l'insurrection.

Qui avait donné l'ordre ? Épineuse question à laquelle il est difficile de répondre, tant de responsables révolutionnaires revendiquèrent *a posteriori* d'avoir lancé l'assaut décisif.

Peu importe le donneur d'ordre, la réalité est là. À l'hôtel des Invalides, investi par une foule immense, probablement plus de 50 000 personnes, car depuis l'après-midi la tempête avait ramené vers Paris les habitants des faubourgs accourus en charrette... à cheval... à pied... ou à dos d'âne.

Dans un désordre indescriptible, les insurgés franchirent les fossés, envahirent l'hôtel des Invalides, s'emparèrent de plus de

30 000 fusils et d'une dizaine de canons. Personne n'entendit « À la Bastille ! » dans la confusion de la victoire sur l'absolutisme. C'était plutôt sur Versailles que Camille Desmoulins, Danton, Marat, Mirabeau et quelques autres – Robespierre était étrangement absent – auraient voulu diriger le peuple. Un peuple qui, s'il avait trouvé des armes aux Invalides, n'avait pas découvert de munitions. Et des armes sans munitions, cela ne sert pas à grand-chose. Quelqu'un – qui ? – hurla qu'il y en avait à l'Hôtel de Ville. Ils tenaient déjà leur victoire, mais comment imaginer le déferlement populaire des Invalides vers l'Hôtel de Ville, dans la soirée du 13 juillet ?

Jean-Baptiste Humbert, tout à la fois horloger et patriote, a raconté son épopée au long des rues de Paris et des quais de Seine – dans la bousculade, plusieurs centaines de patriotes périrent noyés –, entre les Invalides et l'ancienne place de Grève.

Jean-Baptiste Humbert rapporte que pour avoir un fusil, il est allé à l'hôtel des Invalides, a failli y mourir étouffé. On lui a dit qu'il y avait de la poudre à l'Hôtel de Ville, il s'y est rendu, mais n'a rien trouvé. Épuisé, il s'est assoupi sur une borne d'amarrage d'un quai du fleuve, non loin de l'Hôtel de Ville… À son réveil, à l'aube du 14 juillet, autour de lui il n'entendit qu'un cri, mille fois répété : « À la Bastille ! À la Bastille ! » Alors sans poudre, mais parce que cela lui parut normal, il prit le chemin de la Bastille. Mais, confesse-t-il, il y avait une telle foule d'hommes et de femmes serrés les uns contre les autres, que lorsque, dans la soirée, il se retrouva non loin de la forteresse, il n'aperçut même pas – et il le regrette – la tête du gouverneur Launay, fichée, lui a-t-on rapporté, sur la pointe d'une pique.

Et l'horloger Humbert, lorsqu'il rédigea ses *Souvenirs d'une grande journée*, avoua, vaguement honteux, qu'il était rentré chez lui, sans trop savoir pourquoi tant de gens s'étaient massés à la Bastille, mais qu'en bon patriote, malgré la chaleur et le manque de boisson, il avait « passé une bonne journée… »

Ce témoignage, sympathique et certainement sincère, d'un artisan au demeurant lettré, corroboré par beaucoup d'autres, montre à quel point, si elle a valeur de symbole, la journée du 14 juillet, avec la chute de la Bastille, est née d'un mouvement spontané, épiphénomène d'une révolte plus générale, d'un mouvement révolutionnaire qui explosa en 1789, mais qui couvait depuis plusieurs années. Louis XVI en avait certainement conscience, mais ignorait quelle solution adopter. Ce qu'il espérait ? Une solution qui ne lui aurait pas été trop défavorable. Pour lui et ses proches, les véritables journées insurrectionnelles furent les 12 et 13 juillet, mais certainement pas le 14.

Au soir du 14, il avait raison de noter « *Rien* » dans son journal, car à la Bastille les insurgés cherchaient avant tout des armes, se souciant peu de s'attaquer au symbole de l'absolutisme.

Quel fut, après examen de tous les documents et témoignages fiables, le déroulement de cette journée du 14 juillet conclue par la chute de la prison de la Bastille ?

S'il est malaisé de désigner celui – ou ceux – qui a donné l'ordre de monter vers la Bastille, il est évident – les témoins l'ont confirmé – que l'objectif n'était pas de s'attaquer au symbole de la monarchie absolue, mais d'investir la citadelle, afin d'y trouver ces munitions que depuis deux jours les insurgés cherchaient en vain dans tous les bâtiments publics de Paris. La prise de la Bastille fut le résultat d'une manipulation de Philippe-Égalité. Cette journée reste une composante parmi d'autres d'une insurrection que le renvoi brutal de Necker avait galvanisée. Le 14 juillet 1789 – c'est en cela qu'il est indélicat d'en faire une date exceptionnelle – est indissociable d'une série de jours qui, mis bout à bout, ont constitué la Révolution française dans sa phase la plus insurrectionnelle.

Ce qui est certain, c'est que Launay, le gouverneur de la prison, a été tenu au courant des événements qui agitaient la rue et de l'assaut donné à l'hôtel des Invalides. N'avait-il pas reçu, sous la protection du Royal-Allemand, quelques charrettes de munitions transférées de l'Arsenal à la Bastille ? Par mesure préventive, au comble de l'angoisse et craignant pour sa vie, Launay avait commis, le 13 juillet, sa première et grave erreur tactique. Il avait fait évacuer les bâtiments extérieurs à la forteresse, où une cinquantaine d'invalides, rescapés de différents conflits, avaient reçu, par décision royale, l'autorisation de demeurer dans les magasins s'étirant – hasard de l'Histoire, la Garde républicaine à cheval y a installé ses casernements actuels – sur ce qui est aujourd'hui le boulevard Henri-IV. Les invalides, en échange du logis et du couvert veillaient sur le contenu des entrepôts. Peu de chose, un inventaire à la Prévert : trois canons, des sacs de farine, du fourrage pour des chevaux – y en avait-il à la Bastille ? – des uniformes et même, comble de l'ironie, les matériaux nécessaires à l'édification de l'échafaud destiné aux exécutions publiques.

Launay avait fait rentrer tous ces hommes, vieux et estropiés, donc inaptes à tout combat, à l'intérieur de la forteresse. Quelques-uns des entrepôts n'étaient séparés des bâtiments de la prison que par un large fossé. En prenant cette décision, Launay se plaçait déjà, le 13, en position d'assiégé. Que les émeutiers occupent ces bâtiments désertés, ils avaient déjà un pied dans l'invulnérable Bastille.

Quelques coups de feu échangés, sans victime... les échos des événements qui secouaient la ville, la mine terrifiée du gouverneur Launay, l'absence de ravitaillement en eau et vivres, la certitude qu'il serait difficile d'éviter des affrontements avec la population, tout cela ne raffermissait pas le moral de ceux – prisonniers et garnison – qui se sentaient, le 13 au soir, enfermés dans un piège dont tous auraient aimé sortir vivants.

Dans la nuit du 13 au 14, la forteresse fut complètement verrouillée, les deux ponts levés. Il n'y eut pas que les sentinelles qui ne dormirent pas.

Au petit matin du 14, une journée qui s'annonçait chaude et ensoleillée, il n'y avait devant la Bastille que quelques petits groupes d'hommes, certains armés de fusils – mais avaient-ils de quoi les charger ? – qui discutaient sur l'esplanade menant au pont-levis principal. La plupart d'entre eux étaient venus en voisins, du Faubourg

Saint-Antoine où, depuis le drame du 27 juin, la tension n'avait pas faibli. Pour ces ouvriers miséreux, et seulement pour eux, prendre la Bastille, ils en rêvaient, parce qu'à proximité de leur quartier, même si c'était la prison des aristocrates, ses murailles et ses tours représentaient de façon permanente et agressive un régime qu'ils voulaient abattre.

Jusqu'à 10 heures du matin, ce mardi 14 juillet, la densité de la foule n'augmenta guère. Elle devint plus compacte lorsqu'à 10 h 30, trois hommes délégués par le comité permanent de l'Hôtel de Ville, déjà aux mains des insurgés, se présentèrent au pont, afin de rencontrer le gouverneur. Il n'était pas question de mettre la main sur la forteresse, mais seulement d'exiger de Launay qu'il retirât les canons braqués en haut des tours parce qu'« *ils causaient beaucoup d'inquiétude et répandaient l'alarme dans tout Paris* » (La Fayette).

À 11 heures, le pont fut abaissé. Launay, non seulement les reçut courtoisement, mais les invita à partager son repas de midi. Le 14 juillet 1789, il y eut, à l'intérieur de la Bastille, un déjeuner convivial, avec – selon Deflue – des mets et des vins de qualité !

La situation était grave. Une situation dont on ne semblait pas, à Versailles, apprécier les conséquences. Louis XVI fut plus affecté – honorable sentiment paternel – par la mort à Meudon, le 2 juin, de son fils aîné le Dauphin que par l'agitation de plus en plus menaçante qui, depuis la réunion des États généraux, gagnait l'une après l'autre toutes les provinces.

Après tout, pensait Louis XVI, depuis que, chassés de la salle des Menus-Plaisirs, les députés du Tiers État, réfugiés au Jeu de Paume, avaient fait serment de ne point se séparer, mais avaient signé le procès-verbal en ajoutant sous leur plume un réconfortant « Vive le Roi ! », il n'y avait pas lieu de s'inquiéter outre mesure. Le souverain était disposé à procéder à quelques réformes du système monarchique, mais il ne craignait ni pour sa couronne, ni pour sa dynastie.

N'y avait-il pas eu aussi pour l'apaiser cette manifestation populaire devant les grilles du château, jusque dans la cour de Marbre ? Main dans la main, Marie-Antoinette et Louis étaient apparus au balcon. On avait entendu des hurlements d'allégresse. Le roi avait l'intention de prendre un peu de repos dans sa résidence de Marly, il n'entendait pas les échos de la révolte qui grondait.

À la Bastille, Launay était plus inquiet, mais l'inquiétude faisait partie de son tempérament. Ce qu'on lui avait rapporté des événements qui avaient complètement bouleversé la nature de l'insurrection allait sûrement, au prix de quelques concessions, se calmer et ces messieurs des États généraux rentreraient dans leur province, où sans nul doute ils porteraient un message de paix. Le gouverneur avait pris quelques précautions en évacuant les bâtiments extérieurs à la prison, mais pourquoi n'aurait-il pas accueilli en toute convivialité les délégués de l'Hôtel de Ville à partager son repas ?

La volaille était rôtie à point, le vin de qualité, mais tiède. Il est vrai que ce mardi 14 juillet, on s'en souviendrait. Il n'avait jamais fait aussi chaud !

Les délégués n'avaient pas à s'alarmer, les canons seraient retirés des embrasures, personne n'avait rien à craindre. Oui mais... Les murs de la Bastille étaient épais. Il faisait plus frais à l'intérieur qu'à l'extérieur, surtout on n'entendait pas les clameurs d'une foule de plus en plus nombreuse qui avait atteint le premier pont-levis, dit de l'avancée.

Les hommes et les femmes qui hurlaient n'avaient, contrairement à ce qui s'était passé aux Invalides, aucune intention belliqueuse.

À 1 heure de l'après-midi, par une chaleur caniculaire, la chute de la Bastille n'était pas encore envisagée. Mais alors que voulait, de plus en plus massive, la foule hurlante ?

Les événements les plus importants ont parfois les causes les plus futiles. À la table du gouverneur, le déjeuner se prolongeait. On avait bien vu disparaître les canons, mais les délégués n'étaient toujours pas sortis. On les réclamait à cor et à cri. Et si Launay les retenait prisonniers ? Peut-être même avait-il donné l'ordre qu'on les fusillât... Il fallait faire quelque chose.

Devant la Bastille, au milieu du peuple qui hurlait, il y avait quelques hommes armés. Après discussion avec un bourgeois, Thuriot de la Rozière, avocat et futur conventionnel, celui-ci donna son accord, il conduirait une seconde délégation d'information. Il était presque 2 heures.

Thuriot connaissait bien la Bastille, non pour y avoir été enfermé, mais pour y avoir visité un de ses clients, Jean Lacorrège, trésorier royal, incarcéré pour faux. C'est à ce moment que, repus mais satisfaits du résultat de leur mission, les trois délégués sortirent. Quoi de plus versatile qu'une foule en fureur ? Les trois hommes qu'elle avait réclamés furent accusés d'avoir pactisé avec l'ennemi, les insultes et les injures se mirent à pleuvoir. Qui sait si on n'allait pas leur réserver un mauvais parti ?

Thuriot finit par calmer tous ces excités, il irait lui-même avec trois délégués choisis au hasard s'enquérir des intentions du gouverneur. Mais cette fois, le peuple amassé voulait davantage. Face aux hurlants, elle était là, dans sa masse imposante, cette Bastille haïe et détestée, cette prison d'État où jamais de petites gens n'avaient été enfermés ; on ne savait d'ailleurs pas combien de prisonniers y étaient encore retenus, mais elle devait se rendre, parce qu'elle était à Paris le symbole en pierre de la monarchie absolue.

C'était promis, Thuriot présenterait la requête. Launay le reçut avec des civilités identiques à celles réservées à ses prédécesseurs, mais répondit qu'il ne pouvait rendre la Bastille sans ordre royal, sa tête en dépendait. En revanche, il donna sa parole qu'aucun coup de feu ne serait tiré.

Thuriot de la Rozière parvint à faire passer le message et décida de se rendre à l'Hôtel de Ville, où on devait savoir que les événements prenaient une tournure inquiétante, d'autant que devant la forteresse il avait entendu hurler à plusieurs reprises « On veut la Bastille ! ».

Il faut savoir, et cela se conçoit, que dans cette foule énorme qui se pressait au pied de la Bastille, il n'y avait qu'une minorité de gens au courant des tractations avec le gouverneur. Nombreux étaient ceux qui étaient là en curieux plus qu'en patriotes. Le chancelier Pasquier, qui participa aux jugements du Tribunal révolutionnaire, raconte dans ses *Mémoires* : « *Le 14 juillet, alors que chacun étouf-*

fait de chaleur, cela n'a pas arrêté le flux des nombreux spectateurs qui étaient accourus pour voir ce qu'il allait advenir de la prison. Parmi eux, se trouvaient beaucoup de femmes très élégantes, elles avaient, afin d'approcher plus aisément, laissé leur voiture à quelque distance. J'étais, moi, avec Mademoiselle Contat, de la Comédie-Française, nous restâmes jusqu'au dénouement et je lui donnai le bras jusqu'à sa voiture qui était place Royale. » (place des Vosges, à quelques centaines de mètres de la Bastille).

Nous sommes loin de la légende qui a fait de la prise de la Bastille un combat aussi acharné que glorieux. Les députés de 1880 n'ont pas voulu commémorer la chute de la Bastille, mais la pharaonique fête de la Fédération, le 14 juillet 1790 ; ils en ont fait la fête nationale française.

À 3 heures de l'après-midi, aucun coup de feu n'avait été tiré. À ce moment, deux émeutiers parvinrent à se hisser sur les toits. Si nous ignorons le nom du deuxième héros (*sic*), celui du premier passa à la postérité lorsque, quarante ans plus tard, il fit le récit de son exploit à Jules Michelet en personne. L'intrépide, épicier de son état, et son compagnon parvinrent d'un toit à sauter dans la cour intérieure où, s'étant saisi d'une hache, ils cisaillèrent les chaînes qui retenaient le pont-levis. Celui-ci abattu, les assaillants n'avaient plus qu'à envahir la Bastille. Ce qu'ils firent immédiatement. Il devait être, selon les témoignages, environ 3 h 30.

À cet instant seulement, il y eut échange de coups de feu. Qui tira le premier ? Selon Deflue, les assaillants. Pour le chancelier, les Suisses, de peur d'être fusillés s'ils ne tiraient pas.

La salve, dans la foule compacte, fut assez meurtrière. Les morts, les seuls de la journée, furent transportés à l'Hôtel de Ville, les blessés à l'Hôtel-Dieu, sur le parvis de Notre-Dame.

Il est historiquement évident que le gouverneur Launay n'avait nulle envie de perpétrer un massacre. Et s'il ne souhaitait pas se rendre, raconte Deflue lui-même, en le regrettant, Launay n'avait pas l'intention de résister longtemps. Si, jusqu'à la reddition finale, il y eut encore quelques échanges de tirs meurtriers, les assiégés passaient plus de temps à agiter leurs chapeaux pour empêcher la meute d'avancer qu'à ajuster leurs cibles.

Peu après 3 heures, entre quelques coups de feu mal ajustés, les pourparlers s'engagèrent entre les délégués et le gouverneur.

Le chancelier Pasquier affirma – était-il sur les lieux ? – qu'avant 4 heures de l'après-midi, tous les soldats, invalides et Suisses, avaient déjà mis la crosse en l'air. Était-ce la reddition ? Partiellement. Launay ne voulait pas se rendre avant d'en avoir reçu l'ordre du roi.

Les assiégeants, eux, allaient se trouver un chef. Mieux, ils en auraient deux avant la fin du jour. Le premier à surgir s'appelait Hulin. Patron d'une buanderie à Épinay, il avait trente et un ans, deviendrait général d'Empire et siégerait au conseil de guerre qui condamnerait à mort le duc d'Enghien.

L'autre, Élie, était arrivé vers 4 heures de l'après-midi, avec une colonne de citoyens armés. Sous-lieutenant au régiment de la Reine, il était né dans une famille modeste de Picardie. Lui aussi serait général en 1793, mais quitterait l'armée après le « coup » du 18 Brumaire pour finir ses jours dans sa ferme picarde.

Hulin et Élie avaient un point commun, le goût du commandement, ils étaient par ailleurs d'excellents harangueurs. À leur arrivée, il n'y avait plus que des tirs isolés. Ils parvinrent à constituer une petite compagnie pour donner l'assaut à une Bastille où personne n'avait envie de résister. Ils n'eurent pas grand-chose à faire, par le pont la ruée avait commencé. Le deuxième pont-levis avait été abattu. Le peuple en transe pillait les appartements, saccageant tout, épargnant néanmoins les soldats qui n'avaient qu'un espoir, ne pas être massacrés.

En arrivant dans le logement du gouverneur, ce ne fut qu'un cri poussé par des milliers de poitrines : « À mort ! »

À 5 h 30, tout était fini. Launay était mort, mais aussi Jacques de Flesselles, prévôt des marchands de Paris, abattu d'un coup de pistolet devant l'Hôtel de Ville.

La Bastille était prise, une explosion de joie frénétique jeta tous les Parisiens dans la rue. On sait ce qu'il advint de la tête du bienveillant

Launay, elle fut promenée, sanguinolente, plantée sur une pique, à travers Paris.

Et les prisonniers ? Ils étaient sept et furent immédiatement libérés. Le plus ancien d'entre eux, Tavernier, avait proféré des menaces contre le roi lors de l'attentat de Damiens ; quatre autres, des faussaires, dès leur cachot ouvert, se perdirent dans la foule. On les comprend ; quant au dernier, de White, on n'a jamais pu expliquer sa présence, il était fou. De la Bastille, il fut, dès le 15 juillet, transféré à Charenton, où il occupa la cellule du divin marquis de Sade.

Voilà ce que fut cette journée du 14 juillet 1789. Dès le 15, elle était transformée, embellie. L'imposture ne tarda pas à ouvrir une brèche dans l'Histoire.

Le mardi 14 juillet ne fut certainement pas la journée la plus décisive de la Révolution, mais si, en la circonstance, le génie de l'imposture est d'associer la chute de la Bastille à l'envolée vers la liberté, alors tout autre commentaire serait superflu… et déplacé.

Mayerling, suicide ?... meurtre ?

29 janvier 1889. Le sort s'acharne-t-il sur la dynastie des Habsbourg ? À Vienne, l'empereur François-Joseph apprend la mort, dans le pavillon de chasse de Mayerling, de son fils, l'archiduc Rodolphe. On a retrouvé son corps au côté de celui de sa jeune maîtresse Marie Vetsera. De ce jour, jusqu'à sa mort, neuf ans plus tard, poignardée à Genève, l'impératrice Élisabeth, dite Sissi, ne s'habillera plus qu'en noir.

Drame d'une passion romantique, qu'on présentera comme un double suicide et qui inspirera auteurs et cinéastes. La tragédie de Mayerling n'est pas pour déplaire aux amateurs de romantisme viennois. On a évoqué le « secret » de Mayerling. S'il y eut secret, s'il y eut énigme, l'Histoire détient désormais la réponse.

Depuis 1955 et la publication de la correspondance de Zita de Bourbon-Parme, ancienne impératrice d'Autriche, descendante par alliance de la dynastie des Habsbourg, la preuve formelle en est administrée : dans ce drame romantique où Margot aime pleurer, qui a suscité une abondante littérature, un déferlement cinématographique, ce serait mettre à mal la légende que de remettre en cause le double suicide de Rodolphe et de sa maîtresse, âgée de seize ans, Marie Vetsera. Le romanesque se plaît à imaginer les corps enlacés des victimes, cela ne donne pas satisfaction à l'Histoire qui doit écarter la légende, afin de rétablir la vérité. Il faut l'accepter, les deux jeunes amants ne se sont pas suicidés, dans l'Empire des Habsbourg déjà engagé sur le déclin. La tragédie de Mayerling est très prosaïque, plus politique que passionnelle. Il n'est que temps de reconnaître les mensonges imposés par la raison d'État.

Rodolphe, fils et successeur désigné de François-Joseph, empereur d'Autriche-Hongrie, a été assassiné sur ordre du Kaiser Guillaume Ier et de Bismarck. Les preuves, longtemps dissimulées, sont irréfutables. Pour son malheur, la séduisante Marie Vetsera se trouvait à Mayerling, un pavillon de chasse à quarante kilomètres au sud de Vienne, en cette sinistre soirée du 30 janvier 1889. Éperdument amoureuse de l'héritier présomptif du trône, elle avait voulu, quelques semaines après s'être donnée à Rodolphe, rejoindre, par une nuit glaciale, sur des chemins enneigés, dans son repaire celui qui, à trente et un ans, ne supportait plus les humiliations de son père François-Joseph ; las aussi d'une jeunesse dissolue, peut-être malade, voire syphilitique ou tuberculeux, il prenait de plus en plus de goût à la solitude.

Témoin gênant et imprévu du crime programmé, la comtesse Marie Vetsera devait être supprimée, elle le fut. Dans la série de tragédies auxquelles était confrontée depuis des années la dynastie des Habsbourg, le drame de Mayerling a sa place, pour le plus grand bonheur des amateurs d'histoires d'amour qui finissent mal... et des diplomates auxquels la version du double suicide mettant un terme à une impossible passion amoureuse enleva, à l'époque, une sérieuse épine du pied.

La thèse du meurtre politique a déjà été évoquée par quelques historiens. Sans la volonté de déplaire aux esprits romanesques, aux littérateurs et aux cinéastes.

L'Histoire seule impose la version sérieuse d'un événement inscrit dans la longue litanie des heures sombres de la fin de l'Empire austro-hongrois, car, après Mayerling, la liste des drames de la dynastie n'était malheureusement pas close... Le sort n'avait pas cessé de s'acharner sur les Habsbourg depuis l'accession au trône de François-Joseph, mais n'était-ce pas d'une certaine manière prévisible ? En effet, enfermé dans la Hofburg l'hiver, dans son château de Schönbrunn dès les premiers bourgeons, François-Joseph, aveuglé par la toute-puissance de sa fonction impériale, n'a pas vu venir les vents mauvais qui soufflèrent, dès la chute de Napoléon, sur Vienne et ses provinces féales assoiffées d'indépendance. Metternich avait tenté de lui ouvrir les yeux. En vain. À peine eut-il épousé Élisabeth de Bavière, une Wittelsbach – le cinéma nous l'imposera sous les traits de Romy Schneider et la télévision, avec moins de minauderies, pour ceux d'Arielle Domsballe –, que l'aigle bicéphale allait voir s'abattre sur ses États une série de tumultes et de drames dont le XXIe siècle subira les terribles séquelles. Qu'elles soient dans un avenir proche en voie d'apaisement demeure improbable.

En dépeçant sur les tapis verts de Versailles l'Empire austro-hongrois, les vainqueurs de 1919 ont inconsciemment ouvert toutes grandes les portes aux espoirs déçus, ont réveillé les antagonismes nationaux et religieux. Ils ont eu l'illusion de semer les graines de la paix, ils ne récolteront que les fruits de l'intolérance. Croyant abattre des princes idolâtrés ou rejetés, imperméables aux sentiments patriotiques légitimes ou rebelles, ils ont engendré la violence sur des terres que le XXe siècle ne perdra guère de temps à transformer en cimetières.

Dénoncer l'imposture de Mayerling, c'est comprendre les ornières dans lesquelles, après la guerre franco-prussienne de 1870-71, François-Joseph devait enfoncer ses peuples.

Tout a commencé en 1866, un quart de siècle avant la mort de Rodolphe, héritier du trône. 1866, année décisive qui mettait fin à l'impérialisme des Habsbourg, lequel remontait à 1273. Bismarck, Premier ministre du Kaiser Guillaume Ier, depuis 1862, était convaincu – à juste titre – que la France de Napoléon III ne résisterait pas longtemps aux coups de l'armée prussienne, mais qu'il aurait plus de difficultés à dessiner le grand équilibre européen sous tutelle de la Confédération d'Allemagne du Nord avec l'Empire austro-hongrois. L'objectif avoué d'une Europe danubienne s'avérait pour cet homme autoritaire, qui enrageait contre toute obligation sociale de progrès, difficile à réaliser. Comment constituer une vaste *Mitteleuropa* germanique d'où seraient exclues les communautés ne s'exprimant pas dans la langue de Goethe ? Une hypothèse qui signifiait l'indépendance de la Hongrie, dont la couronne relevait de Vienne, et la soumission totale des Tchèques réduits à l'état de colonisés de la Grande Allemagne. Une provocation que François-Joseph ne pouvait tolérer. Si à Vienne on parlait allemand et si la langue officielle à Prague demeurait celle de Schiller, il était exclu que l'Autriche devînt l'annexe d'une Europe à direction prussienne. S'il y avait des liens familiaux entre les Hohenzollern et les Habsbourg, l'équilibre politique, lui, ne tenait qu'à un fil.

Mais si, depuis des siècles et des siècles, malgré quelques rébellions ou révolutions, les peuples avaient l'habitude de subir, en maugréant parfois, les décisions des princes qui les gouvernaient, depuis 1789 et surtout 1848, les mentalités avaient évolué. Outre les velléités d'indépendance des ethnies soumises à Vienne, les Autrichiens de souche allemande eux-mêmes faisaient pression sur la Cour, afin que l'Empereur n'acceptât pas ce qui menaçait de réduire la couronne des Habsbourg à une petite rangée de perles au bas de celle triomphante des Hohenzollern.

Sur les rives du Danube, au milieu du XIXe siècle, malgré l'autorité de François-Joseph, une classe intellectuelle brillante manifestait de toutes les façons, par des écrits, des réunions et autres actions, son hostilité à une arrogance prussienne que les Autrichiens de souche allemande devaient refuser. Malgré l'antagonisme qui opposait ces intellectuels à l'autocratie de François-Joseph, ils exprimaient leur volonté d'en découdre avec les Prussiens. Naturellement antimilitaristes, ils allaient jusqu'à réclamer dans leurs rangs la présence du plus populaire des chefs militaires, le maréchal Radetzki, hostile à l'hégémonie allemande. Il faut dire que Radetzki gardait en travers de la gorge la « neutralité bienveillante » dont avaient fait preuve les Prussiens lors de la guerre franco-autrichienne de 1859. François-Joseph n'accepterait jamais les exigences de Guillaume Ier et de son chancelier Bismarck, préférerait négocier avec Napoléon III. Pour sauver sa suprématie, François-Joseph, par un accord secret, renonçait à la Lombardie, ce qui de fait mettait un terme à l'hégémonie autrichienne en Italie.

Ce conflit fit couler beaucoup de sang inutile. Comme l'affirmait Clemenceau, lequel aura malgré lui sa part de responsabilité dans le drame de Mayerling, « il est plus facile de faire la guerre que la paix ». Celle-ci eut le mérite – si l'on ose écrire – d'attirer sur le champ de la plus terrible des batailles, Solférino, le Genevois Henri Dunant, lequel, dans l'horreur des combats, fonda la Croix-Rouge, avec pour mission première de secourir les blessés. Pionnier de l'action humanitaire, il recevra en 1901, dans l'indifférence de ses concitoyens suisses, le premier prix Nobel de la paix du XXe siècle.

La guerre franco-prussienne eut à Vienne un profond retentissement. François-Joseph supporta mal la défaite, redoutant que ce conflit ne favorisât à ses dépens l'expansionnisme de l'État prussien. Un État qui, après les troubles de 1848, connut le développement économique le plus important d'Europe occidentale, en particulier dans la Ruhr, où la famille Krupp bâtissait à vive allure son empire industriel. En outre, l'opinion publique allemande, ouverte aux progrès de la science et des nouvelles technologies, dont le développement des chemins de fer constituait le fer de lance, considérait la monarchie des Habsbourg comme cléricale, archaïque, réactionnaire et hostile à tout développement social.

Fallait-il écraser la Prusse avant qu'il ne fût trop tard ? Cette interrogation alimentait toutes les conversations, non seulement dans l'entourage de François-Joseph, mais aussi dans la presse que l'empereur ne parvenait plus à bâillonner. Dans les rangs de ces journaux contestataires, le plus violent était le *Wiener neue Zeitung.* Maurice Szeps, juif, en était le rédacteur en chef. Dans l'importante communauté juive, des voix s'élevaient, de plus en plus nombreuses, contre l'antisémitisme de la famille impériale, prompte à accuser les juifs d'absence de patriotisme et de sens civique.

L'influence de Szeps allait grandissante sur l'archiduc Rodolphe, qui deviendra, dès son adolescence, un ami intime. Szeps et ses proches n'étaient pas les seuls à lutter contre l'antisémitisme ; ils avaient avec eux une alliée de poids : l'impératrice Élisabeth, très proche d'un exilé célèbre, le poète Heinrich Heine. Jusqu'à sa mort à Paris, en 1856, Heine accompagna souvent Sissi dans ses randonnées hors d'Autriche. Sans doute le poète a-t-il été pour l'impératrice plus qu'un simple compagnon de voyage. Elle qui n'avait jamais aimé les mondanités et la foule se plaisait à partager avec lui ses moments d'éloignement et de solitude. L'un et l'autre ne dissimulaient pas leur nostalgie. L'un de sa patrie perdue, l'autre de la liberté dont la privait l'étiquette d'une Cour qu'elle ne songeait qu'à fuir. Ceux – ils n'étaient pas nombreux, François-Joseph et quelques intimes – qui, à la Hofburg, « savaient » que l'impératrice voyageait, acceptaient son caractère versatile, mais qu'on la rencontrât en compagnie d'un poète, d'un poète allemand et juif de surcroît, cela était insupportable. François-Joseph le fit savoir à son épouse. Les scènes devinrent de plus en plus violentes. Au point qu'elle finit par refuser de vivre à Schönbrunn. La mort du poète n'avait fait qu'accentuer le perpétuel état de langueur dans lequel se trouvait l'impératrice, sans jamais toutefois se soustraire à ses obligations protocolaires.

Et pourtant… Et pourtant, le 21 août 1858, deux ans après la fin de Heine, cent un coups de canons avaient annoncé la naissance du prince héritier Rodolphe. Le sort de la dynastie des Habsbourg semblait désormais assuré. Oui mais… Rodolphe, dont le père, quand il l'avait vu pour la première fois, se serait écrié « *Il est magnifiquement bâti et très solide* », ce qui était sans doute un peu excessif, allait grandir dans un monde difficile, troublé, sans comprendre quels chemins emprunterait son destin.

D'un côté il y avait son père, l'empereur François-Joseph, qui voulait faire de lui un militaire et qui le traita, dès l'âge de trois ans, comme une recrue ; de l'autre une mère angoissée, rarement gaie, qui se contentait, quand elle le voyait chez sa gouvernante la baronne Wulfen, de le trouver « *raisonnable et joli* » avant de retourner à ses regrets d'une jeunesse gâchée.

Entre un père qui lui faisait administrer des douches glaciales pour faire de lui un militaire capable de réduire en poussière ces abominables Allemands, et une mère bavaroise, cousine de Louis II, qui avait eu pour ami – ou amant – le poète Heinrich Heine, Rodolphe grandissait.

Rodolphe, dont l'éducation avait été confiée au colonel Joseph Latour von Thurnburg, fort en gueule, tout en muscles et en moustache, se referma sur lui-même. D'une extrême sensibilité, il se sentit de plus en plus proche de sa mère Élisabeth que le petit peuple appelait affectueusement Sissi, mais que lui voyait rarement.

À six ans, en 1864, Rodolphe fut promu colonel d'infanterie par son père l'empereur.

Lorsque la guerre austro-prussienne éclata, en 1866, François-Joseph confia à Radetzki le commandement de l'essentiel des troupes autrichiennes. Du côté prussien, le Kaiser prit personnellement la tête des armées. François-Joseph avait obtenu la neutralité française en cédant la Vénétie, non pas au nouveau roi Victor-Emmanuel, ce qui eût été humiliant pour l'Autriche, mais à Napoléon III, qui la rétrocédera à l'Italie dont l'unité était pratiquement achevée.

Le 13 juillet 1866, après la défaite de Sadowa, un train spécial emmena à Budapest Élisabeth, Rodolphe et… les bijoux de la Couronne. À huit ans, Rodolphe était un enfant perdu dont déjà l'esprit s'égarait.

Avec pas moins de quatorze professeurs désignés par Latour, Rodolphe appartenait à cette catégorie d'enfants qu'on n'appelait pas encore des « surdoués ». Malgré une surcharge de travail, le *Kronprinz* assimilait mathématiques, économie, langues étrangères, dont le polonais et le français, avec une surprenante facilité. Il apprenait, écoutait, observait et, dans le train impérial, entre Vienne et Budapest, dans ce convoi de la fuite où se bousculaient dames d'honneur et majordomes, le garçonnet n'hésitait pas à déclarer haut et fort qu'il détestait les Prussiens, ces maudits envahisseurs, et que s'il devait succéder à son père François-Joseph, il écraserait Bismarck et les barbares qui l'entouraient comme des mouches sur un mur. Sensible Rodolphe, mais déjà tout à fait déterminé.

Avait-il déjà signé son arrêt de mort ? Tout permet de le croire. L'héritier des Habsbourg avouait : « *Il y a des choses dans ma tête. À peine une idée est-elle entrée dans ma cervelle qu'une autre l'en chasse. Chacun me dit quelque chose de différent.* » Il avait au moins une certitude : la grandeur de la Prusse, l'unité allemande réalisée par les « cousins » Hohenzollern sonneraient le glas de la puissance des Habsbourg et cela, il entendait à tout prix l'éviter.

De retour à Vienne, qu'un armistice inévitable avait préservé dès septembre 1866, le gavage intellectuel reprenait. Le programme trop lourd auquel Rodolphe était astreint et l'insuffisance des heures de détente allaient faire de lui un adolescent aussi lucide sur la condition humaine que nerveux dans les menus gestes de la quotidienneté.

Il n'était pas de jour où il ne songeât à son oncle Maximilien, le frère de son père. Pourquoi, s'interrogeait-il, un Habsbourg avait-il cédé à la pression de Napoléon III désireux de faire d'un Autrichien l'empereur du lointain Mexique ? L'oncle Maximilien avait été fusillé, en 1857, à Quaratero, par les nationalistes de Juarez. Maximilien était mort courageusement, son épouse Charlotte avait sombré dans la folie et vivait recluse dans son château de Miramar, à Trieste.

Lorsqu'il songeait à ce drame, le jeune *Kronprinz* passait de la terreur à la fureur. Sa famille vivait dans le malheur, lui en avait décidé autrement. Mais était-il maître de son avenir ?

Le tempérament excessif de Rodolphe n'allait pas tarder à porter ses fruits. À dix-sept ans, il rédigea un mémoire intitulé *La situation de Vienne et notre avenir*, dont Maurice Szeps publia la quasi-totalité du texte sous la signature de son auteur. François-Joseph, on s'en doute, fut furieux. Furieux au point de décider qu'il ne recevrait plus son fils en dehors des audiences publiques. Rodolphe était aussi différent de son père que deux être humains peuvent l'être. La brouille inévitable serait-elle définitive ?

Sur son bureau de la Hofburg, François-Joseph lisait et relisait avec consternation ce qu'avait écrit son fils : « *La mission de l'Autriche est de conquérir spirituellement, de protéger les juifs et les prolétaires plutôt que de graviter dans l'orbite orgueilleuse de l'empire d'Allemagne...* »

Il n'y avait pas qu'à Vienne qu'on découvrait où allaient les sympathies du futur successeur de François-Joseph. En Europe centrale et dans la partie balkanique de l'Empire, les mouvements nationalistes redoublaient d'ardeurs indépendantistes. À Paris, Napoléon III, qui avait découvert, avec le terrible conflit austro-prussien, la puissance de feu et la rigueur de l'armée prussienne, commençait à redouter une invasion de la France. Quoique ayant abandonné, au Mexique, Maximilien à lui-même, il souhaitait toujours un rapprochement avec l'Autriche. Les succès prussiens firent aussi trembler les murs du Palais d'Hiver à Saint-Pétersbourg, où le tsar Alexandre II n'éprouvait aucune envie de voir les soldats prussiens déferler sur les berges de la Neva. En revanche, Guillaume Ier et son féal Bismarck se réjouissaient de l'essor du pangermanisme. Cette satisfaction, publiquement affichée, correspondait-elle vraiment à la pensée des dirigeants prussiens, préoccupés de réaliser au plus vite l'unité d'une Confédération germanique sous leur tutelle ? Bismarck ne tenait pas au final à être le grand perdant de l'Europe en construction. À soixante ans, François-Joseph n'était plus en excellente santé – il ne mourrait néanmoins qu'en 1916, deux ans après le début de la Première Guerre mondiale et un an avant la révolution bolchevique –, et Bismarck avait mal supporté, une année seulement après Sadowa, que l'empereur d'Autriche se fît couronner roi de Hongrie dans un faste médiéval, les seules festivités auxquelles Sissi, elle-même reine de Hongrie, avait pris quelque plaisir. L'union entre l'Autriche et la Hongrie définitivement scellée représentait – du moins Bismarck le croyait-il – un danger pour la Prusse.

Tout cela et le fait que, comme tout être humain, François-Joseph n'était pas immortel, inquiétaient la Prusse. La vie est éphémère et les services secrets prussiens ne dissimulaient pas leurs suspicions quand à la succession à Vienne. En partant pour le Mexique, Maximilien, frère de François-Joseph, avait renoncé à tous ses droits en Autriche. Restait Rodolphe. Les rapports se révélaient tous concordants : Rodolphe, d'une intelligence supérieure à la moyenne, nerveux, prompt à l'enthousiasme, à la fois idéaliste et autoritaire, absolu dans ses idées et ses passions. Mais surtout – le plus périlleux –, alors que le clergé occupait une position dominante et puissante en Prusse, que l'antisémitisme y était monnaie courante et la franc-maçonnerie combattue, le futur empereur Rodolphe s'avérait anticlérical, défenseur de la science autant que de la raison. Il se réclamait autant de Descartes que des valeurs du Siècle des Lumières en France. N'écrivait-il pas à son ami Szeps : « *Chacun doit cultiver son esprit dans le but final de former ici-bas un royaume d'entraide qui concernerait toute l'humanité...* » ? Ce n'était pas pour plaire à Bismarck.

À Henri Dunant, qu'il considérait comme une référence, Rodolphe écrivit afin de solliciter une rencontre, alors qu'il naviguait en Méditerranée, éloigné de Vienne par son père. La réponse fut favorable, il se rendit avec enthousiasme en Suisse, où ce qui devait être une rencontre protocolaire se transforma vite en une fraternelle amitié, au point que Rodolphe s'installa pour quelques semaines dans un modeste château du canton d'Argovie, propriété de ses aïeux.

Après la Suisse, il visita l'Angleterre, où il reçut un accueil exceptionnel de la part de la reine Victoria. Sur Rodolphe, Bismarck et la reine d'Angleterre portaient une identique appréciation : ce prince serait un brillant et redoutable empereur. L'Anglaise s'en réjouissait, le Prussien le redoutait.

Rodolphe profita de ses voyages pour publier une brochure, cette fois anonyme, *La noblesse autrichienne et sa vocation constitutionnelle. Appel à la jeunesse aristocratique par un Autrichien.* Il y prenait à partie les jeunes nobles de son pays et saluait l'enthousiasme de la nouvelle génération de la noblesse hongroise. Ses compatriotes titrés n'étaient guère épargnés, il leur reprochait leur ignorance, qui les rendait inaptes à des fonctions officielles, leur nonchalance et leur répugnance au service des armes. « *La noblesse*, concluait-il, *perdra toute puissance si elle ne se réforme pas par la culture et l'instruction.* »

Un philosophe, juif et allemand, apporta à l'héritier du trône d'Autriche-Hongrie son soutien public, il se nommait Karl Marx.

Rodolphe, qu'on aimait à présenter comme perdu dans les roses, les camélias et les glycines, était devenu un personnage politiquement gênant. Devrait-il en payer le prix ? Ils étaient déjà nombreux ceux qui pensaient qu'il serait souhaitable qu'il n'accédât jamais au trône. Rodolphe inquiétait, il l'ignorait ou feignait de l'ignorer.

À dix-neuf ans, le prince héritier fut déclaré majeur. Adieu les horaires impitoyables ! Les barrières tombaient, la vie aux horizons illimités semblait s'ouvrir devant l'impatient. Élégant, la taille bien prise dans son uniforme, il décida de partir à la conquête de Vienne, capitale de la gaieté, la ville des Strauss et du Café Sacher, sur l'arrière de l'Opéra que l'empereur avait fait édifier à l'emplacement d'un ancien bastion des remparts ceinturant la ville.

Les jeunes Viennoises de la bonne société appréciaient de se retrouver dans le lit du futur maître de l'Empire. Rodolphe se plongea avec volupté dans les amours brèves et faciles. Il voulait vivre sans modération. Ses liaisons éphémères constituaient un sujet supplémentaire d'irritation pour son père, lequel ne se privait pas d'afficher publiquement sa favorite, une comédienne du Burg Theater. Pour François-Joseph, les frasques de son fils étaient plus graves que les siennes.

En août 1878, le *Kronprinz* fut avisé sans ménagements qu'il était affecté au 3e régiment d'infanterie tenant garnison à Prague. Installé au Hradschin, le château des rois de Bohême, il se donnait consciencieusement à sa tâche... le jour, mais le soir venu, les couloirs de la résidence résonnaient des échos des beuveries et orgies qu'il partageait avec les aristocrates locaux dont il parlait la langue sans accent. Il sut gagner la sympathie de la population, ce jeune colonel de vingt ans, dont certains des discours étaient reproduits en tchèque dans la presse locale. Il arrivait aussi qu'il se livrât avec ses compagnons à des plaisanteries d'un goût douteux. Il se murmurait dans les salons qu'il appréciait les paradis artificiels de la cocaïne.

Toute cette furie de vivre cessa un soir du printemps 1879. Il se mit à travailler ardemment plus de douze heures par jour. Et chacun de s'interroger sur les motifs de ce soudain changement d'existence. Les rumeurs allèrent bon train, Rodolphe ne les démentait pas. Pour la première fois de sa vie, il était amoureux. Passionnément épris. D'une aristocrate pragoise ? Non. Il aimait une jeune juive rencontrée par hasard lors d'une promenade dans le quartier juif de Prague, non loin de la plus ancienne synagogue d'Europe. Une jeune femme d'une rare beauté.

Ils s'aimèrent, mais les parents de la jeune fille se hâtèrent de l'envoyer à la campagne. Pour rejoindre son bien-aimé princier, la belle revint clandestinement à Prague. Quelques jours plus tard, elle tomba malade et mourut d'une fièvre cérébrale. Pendant longtemps, Rodolphe porta ou fit déposer des fleurs sur sa tombe, au cimetière israélite. Ce fut l'unique passion sincère et absolue du prince ; c'est contre-vérité que d'affirmer qu'il vécut avec Marie Vetsera un amour aussi fou.

Fou... C'est ce qu'on disait de Louis II de Bavière, son parent. On commençait à le murmurer à propos de Rodolphe. Chaque matin, François-Joseph redoutait de devoir échafauder une solution, sans toutefois ternir la couronne des Habsbourg, à une nouvelle péripétie de la vie de son colonel de fils.

La légende prétend qu'en apprenant qu'il avait pour maîtresse une juive pragoise, l'empereur aurait eu un malaise cardiaque. Rodolphe était prévenu, il ne serait jamais question de mariage avec cette Tchèque non chrétienne. La jeune femme défunte, l'empereur poussa un soupir de soulagement. Mais il n'y avait pas de temps à perdre, il fallait trouver sans tarder pour Rodolphe une épouse de sang royal.

Et pourquoi pas Stéphanie, la fille de Léopold II de Belgique ? L'impératrice Élisabeth n'y était pas favorable. On disait la jeune princesse, âgée de quinze ans, dotée par la nature d'un physique ingrat, d'une intelligence médiocre et d'une sensibilité douteuse.

Contre la volonté de François-Joseph, Sissi ne put rien. En août 1880, contraint et forcé, Rodolphe prit le chemin de Bruxelles, pour demander la main de la demoiselle. Avec le sentiment que sa vie entrait en perdition.

Fiançailles glaciales, mariage de raison dynastique conforme à la tradition des Habsbourg, tout avait été prévu, décidé par l'empereur, organisé selon ses ordres. Quand Rodolphe arriva à Bruxelles, Sissi était à Londres. En apprenant la nouvelle, elle fut saisie d'effroi et dit à la comtesse Stebeck, sa dame de compagnie : « Dieu veuille que cette union ne soit pas un malheur... » Triste et lugubre pressentiment.

Élisabeth accourut à Bruxelles. Lorsqu'elle descendit, élégante, vêtue d'un tailleur bleu foncé, frileuse à son habitude dans un long manteau de zibeline, du wagon royal, mis à sa disposition par Léopold, Rodolphe lui sauta au cou.

Autant l'impératrice était séduisante, autant Stéphanie, mal fagotée, avait l'allure d'une collégienne boutonneuse. Stéphanie n'était pas encore femme, il fallut retarder le mariage jusqu'à sa nubilité. Au printemps 1881.

Dans cette perspective, le prince, qui avait été promu général major en septembre 1880, effectua une croisière en Orient. Il visita l'Égypte, la Palestine et admira les habitantes de Bethléem dont il vanta la beauté dans une lettre à son ami Maurice Szeps.

« *Je n'avais pas encore vu d'aussi belles femmes dans la même ville. Certaines sont chrétiennes, d'autres musulmanes, certaines juives... Je comprends pourquoi j'ai tant adoré ma petite Pragoise, je ne puis maîtriser mon admiration pour ce peuple juif qui a tant souffert. Lorsque viendra mon tour de régner sur notre chère patrie, je serai très attentif au bonheur de nos juifs.* »

Maurice Szeps, lorsqu'il reçut la missive, ne put s'empêcher de la publier, en mentionnant le nom de son auteur. Si la communauté juive se réjouit de l'intérêt que lui portait le futur empereur, les conservateurs antisémites déclenchèrent une campagne violente contre la puissance économique juive, en particulier la famille Rothschild qui, quoique originaire de Francfort, était très implantée à Vienne où, cela se savait, elle avait souvent acquitté les dettes de l'archiduc Rodolphe.

Celui qui regardait avec inquiétude les ouragans tourner autour de Vienne, c'était évidemment Bismarck. Une inquiétude qui se précisa à la lecture, dans le quotidien de Maurice Szeps, de la relation du voyage princier en Orient. Les textes étaient brillants, mais virulents, dénonçant l'esprit colonial des puissances occidentales. Affligé de la pauvreté de certaines populations, Rodolphe avait confié à Szeps : « *Je vous souhaite et nous souhaite à tous de combattre avec une force infatigable, pour la vérité, les lumières, la civilisation et le progrès, car le progrès est pour les peuples une loi inéluctable de la nature.* »

Dans un autre article, publié cette fois dans *Le Figaro*, à Paris, le prince souhaitait une alliance de l'Autriche avec la France et l'Angleterre, pour calmer les ardeurs guerrières de l'Allemagne.

Pour François-Joseph, le coup fut rude, il le fut davantage pour le Kaiser et son chancelier Bismarck. Il ne faisait aucun doute que le jeune fêtard, coureur de jupons, s'intéressait à la politique. Rodolphe n'avait jamais dissimulé qu'autrichien, il adorait la France. À treize ans déjà, il écrivait à sa mère, après la défaite de Sedan, en 1870 : « *Toute l'armée française est en captivité maintenant, quel sentiment affreux doivent éprouver les vieux soldats qui ont toujours moissonné tant de gloire. C'est effroyablement triste.* » Lettre datée du 6 novembre 1870.

En revanche, son antipathie pour la Prusse s'aiguisait au fil des années. Il n'avait pas oublié Sadowa et considérait les Hohenzollern comme les adversaires historiques des Habsbourg. De Bismarck, il se méfiait. Une méfiance que lui rendait volontiers le chancelier prussien. Que François-Joseph décédât, Rodolphe ne manquerait pas de mener une politique ambitieuse pour ses sujets et sans doute serait-il tenté de conclure à l'Ouest une alliance avec la France et l'Angleterre, et de se rapprocher à l'Est du tsar, malgré la cruelle répression qu'il imposait aux contestataires russes. Prise en tenaille, l'Allemagne, malgré les équipements militaires les plus modernes, serait-elle en mesure de résister à une double invasion ? Haïs par les Autrichiens, détestés par les Français qui ne songeaient qu'à la revanche, après la défaite de 1871 et la perte de l'Alsace-Lorraine, les Prussiens redoutaient que le rêve d'une Grande Allemagne ne s'évanouisse.

La perspective du mariage de Rodolphe avec Stéphanie de Saxe-Cobourg, une famille liée à l'Allemagne, apaisa provisoirement les Prussiens. Ces épousailles, François-Joseph les avait exigées ; les Prussiens y voyaient un effort de bonne volonté diplomatique de la part des Autrichiens.

Le 2 mai 1881, Stéphanie quitta la Belgique. Une semaine plus tard, le mariage fut célébré à Vienne, dans la nef gothique de l'église des Capucins. Les époux échangèrent les anneaux qu'avaient portés Marie-Thérèse, mère de Marie-Antoinette et le valeureux empereur François. Au moment de la bénédiction, l'impératrice Élisabeth fut prise d'une crise de larmes qu'elle ne parvint pas à maîtriser. Sentiment prémonitoire ? Il restait à Rodolphe moins de huit ans à vivre.

Pendant la cérémonie, le Kaiser allemand ne cessa de fixer son regard sur le vitrail, derrière l'autel. Simple impression, il observait en réalité chaque geste, chaque trait du visage de ce jeune homme de vingt-trois ans qu'il devrait peut-être bientôt affronter, armée contre armée. Le maintien de Stéphanie, que les courtisans n'appelaient que « la paysanne flamande », rassura la délégation prussienne, elle aurait certainement assez d'influence sur son mari pour lui rappeler les obligations d'un héritier des Habsbourg, dont l'aigle bicéphale est sable (c'est-à-dire, en langage héraldique, noir). Celui-ci, symbole de la dynastie, ornait la façade des Capucins.

Contre toute attente, l'union parut évoluer heureusement. Rodolphe se montrait – relativement – fidèle, attentionné et Stéphanie avait su gagner le cœur de son beau-père l'empereur, elle remplaçait de plus en plus souvent dans les réceptions protocolaires l'impératrice Sissi, qui ne cessait d'alterner voyages et dépressions.

Le 2 septembre 1883, Stéphanie accoucha d'une fille, prénommée Élisabeth, comme sa grand-mère, mais les médecins déclarèrent qu'elle ne pourrait plus avoir d'enfant. L'aigle noir était de retour.

Dans le groupe restreint de Français qui assistaient au mariage de Rodolphe, aux côtés de l'ambassadeur de France, se tenait, moustache à la gauloise, Georges Clemenceau. Quarante ans, député depuis 1876 à la Chambre, où il présidait le parti de la gauche radicale. Ce Vendéen, né dans le petit village de Mouilleron-en-Pareds, se faisait déjà remarquer dans les rangs des parlementaires par son caractère intransigeant autant que par son éloquence passionnée. Il avait eu l'occasion de rencontrer Rodolphe lors d'un bref passage du prince à Paris. Georges Clemenceau, qu'on n'appelait pas encore « Le

Tigre », s'il n'affichait pas de particulière sympathie pour l'Autriche-Hongrie, partageait avec le jeune prince au moins deux combats, contre la politique colonialiste de Jules Ferry et contre l'antisémitisme dont en France Édouard Drumont était le chantre reconnu.

Georges était venu à Vienne avec son frère Paul, célibataire. Dans l'église, sur la chaise de velours cerclée de dorures de l'église des Capucins, une ravissante créature, sagement assise à côté de son père le journaliste Maurice Szeps. Entre le Français et l'Autrichienne, le coup de foudre fut immédiat. C'est ainsi que Maurice Szeps devint rapidement le beau-père du frère du bouillant et très patriote Georges Clemenceau.

Pour Rodolphe, ami privilégié de Maurice, cette union était une aubaine qu'il n'entendait pas laisser passer. Par correspondance dans un premier temps, puis lors de rencontres plus ou moins discrètes, les deux hommes élaborèrent ce que pourrait être le rapprochement austro-français quand l'un – Clemenceau n'en cachait pas son envie – serait président du Conseil et l'autre empereur.

Rodolphe et Georges suivaient avec attention les tentatives de Bismarck pour établir de nouvelles et bonnes relations avec l'Autriche de François-Joseph. À Clemenceau, le prince écrivait en 1882 : « *La politique extérieure est en ce moment très intéressante, la Russie devient trop puissante, la décadence de l'Angleterre* – quelle sévérité pour Victoria ! – *n'est pas un bonheur pour l'Europe. Bismarck ne sait pas trop comment manœuvrer. Il paraît ces derniers temps vouloir se rapprocher de nous, parce qu'il a conscience de l'isolement réel dans lequel se trouve présentement l'Allemagne.* »

Pour Rodolphe, dans les années qui suivirent son mariage, et jusqu'en 1885, l'ennemi déclaré n'était pas Bismarck lui-même, mais un personnage ambitieux qui avait le soutien affiché du chancelier, George Ritler von Schönerer, le chef, en Autriche, du parti radical de la Grande Allemagne, fondateur du très officiel *Mouvement autrichien contre les juifs*, adversaire déclaré des Habsbourg et farouche partisan des Hohenzollern, auxquels il proposa publiquement la destitution de François-Joseph, afin d'incorporer à l'Allemagne toutes les provinces de l'Autriche parlant allemand. Avec l'*Anschluss*, un certain Adolf Hitler réalisa ce souhait, en 1938, sans émouvoir outre mesure les démocraties occidentales.

Schönerer ne se contentait pas d'être antisémite, il se voulait aussi l'initiateur d'une politique d'affranchissement envers Rome par la dissolution du parti clérical des princes Alfred et Aloïs de Liechtenstein, que les Viennois brocardaient sous le sobriquet de « Frères Ajax ». Alfred et Aloïs avait plus ou moins ouvertement le soutien du très conservateur et religieux François-Joseph, mais ils avaient en commun avec Schönerer de détester, voire de haïr, le prince héritier et son ami Maurice Szeps. Chaque fois qu'ils en avaient l'occasion, ils attaquaient avec fureur Rodolphe et Maurice, les accusant de s'efforcer de « *séduire les masses par des idées subversives, favorables aux politiciens désireux de pêcher en eaux troubles* ».

Que ce fussent les partisans de Schönerer ou ceux des « Frères Ajax », les uns et les autres savaient à quel point étaient tendus les rapports entre l'empereur et l'héritier présomptif. Une situation dont ils usaient et abusaient. Szeps devait réagir : il publia un article non signé – en réalité écrit par Rodolphe –, dénonçant les extrémistes autrichiens qui entraient dans le jeu de Bismarck et faisaient courir à toute la nation autrichienne le risque d'en payer très cher le prix.

Schönerer déposa une plainte en diffamation contre Szeps. Rodolphe sortit une nouvelle fois de sa réserve et publia un article dans lequel il précisa que si « *c'est chose nouvelle que de batailler pour ses convictions, il faut persévérer* ». À la Hofburg, l'empereur fulminait ; de son côté, Bismarck était de plus en plus inquiet quant aux relations futures avec Vienne... Sissi voyageait... Stéphanie prenait fait et cause pour son mari. Rodolphe demanda à Georges Clemenceau de venir témoigner pour Szeps, le beau-père de son frère Paul, mais Georges, prudent, fin politique, craignit la réaction belliqueuse des Allemands, il se déroba.

Szeps fut condamné à un mois de prison ferme. Rodolphe manifesta sa sympathie dans une lettre emplie d'émotion et d'intelligence et fit savoir qu'il était intervenu pour que son ami Szeps, durant son mois d'incarcération, fût convenablement traité et ne manquât de rien. C'est dans le carrosse princier – il ne l'utilisait que très rarement – qu'il alla par pure provocation visiter son mentor dans sa cellule.

Sa franchise, sa spontanéité, son audace politique, ses luttes pour la civilisation, l'humanité, le progrès, nous montrent, réalité historique à l'appui, combien le véritable *Kronprinz* était éloigné de l'image de dandy fêtard et fervent de galanterie dont la littérature, les magazines, la radio et le cinéma firent leurs choux gras après le drame de Mayerling.

Quoique brouillé avec Rodolphe, l'empereur n'a jamais envisagé de retirer à son révolté de fils ses droits à la succession Mais s'il demandait – et Rodolphe s'en plaignait – à son rejeton libertaire de lui faire rapport après chacun de ses voyages, il ne commentait jamais les feuillets rédigés par le prince. Ce n'était pas dans la manière de François-Joseph de partager le pouvoir avec quiconque, fût-ce avec son épouse – il est vrai qu'on la voyait peu à Vienne – ou le prince héritier. Ce qui ne l'empêchait pas, dans les moments difficiles de faire appel à Élisabeth. Contrairement à la légende, Sissi, en ces circonstances, ne manquait jamais à ses devoirs d'impératrice. Rodolphe était affligé qu'au moins en matière de politique extérieure, lui qui devrait régner un jour ou l'autre ne fût jamais consulté, ne serait-ce que par des notes de travail confidentielles. Mais non, François-Joseph entendait diriger seul le char de l'État. C'est lui, et lui seul, qui était empereur d'Autriche et roi de Hongrie.

Déçu, Rodolphe confiait dans une lettres à Georges Clemenceau n'être qu'un « *observateur silencieux qui est près de la direction de la vie politique, sans pouvoir y participer activement* ».

On peut d'une certaine manière comprendre, sinon excuser, le mutisme de François-Joseph, sachant qu'il réprouvait moins la vie privée de son successeur désigné – elle ravira les amateurs de clichés frivoles – que ses prises de position politiques.

D'année en année, mois après mois, presque chaque jour, Rodolphe d'un côté multipliait les critiques sur les flagorneurs de la Cour, de l'autre ne dissimulait pas ses sympathies pour ce qu'on appellerait aujourd'hui « la gauche laïque » et son dégoût pour l'état de soumission dans lequel on tenait certains peuples, non seulement africains et asiatiques, mais aussi tchèques, hongrois, bosniaques, slovènes, croates, slovaques. Il affirmait être décidé à leur accorder l'indépendance sitôt couronné.

Rodolphe n'en aurait pas le loisir, mais nous savons à quelles calamités nous a conduits le dépeçage de la *Mitteleuropa* par M. Wilson et ses acolytes, pendant la Conférence de Versailles, en 1919.

On comprend que Bismarck et les Junkers prussiens aient redouté l'accession au trône d'un esprit aussi rebelle au pangermanisme expansionniste, prêt à distribuer faveurs et libertés à des populations que les Allemands entendaient placer au plus vite sous leur bannière. Après le court règne de Frédéric, Guillaume II s'engagea dans la voie de Guillaume Ier : l'Europe, ce serait « *Deutschland über alles* », l'Allemagne au-dessus de tout.

Et cela, Rodolphe n'en voulait pas, d'autant qu'en Autriche il envisageait de nouvelles réformes au détriment de la noblesse et du clergé. Les biens de l'Église devraient être distribués à des ouvriers de la terre, pour qu'ils deviennent petits propriétaires. Cette perspective annoncée par un très catholique Habsbourg en laissait plus d'un pantois !

Rodolphe rêvait d'un cosmopolitisme européen et flétrissait les théories sur les nationalités et les races. Aucun notable n'échappait à ses flèches, toujours cruelles, souvent injustes. Plus grave peut-être, il traitait avec un suprême dédain les membres de la famille impériale. Que Sissi ait été bouleversée par le suicide, dans le lac de Starnberg, voisin du château de Berg, du roi Louis II de Bavière, qui avait entraîné avec lui son médecin personnel, n'affectait guère Rodolphe. « *Ce n'était qu'un fou dépravé* », se limita-t-il à écrire à son ami Szeps.

Dès lors il n'y avait pas lieu de s'étonner qu'il y eût dans Vienne des ennemis assez puissants, non pour souhaiter, voire envisager, un meurtre, mais pour faire courir des rumeurs déplaisantes : on lui attribuait dans les cafés, les salons et parmi les cochers de fiacre, les frasques les plus scandaleuses, des mœurs contre nature, espérant que, face à une opinion publique qui jusqu'en 1886 lui était favorable, l'empereur se déciderait à retirer à son fils ses droits à la succession. Ce dont il s'abstint, redoutant que Bismarck, associé aux mouvements indépendantistes, ne profitât de la situation pour s'allier à la Russie et réduire en miettes l'Empire austro-hongrois.

S'il ne communiquait pas avec son père, Rodolphe rencontrait régulièrement un haut personnage, lequel, fait exceptionnel, jouissait de la confiance et de l'amitié de François-Joseph. Édouard von Taaffe occupa, de 1879 à 1894, le poste de Premier ministre, à supposer que l'Empereur acceptât ce titre.

Rodolphe avait sur Taaffe une influence certaine que, fort heureusement, ne soupçonnait pas son père. Noble, d'origine irlandaise, habile tacticien, il sut sur les conseils du prince s'engager dans une politique de prudentes réformes.

Rodolphe rencontrait régulièrement Taaffe, s'efforçant de le convaincre des risques d'annexion que faisait courir Bismarck sur les Allemands d'Autriche. La plupart d'entre eux, près de deux millions, répudiaient toutes les valeurs issues des révolutions de 1789 et 1848, le parlementarisme, l'égalité civique, le suffrage universel, l'ébauche d'un nouveau droit du travail, pour retenir une vision évangélique d'un paradis germanique d'où seraient bannies toutes les formes de « corruption moderne ».

Dans leur entreprise de réformisme en douceur, Taaffe et Rodolphe, soutenus par l'infatigable Maurice Szeps, purent compter sur les juifs, qui constituaient à la fin du XIXe siècle une communauté de 800 000 individus, et qui furent leurs meilleurs alliés. Les juifs assimilés – Freud, Mahler, la dynastie des Strauss que Hitler fit aryaniser afin que les nazis pussent jouir sans honte de la musique champagne de la Belle Époque viennoise, d'autres encore, célèbres tels les banquiers Rothschild, ou anonymes tels les luthiers des ghettos de Prague ou de Budapest – furent les plus ardents défenseurs de la mise en place d'un pouvoir législatif et d'un pouvoir exécutif élus au suffrage universel direct par chaque nationalité d'une vaste Confédération dont Vienne aurait été la capitale.

Si on ajoute à ce réformisme, accepté de plus ou moins bon gré par François-Joseph, un essor économique considérable, à partir des années 1880, on comprend que Rodolphe préparait pour son règne un épanouissement des populations rassemblées sous les ailes de l'aigle bicéphale des Habsbourg.

Sans le drame de Mayerling, il ne fait aucun doute que Rodolphe aurait cherché, et probablement trouvé, un compromis européen, lequel aurait peut-être évité l'effroyable boucherie de la guerre mondiale de 1914-1918. Oui, mais…

Oui, mais… Il y eut cette terrible soirée de janvier 1889. D'avance, Rodolphe s'était réjoui d'aller cette année-là à Paris visiter l'Exposition universelle. Il y aurait admiré la Tour de M. Eiffel, rencontré ses amis Clemenceau, Paul et Georges, sans manquer de s'adonner à quelques divertissements profanes avec celles qu'on appelait alors « les grandes allongées » ; elles quittaient Maxim's pour le Moulin rouge et Montmartre pour le lit de leurs protecteurs d'un soir… et plus si affinités.

C'est malheureusement l'aspect frivole de séducteur dilettante que la postérité a voulu garder de cet homme qui pendant sa trop brève existence a été dans son pays et dans le monde considéré comme quantité négligeable.

François-Joseph, s'il n'excluait pas Rodolphe de la succession, avait ses raisons. Qu'il fût officiellement brouillé avec son fils évitait de ternir l'image d'austère retenue de la Cour impériale dont Sissi affichait déjà au grand jour les dérives parfois délirantes. Non seulement Rodolphe n'était pas tenu à l'écart mais jusqu'à sa tragique disparition il se vit attribuer d'importants commandements militaires et surtout de très délicates missions, en particulier dans les Balkans, où François-Joseph redoutait une offensive plus dangereuse que celle dont Bismarck agitait régulièrement la menace. De Constantinople, Paris ou Berlin, dès qu'il revenait, il s'entretenait avec Taaffe, certain que le rapport remonterait jusqu'à l'échelon le plus élevé.

Mais le véritable contentieux – les historiens l'ont trop souvent ignoré – qui opposait François-Joseph, un contentieux qu'utiliserait cyniquement le Prussien Bismarck pour précipiter le meurtre de Mayerling, reposait à peu près uniquement sur une affaire de famille. Oh, il ne s'agissait pas de frasques amoureuses, un domaine dans lequel François-Joseph, il est vrai malheureux des fréquentes absences d'Élisabeth, n'avait rien à envier à son fils, mais de l'amitié entre Rodolphe et Jean de Toscane, une relation que ne pouvait tolérer l'empereur. Une relation qui malheureusement fut odieusement exploitée lorsque l'heure sonna de la disparition physique de Rodolphe.

L'archiduc Jean, de la branche des Habsbourg-Toscane, devait son exclusion de la famille impériale à un long contentieux qui, dès son accession au trône, avait fortement irrité François-Joseph.

Destiné comme beaucoup d'archiducs Habsbourg à la carrière militaire, il avait commencé par faire preuve d'une indiscipline notoire avant de publier, en 1874 – Rodolphe avait seize ans et servait déjà dans l'armée – un brûlot dénonçant sans ménagements les carences – réelles – de l'artillerie autrichienne. Le pamphlet parut sans nom d'auteur. À la Cour, comme dans les rangs de la hiérarchie galonnée, personne ne se trompa sur le signataire. Rodolphe exulta, Bismarck pour d'autres raisons s'intéressa de près à ce document, lequel, s'il était exact, et le chancelier eut rapidement par ses espions la confirmation de la réalité, pouvait évidemment faciliter les entreprises prussiennes contre l'Autriche.

À sa lucidité, jugée perverse, sur l'armée de sa patrie, Jean de Toscane ajoutait le scandale d'une liaison officielle avec une roturière, Milly Stüberl. À la Cour, on voulut croire à une liaison aussi éphémère que celle des autres membres de la famille impériale, y compris Rodolphe. Il n'en fut rien, Jean envisagea même le mariage. François-Joseph décida de l'éloigner de Vienne en lui confiant un commandement en Bosnie-Herzégovine.

Les troupes autrichiennes présentes y firent preuve, selon l'archiduc Jean, d'une totale incompétence. Il le clama dans les cantines des officiers, mais surtout il l'écrivit. Cette philippique soumettait à une critique féroce les méthodes d'instruction dans l'ensemble de l'armée autrichienne. François-Joseph enragea, Bismarck se montra de plus en plus intéressé par des renseignements que n'étaient pas en mesure de lui fournir les meilleurs de ses agents secrets.

Après un bref passage à la garnison de Linz, Jean de Toscane fut relevé, en 1887, de son commandement. Assez intelligent pour comprendre que, logiquement mis à l'écart, il s'était définitivement aliéné François-Joseph.

Un tel personnage ne pouvait qu'attirer les sympathies de Rodolphe. À partir d'analyses communes, les deux hommes étaient également convaincus d'une foule de réformes nécessaires à la survie de l'Empire. L'un et l'autre redoutaient et haïssaient les ambitions prussiennes. Jusqu'à la fin du printemps 1888, Jean de Toscane pouvait raisonnablement espérer être appelé à de hautes fonctions, dès que son ami et parent Rodolphe monterait sur le trône. Aussi entendait-il auparavant régulariser sa liaison avec Milly, une liaison qui durait depuis quinze ans. François-Joseph se montra intraitable.

Ce n'était pas tant l'idée de cette union qui l'irritait, mais il pensait – il n'avait pas tout à fait tort – que Jean de Toscane avait une mauvaise influence sur Rodolphe. Que Jean se marie avec cette Milly, l'empereur lui retirerait aussitôt tous ses titres, grades et ordres, ainsi que le château de Saint-Étienne, dont il avait la jouissance, et surtout les 45 000 florins annuels – une somme considérable – qu'il recevait du Trésor impérial. François-Joseph qui, en pareilles circonstances, n'avait pas pour habitude de faire les choses à moitié alla jusqu'à exiger de Jean qu'il se dépouillât de son nom, lui imposant une nouvelle identité ; il s'appellerait désormais Jean Horth, le territoire de la monarchie lui serait interdit.

Jean digéra mal son amertume. Puisqu'il n'appartenait plus au clan des Habsbourg, il se vengerait sur une personnalité de la dynastie. Pourquoi pas sur celui dont il s'affichait le plus proche, Rodolphe ? A-t-il été manipulé ? A-t-il agi en psychopathe irraisonné ? Quelle démence peut pousser un homme à vouloir la mort de son plus fidèle soutien ? Pulsions incontrôlables ? Avec les dérapages d'un cerveau malmené, tout est possible. En Autriche, au pays de Freud, il convient de ne pas le négliger ; à la fin du XIXe siècle, l'irrationnel faisait recette. Jean s'adonnait à l'alcool, il était sujet à des crises de *delirium tremens*. En septembre 1888, il reçut dans la clinique où il était soigné la visite de Bismarck, venu de Rhénanie. S'agissait-il de programmer la fin de Rodolphe ?

Le prince héritier était désolé pour son compagnon Jean de la tournure prise par les événements. Mais que pouvait-il faire, lui dont la déchirure avec son père ne faisait que s'accentuer ? À sa manière, Rodolphe était un homme de son époque, de son pays. Sans délaisser l'activité politique, il suivait de près les développements de l'École de Psychologie dont Sigmund Freud serait la figure emblématique. Son esprit ne vacillait pas, mais exigeait des ruptures.

Ruptures d'abord avec Richard Wagner. Il savait que son ami Szeps avait servi de modèle pour le personnage de Beckmesser, dans *Les maîtres chanteurs de Nuremberg*. Lors d'un passage à Bayreuth, Rodolphe avait écrit à Stéphanie, restée à Vienne : « *L'atmosphère de Bayreuth vous en impose, je retiens mon souffle car j'ai l'impression qu'il ne faut approcher que sur la pointe des pieds de ce temple de la musique* », et il ajoutait avec l'ironie qui avait toujours marqué son caractère : « *Une seule chose m'a beaucoup déplu, c'est qu'à l'entracte, les gens se sont jetés comme des bêtes sur des chapelets de saucisses et des tonneaux de bière. Ils étaient tous allemands.* »

Le supplicié de Mayerling avait entre autres qualités le sens de l'humour et de la dérision. En 1888, s'il gardait de l'admiration pour la musique de Wagner et celle de Franz Liszt, père de Cosima, dont il écoutait régulièrement les *Préludes*, quand ils étaient donnés en concert à Vienne, c'en était fini des relations personnelles. Richard Wagner s'était rangé dans la coalition antisémite, ce qu'aurait certainement mal accepté Louis II de Bavière, son ami et protecteur. Pour Rodolphe, la défense de la communauté juive était un devoir non pas sacré, mais humain. Il refusa une mission à Saint-Pétersbourg parce qu'il ne voulait pas voyager dans une Russie où les pogroms se multipliaient.

Il en devint même excessif au point d'attaquer, dans les derniers mois de son existence, la religion catholique romaine, au prétexte qu'elle avait fait des juifs un peuple déicide.

Dans une lettre à Szeps, il écrivait : « *Je tiens la foi chrétienne pour victime des lois de l'Église qui entend régler notre vie morale selon des principes qui ne sont que des chaînes liant l'être humain dans toutes ses aspirations.* »

D'autres ont été excommuniés pour moins que cela. Des propos qui, quelques siècles auparavant, auraient pu promptement diriger leur auteur vers les bûchers de l'Inquisition.

Comme si le sort avait décidé de s'acharner, dans le temps où il perdait un ami, Rodolphe était atteint par la maladie. À trente ans, il n'avait plus aucune certitude de succéder à son père. Ses forces morales semblaient l'abandonner. À Szeps, il confiait : « *Oh, comme je voudrais tomber sur un champ de bataille !* » Après un séjour qu'il aurait voulu de détente, sur l'île de Locroma, il revint encore plus déprimé qu'auparavant. Rien ne semblait l'intéresser. Il était cruel, ironique, il devint dur, souvent méchant. L'Allemagne ne le concernait plus, il tournait ses regards vers l'Est. Un jour, pointant Constantinople sur une carte, il dit à Stéphanie : « *C'est devant cette ville que tu seras couronnée.* »

Oui, mais... Il y avait la Russie. Qu'à cela ne tienne, on ferait la guerre à la Russie. La Russie qui incarnait à présent pour Rodolphe « *le principe asiatique du despotisme et de l'obscurantisme* ». Ce n'était plus le Kaiser, mais le tsar, qui était « *l'adversaire le plus redoutable de toute culture et de toute civilisation* ». S'il le fallait, on ferait en plus la guerre à l'Italie, afin d'éviter d'être pris à revers. François-Joseph mort, Rodolphe sur le trône, l'Europe serait-elle engagée dans un conflit général ?

Le prince héritier travaillait fiévreusement à un plan de campagne contre la Russie. Souvent, le soir, incapable d'assister à la moindre festivité – les bals se multipliaient dans Vienne –, il toussait pendant des heures, avant de trouver le sommeil.

En cet automne 1888, il semblait avoir perdu toute mesure. Il se commettait avec des financiers douteux, buvait immodérément et, entre deux séances de travail, se précipitait chez les prostituées qui rôdaient autour de l'Opéra. Son ménage allait mal, Stéphanie était jalouse ; on la comprend. Il déclinait, ce n'était plus un futur empereur qui arpentait à pied les rues de Vienne, mais un malade névrosé. Son regard angoissé et douloureux frappait ses interlocuteurs. Dans les bras de Mizzi Kispar, comédienne au Burg Theater, à laquelle il était profondément attaché, la seule à laquelle il osait livrer les secrets de son âme tourmentée, il sanglotait plus souvent qu'il ne lui prodiguait des caresses amoureuses.

Pareille situation mit un terme aux hésitations – à supposer qu'ils en aient eues –, de Bismarck et de son complice Jean de Toscane. Il fallait éliminer Rodolphe, aussi embarrassant malade que bien portant.

Néanmoins, au cours d'une soirée à la Hofburg, en l'absence de l'empereur, dans un discours de bienvenue prononcé devant plusieurs centaines d'invités, dont de nombreux Allemands, l'archiduc Rodolphe s'éleva avec une fougue inaccoutumée contre l'accord signé entre l'Empire ottoman et la Dresdner Bank : l'établissement financier germanique venait d'obtenir une concession exclusive pour la construction d'une ligne ferroviaire Berlin-Constantinople-Bagdad.

Rodolphe n'ignorait pas l'importance stratégique prise par les chemins de fer depuis quelques décennies. Un secteur dans lequel l'Autriche-Hongrie accusait un retard, justifié ou non par la configuration montagneuse du pays. Il y avait six ans seulement que la principale ligne du pays, Vienne-Linz-Salzbourg, avait été prolongée par l'Aarlberg jusqu'à Zurich ; la participation financière helvétique dans les travaux du tunnel, alors le plus long du monde, avait été acquise après d'âpres discussions sur des faveurs douanières et commerciales accordées aux Suisses.

En Hongrie, on avait seulement construit moins de quatre mille kilomètres de voies ferrées en étoile autour de Budapest. Rodolphe, régulièrement informé par des courriers de Saint-Pétersbourg, de l'avancement du projet de chemin de fer transsibérien, qui ouvrait à la Russie les portes d'immenses territoires en Extrême-Orient, rageait que son père l'empereur s'acharnât à ne voir comme liaison de l'Autriche avec ses voisins que la voie danubienne, sans d'ailleurs, malgré de brutales et violentes inondations, envisager la régulation devenue nécessaire du fleuve.

Déprimé, malade, Rodolphe s'intéressait encore à l'avenir de l'Empire, gardant la certitude de monter dans un avenir proche sur le trône. Un trône qu'il devrait préserver contre une Allemagne qui, en cette année 1888, avait subi de profonds bouleversements.

En trois mois, l'Allemagne avait perdu deux empereurs, le 9 mars, Guillaume Ier, âgé de quatre-vingt-onze ans, puis le 15 juin, Frédéric, emporté par un cancer. C'est son fils Guillaume II qui lui avait succédé. Le nouveau Kaiser était âgé de vingt-neuf ans, une année de moins que Rodolphe. Les deux hommes ne s'étaient rencontrés que lors de réceptions protocolaires ou de parties de chasse entre têtes couronnées.

Ce que Rodolphe rêvait de réaliser, lorsque son tour viendrait, c'était de sortir l'Autriche de l'immobilisme dans lequel la tenait François-Joseph, qui se définissait lui-même comme « le dernier monarque de la vieille école ». Guillaume allait, dès sa prise de pouvoir, s'atteler à la tâche. Familier des milieux militaires, le jeune empereur avait toujours été considéré par son grand-père Guillaume Ier comme un esprit vif, doué pour la politique extérieure et résolument ancré dans les temps modernes, qu'il savait devoir être industriels ; l'économie avait pou1 lui plus d'importance que le nombre de divisions de l'armée. Encore que dans ce secteur, il n'ait pas tardé à exprimer sa volonté de rajeunir les cadres humains en même temps que le matériel.

Bismarck s'efforçait de mener à bien son entreprise de construction d'une Grande Allemagne au détriment de l'Autriche. Il avait suffisamment d'autorité et de popularité pour convaincre, dès son avènement, le jeune Kaiser que, non seulement, il n'avait rien à craindre du très conservateur François-Joseph, lequel, à la soixantaine, observait surtout les Balkans et l'Empire ottoman, mais qu'il fallait se hâter de rassembler tous les germanophones dans un *Reich* dont la domination s'étendrait sur l'Europe entière. Guillaume II était réticent, il s'interrogeait plus sur la revanche programmée des Français pour récupérer l'Alsace-Lorraine que sur les intentions des Habsbourg en Méditerranée orientale.

En décembre 1888, l'emprunt russe connaissait, à Paris, un engouement général qui allait favoriser le décollage industriel de la Russie et la mise en chantier du Transsibérien. Sans perdre un instant, Bismarck, après une entrevue avec Wichnegradski, ministre des Finances du tsar, tenta de convaincre le nouveau Kaiser qu'il était nécessaire d'accroître la puissance allemande, de profiter de ce qu'il croyait – à tort – être les dernières années du règne de François-Joseph, pour formuler quelques revendications territoriales. Au besoin par la force armée. Car, selon Bismarck, il ne faisait aucun doute qu'avec Rodolphe le moderniste, la politique extérieure de l'Autriche-Hongrie se retournerait contre l'Allemagne que le prince héritier – Bismarck ne l'ignorait pas – détestait.

Sur ce point, Bismarck ne s'exprimait pas au hasard. Rodolphe n'avait pas une once de sympathie pour la Prusse ni l'Empire allemand. Il estimait l'alliance austro-allemande, fondement, depuis dix ans, de la politique étrangère de son père, contraire aux intérêts supérieurs de la dynastie des Habsbourg. Avec l'accession au trône de Guillaume II et la volonté du tsar Alexandre d'accroître rapidement le potentiel économique de la Russie, qui ne s'intéressait que de loin à un Empire ottoman en proie à de graves difficultés internes, Rodolphe craignait que, poussée par les Allemands, ce fût l'Autriche-Hongrie qui eût à supporter le gros de l'effort militaire d'une guerre contre la Russie. Connaissant les visées annexionnistes de Bismarck sur les provinces de langue allemande, il rêvait d'une alliance avec la France, qui conduirait à une double revanche : des Français après la perte de l'Alsace-Lorraine, des Autrichiens après l'humiliation de Sadowa. De plus, Rodolphe ne voulait à aucun prix se trouver aux côtés des Hohenzollern dans une guerre contre la France dont il admirait le régime républicain.

Ce que pensait Rodolphe, il l'exprimait. Par écrit, par ses actes. Ne voulant pas causer de nouveaux ennuis à son vieil ami Szeps, dont la seconde fille Berthe avait épousé l'anatomiste républicain autrichien Emil Zuckerkandle, professeur à l'université de Graz, il rédigeait des éditoriaux pour *Le Figaro*, à Paris, toujours disposé à lui ouvrir ses colonnes. Courageux, il décida de prendre, à Vienne, la tête du Parti des Français. Rodolphe, s'il ignorait Guillaume II, entretenait d'amicales relations avec le prince de Galles, lui exprimant le vœu de voir dans l'avenir un rapprochement significatif entre la Grande-Bretagne et l'Autriche.

Malgré l'insistance de Bismarck quant aux menaces qui, selon lui, pesaient sur l'Allemagne, Guillaume II entendait prendre le temps nécessaire pour examiner avec soin où se situaient vraiment les intérêts de l'Allemagne. À soixante-treize ans, Bismarck qui avait pourtant six ans plus tôt, en 1882, milité pour la « Triplice » une alliance de pure forme qui réunissait l'Allemagne, l'Italie et l'Autriche, n'entendait pas se laisser mener, sous son casque de fer à pointe, par ce jeune Kaiser de vingt-neuf ans, aux idées libérales, contraires à l'avenir de la Grande Allemagne dont il avait toujours rêvé.

Entre les deux hommes, cela avait commencé par un malentendu, la brouille ne tarderait pas. Il fallait agir. Vite. Avant qu'il ne fût trop tard. Contre qui ? Contre Rodolphe évidemment, contre cet homme jeune, de la génération du Kaiser, et dont il y avait tout à redouter. En novembre 1888, la décision d'éliminer physiquement Rodolphe était prise. Encore fallait-il réussir dans cette criminelle entreprise.

Rodolphe, contrairement à la légende, était un travailleur acharné. Il pouvait mener de front occupations politiques, activités intellectuelles et plaisirs. Bismarck le fit espionner vingt-quatre heures sur vingt-quatre, lançant sur sa vie privée des rumeurs aussi folles qu'inexactes : il aurait été atteint d'une maladie pulmonaire incurable, et déjà François-Joseph songerait à quelqu'un d'autre pour lui succéder... l'archiduc François-Ferdinand par exemple, aussi conservateur que Rodolphe était social-libéral. Bismarck et ses agents étaient mal informés. François-Joseph aurait été incapable de retenir François-Ferdinand, tant il détestait ce neveu qui avait conclu avec la comtesse Sophie Chotek un mariage morganatique et avait spontanément renoncé à tous ses droits de succession au trône.

Vers Noël 1888, les événements se précipitent. L'imposture se profile. La « Dame blanche » des Habsbourg, fantôme tragique réveillé plus tard sous la plume scintillante de Paul Morand, rôde de nouveau – ce ne sera malheureusement pas la dernière fois – autour de l'aigle bicéphale.

Avant de séparer de la vérité historique ce qui relève de l'imposture romanesque, il convient d'établir un constat. Si après tant d'années de fâcherie, François-Joseph, bouleversé, vécut comme une terrible tragédie la mort de Rodolphe, c'était d'abord parce que lui et lui seul avait l'exacte connaissance des circonstances du drame : la raison d'État le contraignait à les tenir secrètes. Également parce qu'en dépit des rumeurs qui couraient sur le *Kronprinz*, François-Joseph avait la certitude que Rodolphe aurait, certes, gouverné différemment de lui, mais qu'ayant à son expérience militaire ajouté une présence appréciée – ou détestée – sur la scène internationale, il aurait pris – cela ne faisait aucun doute – soin de l'Autriche.

Rodolphe était un homme, non seulement sympathique, mais tenace et ouvert aux aspirations des peuples de la fin du XIXe siècle. Il appartenait à cette génération de princes libéraux qui rêvaient pour l'Europe autant de réformes que de paix durable. Il était doté des meilleures intentions, d'immenses qualités, d'une appétence de tolérance religieuse qui en avait fait un héros du judaïsme menacé, adversaire inconditionnel de l'antisémitisme conquérant. Sa mort ne doit en aucune façon être considérée comme un échec sentimental, mais comme une catastrophe politique, dont nos contemporains ne mesurent pas qu'ils en paient toujours le prix. Et ça n'est pas terminé.

Par éducation, par instinct, le *Kronprinz* était un homme de compromis, il aurait pu, dans la première moitié du XXe siècle, avoir assez d'influence personnelle pour que, malgré la litanie des différends qui secouaient le Vieux Continent, fût évité le bain de sang dans lequel il s'apprêtait à plonger.

Avant de rétablir la vérité historique, ce qui est plus aisé depuis un demi-siècle avec la mise à disposition de documents indiscutables, malheureusement demeurés à ce jour trop confidentiels parce que dérangeants pour les imaginations romanesques, il convient de se remémorer les faits tels qu'ils nous ont été rapportés par les premiers témoins. Ensuite démontrer que cette version relève d'une imposture qui ne retardera que d'une vingtaine d'années la guerre en Europe ; elle explosera après un autre attentat, admis celui-ci : l'assassinat, à Sarajevo, le 28 juin 1914, de l'archiduc François-Ferdinand et de la duchesse de Hohenberg. Un mois plus tard, le sang se répandait dans les sillons de l'Occident. Marie-Valérie, sœur cadette de Rodolphe, pleurait encore un frère qui, selon elle, aurait su éviter le désastre.

Mardi 29 janvier 1889, il est 8 heures du matin. La neige est tombée toute la nuit à gros flocons, la température est polaire, les chemins quasiment impraticables… Qu'importe ! Rodolphe décide de se rendre au pavillon de chasse de Mayerling, à quarante kilomètres au sud de Vienne, pour y retrouver Marie Vetsera, dont il est l'amant depuis le 13 janvier, un peu plus de deux semaines (une lettre de Marie authentifie les faits).

Très amoureux de Mizzi Kispar, il lui faisait porter chaque jour des gerbes de roses rouges dans sa loge du Burg Theater. Cette

« petite » Vetsera de seize ans qui le poursuivait de ses assiduités, l'amusait. Ce n'était pas cette mignonne – il l'avait écrit dans une lettre à Szeps pour lui souhaiter un joyeux Noël – qui le détournerait de sa passion pour Mizzi. Mais pourquoi, se demandait Rodolphe, qui avait effectué dans l'aube floconneuse de ce 29 janvier, à cheval et sans escorte, le trajet Vienne-Mayerling, pourquoi celle que la bonne société viennoise appelait « la Larisch », la comtesse Larisch-Wallersee, entremetteuse qui se plaisait à trouver de « la chair fraîche » aux hobereaux de la Cour, avait-elle organisé ce rendez-vous en plein hiver, à Mayerling, au cœur de la forêt viennoise ? Rodolphe n'avait pu se dérober à cette partie de chasse hivernale à laquelle avaient été conviés – mais ils étaient à Mayerling depuis la veille – son beau-frère, Philippe de Saxe-Cobourg et le comte Hoyos, un compagnon de chasse.

Rodolphe était enrhumé, il s'était excusé, il passerait la journée dans le grand salon, face à la cheminée, où craquaient les bûches allumées par Loschek, l'unique domestique présent, le premier à pénétrer dans la chambre où – habillés, il faut le noter – il découvrirait les corps du prince et de Marie Vetsera. Loschek mourra accidentellement, quelques semaines plus tard, en glissant à Vienne sous les roues d'un fiacre. Sa mort brutale n'intéressa personne, quand bien même ce valet de chambre avait été le premier témoin du pseudo-suicide de l'héritier du trône des Habsbourg et de sa maîtresse d'un soir.

Devant la cheminée, Rodolphe attendait. « La Larisch » devait être dans une autre aile, en compagnie de Marie. Le *Kronprinz,* qui était demeuré chez Mizzi jusqu'à 3 heures du matin – témoignage de la comédienne sur procès-verbal devant Krauss, chef de la police de Vienne –, était fatigué. Il s'assoupit. Pensait-il même à Marie ? Plutôt à Mizzi, qu'il lui serait aussi difficile d'épouser que naguère la jolie juive de Prague.

À midi, Bratfisch, le fidèle cocher de Rodolphe, qui n'ignorait aucune des escapades de son maître, mais était plus muet qu'une carpe, arriva avec une voiture au pavillon de chasse, un pavillon qui disposait tout de même d'une vingtaine de chambres.

Il ne s'exprima jamais, tout permet néanmoins de croire que c'est lui qui avait mené Marie et « la Larisch » à Mayerling. Bratfisch connaissait les exigences de Rodolphe, il avait conduit les deux femmes dans leurs appartements respectifs. Marie avait voulu voir son prince tout de suite, avant le repas de midi, un repas qu'elle avait souhaité partager avec lui. Peut-être le premier en journée depuis qu'ils s'étaient donné l'un à l'autre. Elle aimait d'un amour fou le prince héritier et se croyait aimée de lui. Jamais elle n'aurait assez de gratitude pour la comtesse Laresch-Wallersee, par ailleurs maîtresse attitrée de Jean de Toscane, qui avait facilité la rencontre. Marie devrait être patiente et pour se jeter dans les bras de Rodolphe attendre que celui-ci fût seul dans la résidence.

À Vienne, dans son bureau, le journaliste Maurice Szeps peinait sur un article, il rédigeait habituellement ses textes en quelques minutes. Pourquoi la veille, après une entrevue avec l'empereur son père, dont il n'avait pas voulu révéler les détails, le *Kronprinz* lui avait-il déclaré : « *À partir de maintenant, toutes les chaînes, tous les devoirs, toutes les hésitations disparaissent* » (lettre de Szeps à sa fille Berthe) ? Que signifiait ce propos sibyllin ? Quel sens fallait-il lui donner ? Généralement avec Szeps, Rodolphe était plus explicite dans l'expression de ses réflexions. Ces mots devinrent encore plus mystérieux quand Szeps – un des premiers à avoir parlé d'un meurtre commandité – apprit le lendemain la mort de Rodolphe et de Marie.

Au début de l'après-midi, Philippe de Saxe-Cobourg-Gotha rentra de la chasse et avala rapidement une collation arrosée de champagne français. Il devait dîner à Vienne avec l'empereur. Le prince serait-il du repas ? Rodolphe répondit par la négative et pria qu'on voulût bien l'excuser. Par le valet Loschek, le prince fit prévenir télégraphiquement Stéphanie qu'il passerait la nuit à Mayerling. Le chef de police Krauss retrouva la copie du télégramme au bureau de poste du village voisin d'Aaland.

Avant la tombée de la nuit, malgré la neige et le froid, enveloppé dans une épaisse cape de fourrure, Rodolphe effectua quelques pas autour de la maison. Il avait fait disposer du champagne dans sa chambre personnelle. Du champagne qu'il partagerait avec Marie. À 5 heures de l'après-midi il ne l'avait pas encore vue. Selon Hoyos, il ne manifestait aucune impatience.

Jusqu'à cet instant, tout est clair, les esprits amateurs de romanesque n'ont rien inventé. La nuit tombée, l'imposture historique va surgir et l'Histoire sera vite enfouie sous le déluge de l'imaginaire.

Deux premières interrogations : pourquoi Rodolphe, quand il rencontra, après son entretien avec son père, son ami Szeps, resta-t-il muet, contrairement à son habitude, sur le contenu de l'entrevue ? Il fallut attendre que l'impératrice Zita livrât, en 1952, à Genève, quelques archives de François-Joseph pour apprendre que l'empereur avait conseillé à son fils une extrême prudence, tant dans ses déplacements que dans sa nourriture. Craignait-il pour sa vie ?

Il y avait eu néanmoins quelques fuites, car dans les rangs de ceux qui, dès la mort de Rodolphe, n'ont pas cru à la thèse du suicide, on a évoqué un empoisonnement à propos d'un verre de cognac retrouvé à demi plein dans la chambre des amants. Aucun document fiable ne peut authentifier cette thèse, mais il n'est pas impossible qu'avant le double meurtre, Rodolphe ait avalé quelque somnifère puissant. Invérifiable. Le contenu du verre n'a jamais été examiné, l'Histoire ne peut pas en tenir compte.

En revanche, la seconde interrogation mérite qu'on y prête attention. Le comte Hoyos, qui était resté à Mayerling, a dîné seul en tête à tête avec le prince dont il était à la fois le conseiller et un intime, sinon un ami. Le lendemain, c'est lui, le comte Hoyos qui, pressé de regagner Vienne, n'hésita pas à la station de Baden, à faire stopper à la surprise générale le train Trieste-Vienne, qui apporta la tragique nouvelle à la Hofburg. La première personne qu'il rencontra fut le comte Paar, autre conseiller de l'empereur. Paar, jusqu'à sa mort n'en démordit pas : lorsque Hoyos, livide et essoufflé, l'avait croisé dans l'escalier de la Hofburg, il lui avait déclaré : « *Ils l'ont tué... C'est terrible... On aurait dû s'en douter.* » Et pourquoi ? avait demandé Paar. Parce que, avait en haletant répondu Hoyos, la veille, lors du dîner qu'ils avaient partagé ensemble, Rodolphe s'était plaint d'avoir distingué à travers la neige à quelque distance, quatre ou cinq individus se dissimulant derrière les arbres. « *Encore ces damnés policiers, qui me surveillent sans cesse !* aurait-il déclaré, *comment peuvent-ils savoir que je suis ici à Mayerling ? J'en parlerai à Krauss.* » Les témoignages de Hoyos n'ont jamais été vérifiés, pourquoi ? Encore et toujours la raison d'État, règle d'or des Habsbourg, même dans leurs plus vives douleurs.

Effectivement, des individus rôdaient autour du pavillon de Mayerling, ce n'étaient pas des gardes du corps discrets, mais le ou les meurtriers de l'héritier de la couronne des Habsbourg.

Qui était donc cette Marie Vetsera que Rodolphe semblait attendre sans impatience à Mayerling ? Sa vie, brève, et plus encore celle de ses parents, méritent qu'on s'y intéresse. En Autriche, l'assassinat du prince aurait dû être à plusieurs reprises évoqué. Il avait assez d'adversaires conservateurs pour que sa suppression avant qu'il n'accédât au trône ait pu être sérieusement envisagée. Ce n'était pas qu'une hypothèse d'école ! Encore eût-il fallu déjouer un éventuel complot. Dans cette triste affaire, les agents de Bismarck se sont montrés plus efficaces. Tragiquement efficaces !

C'est au cours d'une réception, moins de trois mois avant sa mort, que Rodolphe rencontra pour la première fois Marie, dans la résidence somptueuse, mais d'assez mauvais goût, où elle vivait avec sa mère, rue des Salésiens, à Vienne, dans le quartier bourgeois, récemment édifié autour du célèbre Ring qui avait remplacé les remparts détruits sur ordre de l'empereur.

De petite noblesse hongroise, le père de Marie Vetsera était mort, un an plus tôt, en 1887, en Égypte où il était attaché à l'ambassade d'Autriche au Caire. Il y avait été inhumé.

L'histoire de la mère de Marie est plus insolite. Hélène était la fille d'un banquier ottoman, Thémistocle Baltazzi, lequel avait amassé avec des opérations commerciales douteuses une énorme fortune à Smyrne ; il avait quitté précipitamment la ville pour Vienne, se sentant sans aucun doute plus en sécurité chez les Autrichiens, adversaires potentiels de l'Empire de la Sublime Porte. Les frères de Thémistocle, brillants cavaliers, s'étaient, eux, installés à Londres. Ils avaient rencontré l'impératrice, en 1875, lorsqu'ils y avaient gagné le Derby, qui allait devenir le célèbre Derby d'Epsom. À propos des frères Baltazzi, l'impératrice écrivait – la lettre figure au catalogue des Archives de Vienne – à son époux : « *Ne sont-ils pas les fils de ce Baltazzi qui menait une délégation de Smyrnois aux cérémonies de notre mariage ? On dit que l'homme s'est enrichi en fournissant des femmes au harem du Pacha, mais aussi au prince Bismarck, ce qui fâche beaucoup S.A.R. Victoria.* »

Les épousailles de François-Joseph et Élisabeth avaient été célébrées à Vienne le 24 avril 1854. Il y avait foule. Vingt ans plus tard, Sissi gardait néanmoins en mémoire le souvenir de ce Baltazzi qui s'était autopromu baron sans que personne ne sût vraiment de qui il tenait ce titre. Il n'était d'ailleurs pas inconnu de la famille impériale pour une autre raison : son épouse d'origine prussienne – il l'aurait rencontrée sur l'hippodrome de Potsdam –, avait réussi, poussée par l'ambition, à s'introduire, sans y être estimée, dans le cercle des courtisans de François-Joseph. On voyait souvent sa fille, prénommée Hélène, en compagnie de la comtesse Larisch-Wallersee, authentique noble celle-ci, avec laquelle elle avait lié une relation d'amitié. Malgré une différence d'âge notable, Hélène Vetsera avait, en 1874, fait une cour acharnée à Rodolphe – il avait seize ans –, ce qui avait profondément agacé l'empereur ; aussi tenait-il l'intrigante éloignée de la Cour. La comtesse Larisch-Wallersee avait subi un sort identique, les deux femmes s'étaient senties profondément humiliées.

La jeune fille qu'on nous décrit petite, bien en chair, les lèvres délicates et très rouges, une longue chevelure enveloppant le visage, avait des yeux d'un bleu profond. Splendide, son regard attirait immédiatement celui des hommes. Mais elle ne les voyait pas, ne voulait pas les voir. Comme sa mère, quatorze ans auparavant, celui qu'elle voulait, c'était Rodolphe, le prince héritier, le futur empereur. Cela ne pouvait que satisfaire sa mère, qui fit part du rêve de la jeune fille à « la Larisch » qui allait – elle en avait l'habitude – jouer habilement son rôle d'entremetteuse.

Et ce fut la rencontre du 5 novembre 1888. Aux rendez-vous innocents et furtifs, préparés avec la complicité de « la Larisch », succédèrent des rapports plus intimes.

Le 13 janvier 1889, Marie rejoignait Rodolphe dans l'appartement de garçon qu'il avait gardé dans une aile de la Hofburg.

Le 14 janvier, elle retrouvait « la Larisch » au célèbre Café Sacher. Elle ne put prononcer qu'une phrase : « *Nous avons perdu la tête tous les deux. Maintenant, nous nous appartenons corps et âme.* »

L'authenticité de cette déclaration est doublement attestée. D'une part elle est mentionnée dans le journal de Berthe Zuckerkandl, la fille de Maurice Szeps, à qui « la Larisch » aurait volontairement « lâché » le scoop. Par ailleurs, un étui à cigarettes, visible au musée de la Hofburg, offert par Marie à Rodolphe, porte cette inscription gravée en fines lettres d'or : « *Merci à l'heureux destin ! 13 janvier 1889.* »

Ainsi donc, le *Kronprinz*, qui avait connu une existence agitée, qui ne s'était jamais privé des plaisirs de la séduction, qui était très amoureux de Mizzi la comédienne qu'il choyait faute de pouvoir l'épouser, se serait suicidé seize jours plus tard, entraînant dans la mort cette « jeunesse » avec laquelle il n'avait sans doute fait l'amour que trois ou quatre fois tout au plus ! La fable peut faire pleurer Margot, séduire les esprits romanesques, pour l'Histoire ce double suicide est inacceptable.

Que s'est-il passé, à Mayerling, le 30 janvier 1889 ? À 7 h 30 du matin précises, le valet de chambre Loscheck gratte à la porte de son maître afin de lui servir son petit déjeuner. Aucune réponse.

Il frappe. De plus en plus fort. Rien. L'archiduc n'a jamais le sommeil très profond, Loschek le sait. Affolé, il court chercher Hoyos. Celui-ci l'ignore-t-il ? Loschek juge utile de le prévenir de la présence probable de Marie Vetsera. Les deux hommes enfoncent la porte. Le cadavre de Rodolphe, habillé, est plié en deux sur le bord du lit. À ses côtés, le corps de Marie ; vêtue elle aussi, d'une robe de ville bleue, les yeux ouverts sur un autre monde. Marie et Rodolphe gisent, morts par balles. On n'en saura jamais plus car, d'un commun accord, le valet de chambre et le comte s'imposent le silence. Ils détiennent un secret d'État et savent quel prix François-Joseph leur ferait payer la plus petite trahison.

Ensuite, c'est le départ précipité de Hoyos. Pour gagner du temps, il réussit à faire arrêter le train Trieste-Vienne... L'arrivée à la Hofburg... La rencontre avec Paar... Les quelques mots échangés... Le refus de Paar d'annoncer la triste nouvelle à l'empereur qui se trouve dans son cabinet de travail.

Par chance – si on ose écrire –, l'impératrice n'est pas en voyage, elle est à la Hofburg, en compagnie de sa dame d'honneur, la Grecque Ida Ferenczi, qui lui lit quelques pages d'Homère. Le mari d'Ida, le baron Nopcsa, se trouve aussi à la Hofburg. C'est à lui – correspondance de Nopcsa Ferenczi – que le comte Hoyos annonce la mort, sans plus de détails, de l'archiduc et de Marie Vetsera. Après le récit de Nopcsa, Sissi éclate en sanglots et demande qu'on fasse venir François-Joseph. L'impératrice est la seule qui puisse parler à son époux. Elle ignore encore les conditions dans lesquelles est mort son fils.

Derrière la porte, l'empereur attend. Élisabeth a demandé quelques minutes pour remettre ses cheveux en ordre, se poudrer le visage. Les deux époux restent en tête à tête. Moins d'un quart d'heure plus tard, François-Joseph retourne dans son cabinet de travail. Surpris ? Accablé ? Aucun communiqué n'est publié par la Cour. Paar racontera que moins d'une heure après avoir appris la tragédie, Catherine Schratt, la maîtresse de l'empereur, le rejoint dans ses appartements particuliers.

Il est midi, ce 30 janvier 1889. Personne, absolument personne – le valet Loschek en témoignera devant le commandant de police Krauss –, n'a pénétré dans la chambre mortuaire dont il a fermé la porte à clef, et devant laquelle il a attendu les premières visites, éventuellement celles de policiers enquêteurs auxquels il aurait d'ailleurs refusé l'accès tant qu'il n'aurait pas reçu un ordre écrit, signé de la main de l'empereur.

En revanche, et cela figure dans une lettre de la correspondance réellement très intéressante de Berthe Zukerkandl avec son père, le journaliste Szeps, celle qui très discrètement quitte Mayerling, c'est « la Larisch ». Sans doute sur instruction, à peine arrivée à Vienne, elle fait courir le bruit, vite repris par toute la ville, que l'archiduc Rodolphe s'est suicidé avec un pistolet, après avoir tué la femme qu'il aimait à la folie, la jeune Marie Vetsera. La Cour réplique enfin, par l'intermédiaire d'un communiqué : Rodolphe est mort à Mayerling... d'une embolie cérébrale.

À qui veut-on faire croire une telle fable ? Qui connaissait Rodolphe ne pouvait pas accréditer cette thèse.

Pour avoir à mots couverts – ce n'était pas dans son habitude – évoqué l'éventualité d'un meurtre, la *Neue Freipresse*, nouvelle publication de Maurice Szeps, fut, ce soir-là, interdite de parution et saisie. Plus proche de la Hofburg, la *Wiener Zeitung* évoqua l'embolie. Version officielle de la Cour, où chacun semblait pris de panique. Sauf l'empereur. S'attendait-il à la tragédie ? Il ordonna la création d'une commission d'enquête, sans préciser quels en seraient les membres, ni fixer une date pour le début de la mission. À Vienne d'abord, dans toute l'Autriche ensuite, les cloches sonnèrent le glas, les drapeaux furent mis en berne. Les plus hautes autorités mondiales furent avisées de « la mort par embolie » du prince héritier des Habsbourg. La famille proche ou lointaine fut également prévenue. Pour tous, à Mayerling, le prince était donc mort d'une embolie. Pas question de suicide, on voulait obtenir du très rigoureux pape Léon XIII une sépulture chrétienne, qu'il aurait refusée si Rodolphe s'était suicidé.

L'Histoire était déjà entrée dans le registre de l'imposture. La mort par embolie de Rodolphe, l'opinion publique accepta avec réticence cette version que personne, provisoirement, n'osait contredire. Quant à Marie Vetsera, était-elle également décédée, à seize ans, d'une quelconque embolie ? Qui en vérité songeait à elle ? Seuls quelques intimes avaient eu vent de la dernière aventure de Rodolphe, aussi, dans un premier temps, personne n'établit de rapport entre la disparition de Marie, que peu connaissaient, et la mort du prince héritier.

Le 31 janvier 1889, avec toute la pompe nécessaire à un tel événement, la dépouille de l'archiduc fut ramenée à la Hofburg. Le docteur Wiederhofer, médecin officiel de la Cour, dut – cela ne pouvait être évité – constater que le corps était bien celui de Rodolphe. L'empereur ne prit pas connaissance du rapport, il a eu tort. Voici ce qu'écrit, sans doute intentionnellement, le docteur Wiederhofer : « *Les deux sont morts par balles... Sans doute c'était le grand amour...* »

Wiederhofer était lié à Szeps dont il partageait les idées. Le 31 janvier au soir, Szeps publia des extraits du rapport, dont la terrible phrase qu'il avait par ailleurs le devoir d'écrire et qui sera largement exploitée par les esprits romanesques : il n'y avait pas eu embolie, mais coups de feu.

Rodolphe était mort par balles, mais en laissant supposer qu'il s'agissait d'un suicide, le médecin permettait à l'imposture de prendre son envol. Même si, hélas, la vérité est plus terrible encore. Une vérité évoquée, mais toujours démentie. Les archives officielles, les correspondances privées prouvent pourtant qu'il s'agissait d'un meurtre. Non pas d'un meurtre passionnel, mais d'un assassinat politique minutieusement préparé.

Si les obsèques de Rodolphe furent l'objet d'une cérémonie qui dura plus de cinq heures, celles de Marie Vetsera furent aussi furtives qu'atroces. Le déroulement de cette ignominieuse besogne soulève encore l'indignation et jette une ombre supplémentaire sur toute la dynastie des Habsbourg. Marie, pauvre pantin désarticulé, maintenue contre une barre de bois, telle une crucifiée, fut conduite de nuit, assise dans un fiacre de louage, jusqu'à l'abbaye de Heiligenkreuz, voisine de Mayerling. Le temps était épouvantable, il neigeait et gelait à pierre fendre. Le cercueil accompagné par l'oncle Alexandre Baltazzi, avait été taillé en hâte, par un moine de l'abbaye dans quelques planches de mauvais bois. Il fallut s'y prendre à plusieurs reprises pendant plus de trois heures, pour creuser une fosse dans la terre durcie. Ce n'est qu'en 1900 que François-Joseph, meurtri par l'assassinat de Sissi, à Genève, par un Italien qui n'était pas anarchiste – encore une imposture de l'Histoire –, mais plus que fragile mentalement, que la famille de Marie Vetsera fut autorisée à placer une croix sur la motte de terre qui recouvrait ses restes. Le visiteur peut y lire, en allemand, ces mots : « *Ci-gît, baronne Vetsera, née le 19 mars 1871, morte le 30 janvier 1889. Telle une fleur, l'homme éclôt et passe…* »

Cet aspect sinistre de l'affaire de Mayerling n'apporte certes pas la preuve de l'imposture, il n'en est qu'une lamentable et lugubre annexe. On était d'ors et déjà en droit de s'interroger : s'il s'était agi d'un double suicide passionnel, qui avait tiré le premier ? Pourquoi avoir dissimulé à l'opinion publique l'identité de la seconde victime et les conditions de sa fin ? Ce fut pourtant ce qui advint. Parce que la vérité est ailleurs. Il y a d'autres charges, beaucoup plus troublantes.

Avant l'annonce de la mort de Rodolphe, la comtesse Larisch-Wallersee s'était rendue, à midi, le lundi 28 janvier, chez le baron Krauss, pour lui signaler la disparition de Marie Vetsera, qu'elle devait rencontrer au domicile de sa mère Hélène.

« La Larisch » signala la disparition de la fille, mais ne sembla attacher aucune importance à celle de la mère, absente de son domicile. Bizarre, non ?

Dès que « la Larisch » fut sortie de son cabinet, Krauss, en bon fonctionnaire, ouvrit un dossier de disparition. Il était surtout intrigué par le comportement de la comtesse. Son agitation lui parut très singulière, avait-elle peur d'un scandale ? Serait-elle compromise ? Le même jour, à 7 heures du soir, la comtesse Larisch-Wallersee revint chez Krauss, accompagné cette fois d'Alexandre

Baltazzi, le frère de la baronne Hélène Vetsera. Plus agitée encore qu'en fin de matinée. Elle venait de trouver chez elle – pourquoi chez elle plutôt que chez Hélène Vetsera ? – un testament de la main de Marie. Ce texte existe, « la Larisch » ne l'a pas présenté à Krauss, parce que selon toute vraisemblance il n'était pas de la main de Marie. Mais de quelle utilité ce testament aurait-il été pour les tenants de l'imposture au suicide ?

Il était, il est encore, d'usage d'exprimer très jeune ses dernières volontés. Sans avoir pour autant l'envie de disparaître au plus tôt. Lorsqu'à Vienne, Beethoven rédigea le célèbre Testament « dit d'Heiligenstadt », faubourg de la ville où il habitait, il n'avait, fort heureusement pour les mélomanes, aucune intention de mettre fin à ses jours. Cet exemple est significatif, il y en eut beaucoup d'autres.

Krauss s'interrogea. « la Larisch », dont il connaissait les activités d'entremetteuse, n'aurait-elle pas ressenti le besoin, de prouver qu'elle était présente à Vienne, le 28 janvier au soir ? Compte tenu de sa mauvaise réputation, on ne manquerait pas d'enquêter ; le chef de la police Krauss devrait témoigner qu'elle était encore dans la capitale quelques heures avant le drame. Quel indiscutable alibi ! Le surlendemain, après l'annonce du suicide, Krauss, au lieu de faire part de ses soupçons à l'empereur qui n'en aurait d'ailleurs pas tenu compte, préféra se taire. On le comprend, Krauss, certes bon fonctionnaire, tenait à conserver sa place. Au sommet de l'État, on avait décidé, après la version de l'embolie, d'opter pour celle du suicide, Il connaissait assez l'empereur pour imaginer ce qui pourrait advenir de lui s'il faisait part de ses doutes.

Krauss se tut, mais, en silence, décida d'agir. Il avait une idée, mit un agent sur cette piste et « organisa » quelques fuites en direction du journaliste Maurice Szeps, qu'il savait avoir été l'intime de Rodolphe. Il s'entretint avec Mizzi Kaspar, la maîtresse en titre du *Kronprinz*, qui confirma primo qu'elle était au courant – mais elle en avait l'habitude – de la dernière aventure de son amant avec Marie Vetsera, secundo qu'à aucun moment Rodolphe ne lui était apparu, les derniers jours avant sa fin, avec un esprit suicidaire.

Les journalistes veillaient. Dès le 1er février, ce fut le journal bavarois *Müncher neueste Nachrichten* qui jeta le pavé dans ce qui devenait heure après heure une très glauque mare aux mensonges. Le quotidien titra : « *La baronne Marie Vetsera s'est suicidée à Mayerling.* » Elle se trouvait donc sur les lieux du drame. Ce fut pour les Autrichiens un nouveau choc. Imprévu. S'était-elle suicidée ou avait-elle été tuée par Rodolphe de Habsbourg ? Poser la question n'allait pas arranger les affaires entre Berlin et Vienne. Ça n'était pas fini. Le 6 février, ce fut au tour du *Berliner Tageblatt* de prendre le relais : selon des sources dignes de foi, Rodolphe avait tué Marie avant de se tirer une balle dans la tête. Cela était suffisant pour semer le trouble dans l'opinion publique autrichienne. Si la feuille allemande disait vrai, il s'agissait peut-être d'un drame romantique à la viennoise, mais la Cour avait trop tardé à dévoiler la vérité. Cette vérité qui alimenterait désormais la littérature, mais aussi les manuels scolaires, plus particulièrement en Allemagne et en Autriche.

Il n'empêche, le 1er février, deux jours après le drame, la baronne Hélène Vetsera fut priée de quitter sans délai le territoire autrichien. Interdiction suivie, le lendemain 2 février, jour des obsèques de Rodolphe, par une décision identique à l'encontre de la personne de « la Larisch »...

Pour l'anecdote, mais aussi pour montrer à quel point l'Histoire finit toujours par avoir raison des impostures, fussent-elles rendues indispensables par la raison d'État, il faut savoir qu'à peine avait-elle quitté Vienne que « la Larisch » s'installait à Berlin. Elle reprenait son nom de Marie von Wallersee et deux ans plus tard épousait le chanteur attitré de la cour de Bavière, mariage rendu nécessaire par la disgrâce de son protecteur secret, Bismarck. Le chancelier venait d'être renvoyé à ses chères études par le Kaiser Guillaume II. Entre les deux hommes, les feux de la discorde couvaient, il ne pouvait y avoir deux empereurs en Allemagne. Exit Bismarck.

Veuve pour la seconde fois, « la Larisch » convola une troisième fois avec un certain Fleming, homéopathe (?), en Floride. Redoutant que la vérité n'éclatât, bien qu'elle eût mis l'océan Atlantique entre elle et ses souvenirs, elle tenta de se disculper de très vile manière, dans un livre confidentiel, des accusations – justifiées – qui pesaient sur elle ; elle mourut en 1940 au fond d'un asile de vieillards de Fort Lauderdale, où elle repose avec ses secrets. Des secrets dont l'impératrice Zita, veuve de Charles Ier, dernier empereur d'Autriche, a voulu se libérer avant de mourir dans les Grisons suisses ; sa dépouille a été transférée dans la crypte impériale des Capucins, à Vienne.

Aujourd'hui le crime est prouvé et c'est pour l'Histoire une excellente chose. Que s'est-il passé à Vienne ?

Le 28 janvier 1889, François-Joseph a un long entretien avec son fils. Il lui recommande la prudence. Rodolphe qui se sait surveillé par les agents de Bismarck ne paraît pas vouloir en tenir compte. C'est alors que François-Joseph présente à son fils le texte d'une lettre qui lui a été remise le matin même par l'ambassadeur d'Allemagne à Vienne, assortie d'une note fort peu diplomatique de Bismarck. La lettre avait été écrite par Rodolphe en 1885, à l'intention de Maurice Szeps. Comment était-elle parvenue jusqu'au chancelier ? Mystère. Une certitude : cette correspondance existe. L'original est dans les Archives familiales des héritiers Szeps, et c'est Berthe Zuckerkandl, fille de Maurice Szeps, qui, confrontée à tant de versions romanesques, l'a remise à Zita, laquelle, en 1955, prit l'initiative – heureuse pour les historiens – de la publier. En voici un extrait significatif :

« *Ce qui me trouble le plus dans notre vie politique, c'est l'épouvantable manque de clairvoyance à l'égard des Allemands. Ce sont des personnages aussi répugnants que le député Klotz* (membre du parti antisémite autrichien militant pour que l'Autriche s'unisse complètement avec l'Allemagne). *Toute alliance avec l'Allemagne pourrait devenir désagréable. Faire la guerre pour plaire à quelques hobereaux prussiens rêvant de se promener à Paris, serait une chose dangereuse. Si nous y étions associés, nous nous en repentirions.* »

Et de conclure : « *Des événements se sont produits contre la volonté de Bismarck, qui ont rompu le charme de sa toute-puissance.* » Cette lettre datée du 25 octobre 1885, avait été écrite par Rodolphe au château de Laxenbourg. Dans ses *Souvenirs d'un monde disparu*, Berthe Zuckerkandl accumule les preuves de l'hostilité de Rodolphe à toute collusion avec l'Allemagne de Bismarck. Ce dernier, qui détestait Rodolphe spontanément, tenait avec cette lettre, et probablement quelques autres, assez de preuves que, devenu empereur, Rodolphe ne ferait pas de cadeau à l'Allemagne. Sa disparition physique s'imposait. Encore fallait-il la préparer avec soin.

Ce fut chose aisée. Les agents secrets de Bismarck eurent vite fait de repérer à la Cour l'entremetteuse sans scrupules qui, moyennant quelques subsides, entrerait dans le jeu allemand.

« La Larisch » disposait de tous les atouts. C'est elle qui suscita la rencontre entre Rodolphe et Marie ; un amusement pour le *Kronprinz*, une avancée significative vers le crime pour Bismarck tenu régulièrement au courant. Ce fut encore « la Larisch » qui suggéra et organisa le rendez-vous amoureux de Mayerling, dans un pavillon de chasse isolé du monde extérieur.

En janvier 1889, on a pu relever la présence de Jean de Toscane auprès de Bismarck. S'il s'agissait de supprimer Rodolphe, l'homme, toujours humilié par sa situation d'exclu du clan Habsbourg, était tout disposé à assouvir sa vengeance... sur Rodolphe, son meilleur ami. Jean faisait la liaison avec « la Larisch », mais les agents de François-Joseph avaient le sentiment que quelque chose se préparait. Ils prévinrent l'empereur. Survinrent à point nommé la lettre du *Kronprinz* et la menace à peine voilée de Bismarck.

François-Joseph prévint son fils, le 28 janvier. Il était trop tard ; tout était en place. « La Larisch » n'était pas à Mayerling, puisqu'elle rendait visite à Krauss. Le lendemain, elle gagnait Mayerling, où elle faisait patienter Marie. Sans doute un meurtre lui suffisait-il. Les hommes de main étaient à l'affût. Rodolphe les aperçut dans sa promenade et les prit pour des gardes du corps.

« La Larisch » ne put empêcher Marie de rejoindre sans plus tarder Rodolphe. Le sort en était jeté. Il n'y aurait pas un, mais deux crimes. Marie était le témoin de trop.

Tout se passa bien. Bismarck fut satisfait.

Quant à François-Joseph, pourquoi a-t-il refusé la version criminelle ? Sans doute par peur des conséquences. Une guerre contre l'Allemagne ? Une attaque russe ? Une chose est sûre : il ordonna dès le 30 janvier au valet Loschek, qui devait mourir accidentellement (!) quelques jours plus tard, ainsi qu'au comte Hoyos, présents sur les lieux, de recouvrir entièrement avec des couvertures les corps des victimes. Personne ne devait les voir, personne ne les vit, à l'exception du médecin de la Cour qui ne put pas dissimuler que Rodolphe avait été tué par balles. On ne pouvait plus éviter alors de passer de l'embolie au suicide.

Avant sa mort, François-Joseph remit à Taaffe, son ministre, un coffret dans lequel, affirmait-il, se trouvaient tous les papiers relatifs à l'affaire de Mayerling. Ce coffret ne devrait être ouvert que dans la cinquantième année suivant sa mort. Taaffe le remit en 1912 à Zita, épouse du futur Charles Ier, mais lorsque Zita l'ouvrit, en Suisse, en 1955, le coffret ne contenait que des feuilles blanches.

Heureusement pour l'Histoire, il n'y a plus de drame romantique à Mayerling, il n'y a plus de mystère. Il n'y a qu'un épisode à ajouter dans la partie d'échecs que jouaient dans la discrétion, au mépris de leurs opinions publiques respectives, les chefs d'État de la planète, et cela depuis des siècles. L'Histoire ne juge pas, elle rétablit la vérité. Parce que pour l'humanité cela porte un nom : devoir de mémoire.

Le 30 janvier 1889, l'archiduc Rodolphe était assassiné sur ordre des Prussiens. Quelques semaines plus tard, à Braunau sur l'Inn, près de Linz, en Autriche, un employé des douanes déclarait la naissance de son quatrième enfant, prénommé Adolf…

Alphonse Daudet, écrivain provençal ?

Les Lettres de mon moulin… Le Petit Chose… L'Arlésienne… bien d'autres textes ayant acquis l'universalité sont signés Alphonse Daudet. Chaque année, des milliers de touristes visitent le petit village de Fontvieille, au cœur de la Provence, où le père de *La Chèvre de M. Seguin* aurait écrit et vécu une partie de sa vie. Alphonse, illustre signataire des non moins célèbres *Lettres,* était-il réellement provençal ? Il n'y a plus aujourd'hui à poser la question, on connaît la réponse.

À une dizaine de kilomètres d'Arles, on atteint, au-delà de l'abbaye de Montmajour, le village de Fontvieille, moins célèbre par ses carrières et ses mines de bauxite que par le Moulin, sur une butte rocheuse, au sud de la ville, où l'écrivain provençal Alphonse Daudet rédigea ses fameuses Lettres de mon moulin. *Un musée, rassemblant quelques souvenirs de son hôte illustre, se visite dans le Moulin...* (les guides touristiques)

Lorsque fut découvert, sur les berges de la Durance, le 2 août 1952, le corps agonisant de la petite Élisabeth Drummond, dont les parents, touristes britanniques, avaient été assassinés à proximité de la « Grand Terre », propriété de la famille Dominici, sur le territoire de Lurs, en Haute-Provence, les gendarmes trouvèrent dans la voiture des victimes un exemplaire illustré des *Lettres de mon moulin*. Avec ces contes lus en Angleterre la fillette souhaitait découvrir la Provence.

En 2003, dans une commune au pied du mont Ventoux, une association dite républicaine, dont les membres affirment se reconnaître dans les valeurs de la gauche, organisa, dans le village de Mazan, ancien fief de la famille de Sade, une soirée autour d'Alphonse Daudet. On y salua dans une dévotion unanime l'écrivain pour son amour des plantes aux noms poétiques, inconnues des gens du Nord, le romarin, la lavande, la sarriette, la farigoule... dont « *les parfums montent de la garrigue comme un jus issu d'une vendange de résines et du piétinement du soleil sur les herbes...* ». Ces mots, on les doit à Jean Giono, qui ne quitta jamais Manosque, sa ville natale, et non à Alphonse Daudet qui, dans les tavernes et les salons parisiens qu'il fréquentait, aurait été bien incapable de chanter la douceur d'une sieste à l'ombre épaisse d'un figuier, après avoir déjeuné d'une tartine grillée de pain d'épeautre, couverte d'une couche de tapenade toute imprégnée de larmes d'huile d'olive. Pendant qu'Alphonse Daudet traînait dans les bouges de Montmartre, les auteurs félibres se retrouvaient régulièrement au sommet de leur Olympe provençal – Pétrarque l'avait escaladé en 1336, suivi par d'autres plumes illustres, Stendhal, Alexandre Dumas, Prosper Mérimée, Théophile Gautier… –, à proximité de Fontaine de Vaucluse, chère à l'amoureux de Laure.

Combien en Provence, mais aussi dans toute la France, de collèges, de lycées laïcs ont été inaugurés sous le parrainage d'Alphonse Daudet, alors qu'il n'y eut pas, tout au long de sa vie, défenseur plus convaincu des vertus de la monarchie ! Le Cévenol n'a cessé de vouloir mettre bas la République, le plus chaotique, le plus corrompu des régimes politiques ! Léon Daudet, son fils, exploita à son compte, avec plus de virulence nationaliste, les thèses paternelles.

Il se vend de par le monde et dans toutes les langues des centaines de milliers d'exemplaires des *Lettres de mon moulin*, quasiment autant que du *Petit Prince* d'Antoine de Saint-Exupéry ; sous sa forme théâtrale, ou lyrique arrangée par Georges Bizet, *L'Arlésienne* occupe depuis sa création les scènes internationales. Qui n'a pas fredonné au moins une fois dans sa vie la *Marche des rois mages* ou l'air de *La Farandole*, aussi universellement connus que le *Boléro* de Ravel ?

Alphonse Daudet ne connaissait rien de la Provence âpre et splendide, peut-être le plus vaste musée du monde, de la lumière dont la magnificence éclaire, et cela depuis près de trois millénaires. Il n'avait pas l'accent qui faisait sourire Madame de Sévigné quand elle faisait le chemin menant à Grignan, à la rencontre de ces « *gens de Provence qui par la force de leur accent semblent déchargés de tous les fardeaux de la terre* ». Daudet s'exprimait dans la vie quotidienne avec le langage des Boulevards parisiens, il ignorait tout de la langue provençale. Cela provoqua quelques brouilles avec Frédéric Mistral, le chantre de Maillane, conservateur intransigeant de la tradition, soutenu par ses amis du Félibre. Les Provençaux de souche savent au son des tambourins et des galoubets préserver ce qui ne relève pas du folklore touristique, mais d'une identité qui s'alimente aux sources les plus pures de la civilisation méditerranéenne. Les *bo-bos* peuvent coloniser le Luberon ou les Alpilles de Saint-Rémy, les autochtones ne trahissent pas l'amour sincère, profond, inaltérable qu'ils portent à leur Terre.

Se réclamer du régionalisme littéraire, pour écrire ou fabriquer des séries télévisées aux titres alléchants, sur fond sonore de stridulements de cigales, avec des paysages de carte postale et des gens dont on ignore le fond de l'âme, ne relève que d'une démarche commerciale. Avec d'autres Daudet l'avait compris.

Queffélec père et fils ont parcouru les sentiers de Bretagne ; il ne serait jamais venu à l'esprit de Marcel Pagnol de conter des histoires de corons du Cambrésis ; Stendhal pour *Le Rouge et le Noir* a évidemment choisi son héros Sorel citoyen de l'Isère. Quant à l'Anglais Peter Mayle, s'il raconte *sa* Provence, c'est parce qu'il y vit, ce qui ne fut pas le cas d'Alphonse Daudet.

Frédéric Mistral, qui n'écrivit jamais autrement qu'en langue provençale, fut en 1904 le second Français à recevoir le prix Nobel de littérature. On l'a presque oublié. Il a fallu attendre que soit achevée la Seconde Guerre mondiale pour que soit accolé au lycée d'Avignon le nom de Mistral, mort en 1914, alors que Daudet demeure auréolé d'une gloire qu'il doit moins à sa plume qu'à des origines usurpées. Le père de *Tartarin* écrivait, non sans habileté, sur un pays dont il s'était affirmé natif, alors qu'il n'y a jamais eu de racines et – peut-être plus grave – qu'il n'y a jamais vécu plus de quelques jours de temps à autre…

Le Petit Chose..., Les Lettres de mon moulin... et le reste conservent une réputation mondiale entretenue par les marchands du Temple provençal. Alphonse Daudet n'est pas l'unique responsable de l'imposture faisant de lui un fils de Provence. Il a vécu sa vie comme il l'entendait, fidèle à ses idées, même les plus perverses et dangereuses, mais peut-on lui reprocher d'avoir su exploiter un talent qui ne manquait pas de couleur locale ? La postérité a gommé tout ce qu'il y avait de conservatisme rétrograde, d'ambition jamais satisfaite, parfois aussi de lâcheté, pour ne retenir dans la carrière d'Alphonse que le conteur, l'auteur à succès, chantre rabelaisien du terroir de Provence.

Alphonse Daudet littérateur provençal… Des gloires méridionales célèbres, tels Giono ou Pagnol, d'autres encore, anonymes, ont mené un juste combat pour que la réalité géographique, littéraire et politique d'Alphonse Daudet ne soit plus expurgée de ses aspects les plus sombres et que derrière la chèvre de M. Seguin apparaisse enfin le visage xénophobe d'un dandy boulevardier du XIXe siècle.

Yvan Audouard, qui repose depuis mars 2004 dans le petit cimetière de Fontvieille, à quelques centaines de mètres du moulin usurpé, n'a jamais cessé de pester contre les faux Provençaux, dont le clan Daudet.

Que Léon Daudet ait dirigé un quotidien dont son père Alphonse se flattait d'avoir trouvé le titre, *L'Action française*, et qu'il soit devenu, avec Édouard Drumont, un des plus dangereux polémistes antisémites de la IIIe République, ce n'est pas une nouveauté, encore convient-il de ne jamais oublier que Léon eut Alphonse pour géniteur.

De même qu'il serait injuste de négliger dans le clan Daudet, outre sa femme née Julie Allard, qui fut plus qu'une conseillère littéraire, une véritable écrivaine, Lucien, son second fils, l'ami de Marcel Proust, mais aussi de Jean Cocteau, de Raymond Radiguet et des dadaïstes rassemblés autour de Tristan Tzara. Quand Lucien fréquentait Montparnasse, il allait à la Coupole, à la Rotonde ou au Dôme, non pour y chercher, comme Alphonse, les faveurs de quelque courtisane vénale, mais pour rencontrer les poètes, les peintres, souvent des exilés, qui participaient à l'épanouissement artistique mondial, dans ce quartier, devenu, dès la fin de la Seconde Guerre mondiale, un souk de fringues et le rendez-vous des amateurs de *fast-foods*. À Montparnasse,

Lucien Daudet a tenu une place de choix ; l'oublier rendrait plus outrecuidante la popularité posthume d'Alphonse.

Du bout des lèvres, on consent à ne pas considérer Léon comme une icône de l'idéal républicain. Mais pourquoi réserver à Alphonse tant d'honneurs dans la grande saga provençale ? Parce qu'il est inscrit dans les programmes scolaires ? Surtout parce que la postérité s'y entend à merveille pour organiser l'Histoire avec des ambiguïtés dont le mercantilisme sait tirer profit.

Qu'Alphonse Daudet sorte demain du Néant éternel et s'en vienne à Fontvieille clamer que jamais il n'écrivit une seule ligne dans un ancien moulin à huile restauré pour les besoins de la légende éloignerait les centaines de milliers de touristes crédules qui, chaque année, versent leur écot pour pénétrer dans le sanctuaire où aurait bêlé la chèvre de Monsieur Seguin, où serait venu psalmodier le brave curé de Cucugnan ! Pour les restaurants locaux… l'office de tourisme… et même quelques enseignants naïfs, ce serait la catastrophe. Comme si le Mont Saint-Michel disparaissait, enfoui dans les sables mouvants. Nombreux sont ceux qui ont intérêt à perpétuer une des impostures littéraires les plus réussies. Peu importe la réalité si la pompe à finances fonctionne toujours !

Qui passerait sa vie à chercher ne trouverait aucune trace en Provence d'un quelconque Daudet. En revanche, sur la rive droite du Rhône, dans la partie la plus septentrionale du Gard, assez loin à l'intérieur des terres, dans le petit village cévenol de Concoules, dont le territoire s'enfonce comme un coin dans le département limitrophe de la Lozère, les tombes du cimetière attestent la présence d'une famille Daudet depuis 1674. Peut-être avant le XVIIe siècle… mais il n'existe ni trace ni document…

Notre temps a réduit considérablement les distances, il n'empêche qu'il demeure assez hardi d'évoquer les ascendances provençales de Daudet alors qu'Avignon, Cavaillon étaient, au XIXe siècle, des cités quasiment inconnues des Cévenols, parce que situées sur la rive gauche du Rhône. Fidèle à la chanson *Il suffit de passer le pont*, on découvre très vite que tout de granit et de schiste, là où le lichen n'est plus qu'une garrigue appauvrie, les paysages se hérissent, se déchirent et sèment parfois la frayeur ; on est loin de la douceur de la plaine maraîchère, de la rondeur des monts de Vaucluse. En Cévennes, on parle de *bastides* ; en Provence, on ne connaît que les *mas*. Les bastides cherchent le soleil, les mas l'ombre. Les Cévenols ont les châtaignes, les Provençaux les melons et les vins pour les palais délicats.

Alphonse Daudet n'était pas provençal, il était cévenol, tout comme André Chamson qui ne renia jamais ses origines. Aux Cévenols on associe l'austérité, la discrétion, mais aussi la vaillance des huguenots et des camisards ; aux Provençaux, la désinvolture, le goût du *farniente* et de la galéjade. Les Cévenols sont peu bavards, les Provençaux génétiquement, presque tous atteints de logorrhée. La Provence fait vendre, c'est un « marché porteur », comme disent les commerciaux. À l'heure de la sieste, à Carpentras ou à Saint-Rémy, les Provençaux dorment, les gens « de la ville », en « résidence secondaire », ont les yeux rivés sur les cours de la Bourse.

En vérité, Concoules n'a rien de vraiment exubérant. Les terres sont arides, les bâtisses ont plus l'air de forteresses que de mas ouverts sur l'horizon, le soleil n'y pénètre jamais et l'air à peine tant les fenêtres sont étroites, pour se protéger des froids intenses ; en décembre, après les dernières castagnades, on n'a plus envie de mettre le nez dehors. Les châtaignes, on les vend à Alès qui, au XIXe siècle, s'écrivait encore Alais ; on conserve les plus noircies, on en fait des bouillons et des purées étouffantes, avec lesquelles on mâche une gousse d'ail, histoire de leur donner un peu de goût. Avec le melon ou la pastèque, on n'attend pas en Provence que la canicule, comme en 2003, franchisse les limites du raisonnable pour se rafraîchir l'estomac.

À Concoules, la vie n'est pas franchement frivole. Dans ces Cévennes noires, coule toujours du sang de camisards. Un pays rude dont André Chamson fut l'incontournable chantre, Jean-Pierre Chabrol, l'indispensable conteur, et Jean Ferrat, l'héritier de l'esprit rebelle.

Jusqu'au milieu du XXe siècle, à Concoules, quand on n'avait pas ses intérêts dans la châtaigne, on les avait dans la soie. Le ver à soie était source de profit : qui possédait une magnanerie était immédiatement perçu comme un nanti. Vincent Daudet, père d'Alphonse, allait de ville en ville pour placer des soieries ; il finit par revenir au pays, y fonda sa propre entreprise et songea à se marier, afin d'assurer la descendance.

Vincent Daudet n'avait surtout plus l'envie de courir des chemins peu sûrs, de dormir dans des auberges coupe-gorge, de voir la diligence s'arrêter pour laisser le passage à une meute de loups. Sans doute Alphonse se souvint-il des histoires paternelles quand il les arrangea à la sauce provençale. Malheureuse chèvre de Monsieur Seguin ! Si elle avait été chevrette en Provence, elle n'aurait jamais croisé de loup, car entre Apt et Cavaillon, il y a des siècles qu'excepté dans leurs cauchemars les Provençaux n'ont jamais aperçu le fauve qui aurait tendance à retrouver le chemin de quelques pacages à brebis dans l'arrière-pays niçois.

Vincent, père d'Alphonse, était cévenol. Un Cévenol qui, le 8 septembre 1829, épousa demoiselle Adeline Raynaud, originaire de La Baume, dans l'Ardèche, plus austère, si cela peut se concevoir, que Concoules. Les Raynaud avaient du bien et la réputation d'être de bons chrétiens, habiles en affaires.

Le mariage ne fut pas une réussite. Les Daudet, de condition modeste, n'étaient pas de taille à résister aux Raynaud, des négociants en tissus qui tenaient autant au respect des convenances qu'à leur fortune. Le siège de l'entreprise était à Nîmes, les transactions y étaient plus faciles que dans d'inaccessibles villages de l'Ardèche. Les Raynaud disposaient d'un vaste appartement sur le Cours, l'artère bourgeoise de Nîmes.

Nîmes n'est pas Avignon. À Nîmes, on honore dans les arènes et à la Maison Carrée la Rome antique ; à Avignon, dans et hors les remparts, qu'on soit chrétien ou athée, le passage des papes au

XIVe siècle ne laisse personne indifférent ; avec le palais et les livrées des cardinaux, leur trace ne s'efface pas.

Chez les Raynaud, à Nîmes, on se retrouvait à intervalles réguliers pour discuter – on ne complotait pas, on échangeait des idées – sur les meilleures éventualités pour destituer ce gros benêt de Louis-Philippe et le remplacer par un roi capable de rendre son lustre à la France. On était royaliste, mais légitimiste, le souverain ne pouvait être qu'Henri V, et non ce balourd goutteux de Louis-Philippe.

Vincent Daudet avait reçu des Raynaud, au titre de la dot d'Adeline, cent mille francs et un appartement à Nîmes, assortis d'une obligation de fidélité conjugale. Vincent ne fut peut-être pas un époux modèle, mais avec Adeline, il remplit largement ses devoirs. Pendant plus de quinze ans, elle fut régulièrement enceinte. La mort des bébés était devenue une habitude familiale, l'occasion de se réunir et pour les hommes de parler politique.

Il arrivait que dans la série d'accouchements successifs il y eût des survivants. En 1832, un fils, nommé Henri, comme le roi légitime évidemment... En 1837, Ernest fut lui aussi épargné et, en mai 1840, un vendredi 13, c'est Alphonse qui, dès sa naissance, quoique d'aspect fragile, manifesta par ses premiers braillements son intention de s'installer dans le monde des vivants pour une durée indéterminée. Huit ans plus tard, Anna survécut elle aussi.

À quarante-trois ans, Adeline Daudet, née Raynaud, avait amplement rempli son rôle de génitrice. Dans le couple les étreintes n'avaient pour objectif que d'assurer la descendance. Chaque échec devait donc être suivi d'une nouvelle et rapide tentative.

Les douleurs de ses enfantements, les fureurs de son époux, les poussières des ateliers voisins de l'appartement fragilisèrent la santé physique et mentale d'Adeline. Après la naissance et la survie quasi miraculeuse d'Alphonse, quand elle n'était pas à l'église, elle s'enfermait dans sa chambre. Elle découvrit Lamartine et Hugo qu'elle détesta, leur préférant Chateaubriand. Entre les Évangiles et les livres profanes s'écoulaient les journées nîmoises. Elle n'était ni mère ni épouse.

Alphonse s'acharnant à vivre, il fut placé en nourrice, d'abord à Fons, puis chez les Trinquier, producteurs de châtaignes, où il resta jusqu'à l'âge de six ans. Il n'y eut pas meilleure école pour le bambin que la pierre dure des habitations cévenoles, la tramontane âpre et sèche qui souffle du nord et les châtaignes épineuses qui constituent l'essentiel de l'alimentation.

Alphonse, en bon Cévenol, avait hérité de son entourage un tempérament difficile, souvent excessif, caractéristique des paysans et des mineurs de la Montagne Noire. Rien de provençal ! À pays dur, population rude.

À six ans, il exprima le désir de voir le pont du Gard et le pont d'Avignon. Il avait comme ça des idées fixes de gamin auxquelles ses parents adoptifs refusaient d'adhérer : ils se levaient tous les jours à quatre heures du matin, ployaient sous le travail, étaient toujours de mauvaise humeur… Les voyages n'appartenaient pas au registre des éventualités.

Vincent, père d'Alphonse, n'était pas dans une situation facile. Dans les magnaneries et manufactures de soieries, les ourdisseuses, ces effroyables pétroleuses se prétendant mal payées, osaient, à intervalles réguliers, de plus en plus rapprochés, se mettre en grève ! Et ce n'était pas sur Napoléon III, qui n'avait d'autre souci que de moderniser Paris avec l'aide du baron Haussmann, qu'on pouvait compter pour rétablir l'ordre. Quant à Adeline, elle venait de temps à autre, avec la dernière calèche familiale, chez les Trinquier.

Dans l'isolement de la montagne, Alphonse, dès son jeune âge, marqua son goût pour l'espace, la liberté, l'autorité. Ce qui n'était pas aisément conciliable. Si le mot royaliste ne signifiait pas encore grand-chose pour lui, il entendait assez parler des désastres que les ouvriers provoquaient en France au détriment des paysans, de vrais travailleurs, eux, pour se méfier dès sa première jeunesse de ceux que le père Trinquier appelait les « abominables sans-culottes ».

En 1848, le peuple gronda, les braises s'enflammèrent, des Gavroche montèrent sur les barricades. Le feu s'étendit sur l'Europe, le sang coula. Karl Marx se lança dans la Révolution : « *Prolétaires de tous les pays, unissez-vous…* » Paniquée, Adeline fit revenir précipitamment Alphonse à Nîmes. Les révolutionnaires allaient – elle n'en doutait pas – incendier le pays. À Nîmes, les notables s'attendaient chaque matin à voir se dresser la guillotine devant les arènes, où Vincent avait initié Alphonse à la corrida.

Chaque fois qu'il en eut l'occasion, dans les quelques déplacements qu'il effectua à Nîmes, pour enterrer un cousin ou marier une fille Raynaud, Alphonse ne cacha pas l'attrait qu'exerçait sur lui la tauromachie. Il était un fervent *aficionado*. Chacun sait qu'en Provence la corrida n'a guère fait recette et que la mise à mort du taureau dans l'arène a toujours été étrangère à la culture de la rive gauche du Rhône.

En 1847, à la rentrée scolaire, on murmurait déjà que des révoltes étaient possibles dans les usines et les magnaneries. Vincent et Adeline – enceinte d'Anna – prirent conscience qu'Alphonse, malgré un physique chétif et une myopie dont on s'amusait, était déjà très éveillé, curieux de tout. Cela était onéreux, mais on consentirait au sacrifice, Alphonse serait placé comme interne à l'institut des Frères de la Doctrine chrétienne. Les punitions y étaient sévères, l'enseignement de qualité.

Un matin de février 1848, Alphonse crut à une vision d'horreur. La mort investissait l'établissement scolaire. La cour de récréation fut envahie par des individus gesticulant, parlant fort, injuriant les enseignants, escaladant les murs, jetant pupitres et bancs contre les fenêtres, dans le fracas du verre brisé. Un crucifix fut arraché sous ses yeux, dans la salle de classe où, avec les autres élèves stupéfaits, il tremblait de frayeur. C'était la révolution ! À presque huit ans, Alphonse y fut projeté. De ce matin d'hiver nîmois date son mépris pour les ouvriers et son hostilité à la République. Une hostilité que la famille entière partageait. Mais là, il ne s'agissait plus de discourir, mais d'échapper à la violence. Sans s'interroger sur ses raisons.

Ces hommes qui avaient saccagé les lauriers-roses du jardin de l'Institut des Frères de la Doctrine Chrétienne ne pouvaient être que des criminels. D'autant plus condamnables que le gamin les tenait pour responsables de la situation financière précaire de la famille. Vincent Daudet, dont on connaissait les opinions politiques ultraconservatrices, et Adeline, qui venait d'accoucher d'Anna, furent contraints de quitter Nîmes pour tenter, quoique à bout de ressources, de se refaire une vie à Lyon, capitale de la soierie. Remise de la révolte des canuts en 1832, la ville s'épanouissait de nouveau.

Déménager de Nîmes à Lyon ne fut pas une mince affaire ! L'excitation qu'elle suscita chez Alphonse lui fit oublier le chagrin de quitter sa province natale, le regret de ne plus courir dans les ravins cévenols parmi les châtaigniers et les bosquets de mûriers où l'enfant, précoce, avait connu ses premières amours. Il fallut prendre la diligence et embarquer dans des conditions inconfortables sur un bateau qui, trois jours durant, remonta le Rhône en luttant contre le courant.

À l'approche de Lyon, les nuages s'accumulaient. Moins que l'apparition d'un grain, le brouillard rhodanien donnait au ciel les couleurs grises de la chevelure d'Adeline Daudet, épuisée par les grossesses et les colères de Vincent, son époux.

Lyon ! Quand le bateau accosta il pleuvait. Lyon ! Durant tout le trajet en omnibus à cheval, du quai à la rue Lafont, où Vincent avait loué un appartement dans un bâtiment triste où s'entassaient déjà plusieurs familles, toutes les maisons avaient des façades gluantes que la pluie ne semblait pouvoir rincer. Lyon !

Alphonse, inscrit en sixième au lycée Ampère, apprit vite qu'il n'était qu'un campagnard descendu de ses montagnes, aussi exotique pour les jeunes Lyonnais que s'il avait soudainement surgi des rives de quelque grand fleuve africain. Le professeur de français et latin, M. Cougan, pour lequel tout ce qui n'était pas lyonnais était étranger, l'accusa de simuler la myopie et négligea de se souvenir de son nom. Il ne disait pas « Daudet, au tableau noir ! », mais « Vous là-bas, Chose, venez répondre à mes questions devant vos camarades *lyonnais.* » Humilié, Alphonse, « le Petit Chose », pleurait et obéissait. Dehors, il pleuvait.

Daudet était un silencieux, un adolescent secret, mais intelligent. À onze ans, il était déjà spectateur attentif de ces gens pauvres longeant les murs, afin d'éviter d'être éclaboussés par les chevaux des riches qui passaient dans les rues écrasées sous un ciel presque toujours bas.

Il s'aventurait dans les traboules, ces galeries couvertes et sombres qui, dans le quartier des soyeux, permettent le passage d'une rue à l'autre. Il observait au fond des salles de café des hommes crasseux, mal vêtus, parlant haut et fort, souvent effondrés sur les tables en bois où il y avait toujours une bouteille de vin sombre ; la saleté de la rue, la misère de ces ouvriers qui ne trouvaient d'apaisement que dans la râpeuse vinasse, ces femmes enfouies dans leur châle qui protégeaient tant bien que mal leur marmaille sous leurs longues jupes de cotonnade grises et souillées... Alphonse refusait de s'identifier à ce monde, ce n'était pas le sien. Ses parents vivaient certes une situation difficile, mais ils n'étaient pas des ouvriers. Les ouvriers, très jeune déjà, il avait appris à les ignorer. Si son père Vincent ne parvenait pas à « monter » son affaire de soieries, la faute en incombait à ces gens du peuple, misérables alcooliques, qui voulaient toujours gagner plus et encore plus. Il lui arrivait même, quand il croisait un canut plus ivre que les autres, de changer de trottoir.

Ainsi grandit Alphonse Daudet, qui beaucoup plus tard ferait rêver les lecteurs : la Montagnette, le brave père Gaucher dont le fameux élixir sèmerait le trouble dans les esprits des Pères Blancs de l'abbaye de Saint-Michel de Frigolet. Marcel Pagnol, sans rancune pour le faux Provençal, y tourna une version des *Lettres de mon moulin*, avec Fernandel pour vedette. Deux hommes du Sud. Eux avaient l'accent !

Au fil des années, au sein d'une famille définitivement ruinée, mais où on s'efforçait de « garder son rang », Alphonse le Cévenol se transforma en *gone* de plus en plus solitaire. Vincent, Adeline et les enfants avaient dû quitter l'appartement de la rue Lafont pour un logement plus modeste, au bord du Rhône, où l'eau à chaque crue envahissait les quatre pièces, obligeant les occupants à sortir en bateau. Rien d'une partie de plaisir...

Alphonse était de moins en moins assidu au lycée. Il avait découvert le bonheur en poussant la porte d'une maison aux persiennes toujours closes, derrière lesquelles, fait exceptionnel à Lyon, des rires succédaient aux rires. À l'intérieur, au milieu de filles qu'il jugea vulgaires, il remarqua une jolie rousse. Ils échangèrent un sourire. Elle était illettrée, il n'avait pas de quoi payer son enseignement à la sexualité : la rouquine et le myope étaient faits pour s'entendre. Elle apprit à lire, il considéra que le bordel était nettement plus attrayant que le lycée Ampère.

Avec son unique ami, Jacques Garrisson, né de père inconnu, dont la mère tenait la caisse de l'embarcadère des canots sur la Saône, quand ils n'étaient pas au bordel, ils volaient une barque ; en longeant le fleuve, ils observaient les péniches descendant le courant... vers le sud. La vie des bateliers leur semblait abominable. À Garrisson, lorsqu'il parlait de son Sud, Alphonse racontait les forêts de châtaigniers, les mineurs d'Alais et la Maison Carrée de Nîmes... ou le pont du Gard qu'il n'avait jamais vu. Il y avait là, disait-il, les plus beaux vestiges de la présence romaine en Gaule... Le Palais des papes, à Avignon... connaissait pas ; l'amphithéâtre d'Orange... connaissait pas ; Vaison qu'on disait romaine... connaissait pas. À lire ses premières correspondances avec Garrisson, échangées pour le plaisir de l'amitié réciproque, on devine déjà qu'Alphonse Daudet n'éprouvait aucune attirance pour la Provence. « *Ces gens*, écrivait-il en 1853, *ne sont que des simulacres d'êtres humains, on les dit éblouissants, je n'ai nulle envie de les connaître, car je ne les crois pas intelligents* (sic). »

Il est clair qu'à quinze ans, Alphonse Daudet, qui avait déjà manifesté son goût pour l'écriture, par de petits et aimables poèmes, n'envisageait absolument pas de faire de la Provence dont il n'appréciait guère la légèreté, un fonds de commerce. La postérité ne retiendrait néanmoins que cet aspect d'une carrière par ailleurs très diversifiée. La « provençalisation » d'Alphonse Daudet non seulement fut tardive, mais dut beaucoup au hasard de rencontres que le lycéen lyonnais ne pouvait encore soupçonner.

À Lyon, Alphonse avait en mains toutes les cartes d'un jeu qui pouvait faire de lui un excellent voyou. Malgré le lycée buissonnier, Daudet, qui avait d'excellentes notes en littérature, en latin et en grec, envisageait de faire carrière dans la littérature. Des bluettes de collégiens ses premiers poèmes ? Mieux que cela... Qu'il s'agît de textes sur la naissance d'un cousin à Nîmes ou sur la mort prématurée d'un oncle, il y avait dans ses mots une forme de tristesse tragique qu'il ne cherchait pas à dissimuler.

À seize ans, Alphonse s'enfonça dans le mysticisme. Lui et son frère Henri, son aîné de cinq ans, portaient une lourde charge secrète qu'ils n'osaient pas avouer à leurs parents, déjà accablés de soucis matériels : pourquoi avaient-ils survécu, alors que la plupart de leurs frères et sœurs avaient rejoint, à peine nés, un Paradis dont les portes ne s'ouvriraient pas pour eux ? Ils menaient l'un et l'autre une vie quotidienne trop dissolue.

Alphonse achevait ses études secondaires ; Henri, vingt-quatre ans, séducteur-né, donnait en ville des leçons de piano à des fillettes qui l'accueillaient nues et des épouses dans l'ennui qui lui ouvraient volontiers la porte de leur chambre. Alphonse, entre deux cours de lettres – les seuls qu'il ne séchait pas –, allait d'escapades bistrotières en soirées de plaisirs, toujours accompagné de sa rouquine, veillant néanmoins à ce que les lieux, s'ils avaient mauvaise réputation, fussent fréquentés par la bonne société qui partageait son temps entre les églises et les parties fines. Un usage qui, à Lyon, n'est pas depuis un siècle totalement tombé en désuétude.

Au cours de l'hiver 1856-57, alors que la France de Napoléon III – entièrement soumis à la domination de son épouse espagnole Eugénie de Montijo – s'industrialisait et prospérait, Vincent, ruiné, obtint, grâce à Monseigneur Dupanloup, une relation d'Adeline, une place de commis voyageur au pourcentage. Il était à la peine, passant sans se plaindre de wagons crasseux à des diligences cahotantes. Ses compagnons de voyage n'étaient pas de son monde et devant ceux de son monde il devait se faire humble. Pour Adeline et les enfants, la situation était horrible. Il en souffrait, mais, hormis les colères dans le cercle familial, il semblait accepter cette condition modeste qu'il espérait toujours passagère.

Au printemps 1857, Alphonse prit une décision : pour le salut de la famille, il se ferait prêtre.

C'était ce qu'il clamait et proclamait, mais prêtre, Alphonse ne le serait jamais. Dans le secret de son âme d'adolescent – il avait dix-sept ans – il rêvait de Paris, ou plutôt de jolies Parisiennes qu'il trousserait volontiers et qu'il voyait portraiturées grivoisement dans *La Gazette*, le quotidien de la bourgeoisie lyonnaise. *La Gazette* qui s'obstinait à refuser ses vers, les jugeant trop puériles. Il enrageait, se sentait humilié. S'il était puéril, qu'on lui donnât la possibilité de vivre avec les enfants, dans un monde que les adultes ne comprendraient jamais !

Son père Vincent, complètement ruiné, devenait de plus en plus irascible, sa mère Adeline de plus en plus souffreteuse. L'oncle paternel Louis comprenait la tristesse de son jeune neveu qui aurait aimé, comme son aîné Ernest, vivre dans la capitale. Paris ! Ah Paris ! Un rêve impossible ! Irréalisable !

Ce ne serait pas Paris, mais Alais où vivait l'oncle Louis. Il ne manquait pas de relations dans les cercles républicains qu'il était le seul de la famille à fréquenter et il trouva à Alphonse un emploi de pion au collège. Était-ce d'abandonner Lyon ou de se retrouver mêlé à la jeunesse, mais la perspective le réjouit. Il quitta heureux la cité de la soie. Pour Alais, il n'y avait que deux changements de diligence, Alphonse n'avait qu'un maigre bagage. À Alais, l'oncle l'attendait ; les deux hommes prirent directement le chemin du collège où Alphonse serait nourri, logé et recevrait six cents francs de gages.

Quelques centaines de mètres suffirent pour que la bonne humeur se transformât en horreur. Non, ça n'était pas possible ! Enfant, avec la famille Trinquier, il était venu deux ou trois fois à Alais, il n'en gardait pas le souvenir d'une ville aussi lugubre.

Alais était une ville noire, plus noire que Lyon... Une ville noire habitée par des gens au visage noirci par la poussière de charbon... Un champignon vénéneux au pied des Cévennes... Les enfants y étaient, très jeunes, ramoneurs. Normal, ils étaient nés dans le poussier. On y avait le parler rauque tant les gorges souffraient de l'air empuanti par les miasmes des mines que la tramontane, se précipitant en rafales des hauteurs des Cévennes, ne parvenait pas à éliminer. À, Alais, on mourait jeune, la silicose – qu'on appelait encore phtisie – faisait des ravages chez les hommes, quoique la mine fût à ciel ouvert.

Quant au collège, il était plus noir encore que d'autres bâtisses. Une véritable caserne. Alphonse éprouva subitement l'impression d'être enfermé au bagne ! Les petits ramoneurs se moquaient de lui, chahutaient sa myopie et ses vêtements élimés, ses manières gauches d'adolescent chétif. Ces fils d'ouvriers à peine moins âgés se vengeaient sur lui des brimades que les patrons imposaient à la mine à leur père et dans les magnaneries à leur mère. Ses collègues avaient plus de vingt ans, Alphonse à peine dix-huit, ils lui abandonnaient les corvées imposées par la direction. Le pion qui rêvait de la vie parisienne était condamné à un milieu ouvrier, illettré, violent, qu'il méprisait de plus en plus parce qu'il entendait malgré tout demeurer fils de bourgeois.

Son rejet du peuple se manifesta de très curieuse façon. À Alais, comme dans beaucoup de villes de province, pendant que les épouses des notables allaient à la messe, puis à la pâtisserie, pour acheter les gâteries dominicales, les « messieurs » se retrouvaient au café. À Alais, la bourgeoisie fréquentait le Café Barbette, place Saint-Sébastien. C'était aussi le lieu de rencontre des comédiens itinérants et des officiers de la garnison. Alphonse, par ses vantardises imaginaires, réussit néanmoins à s'y faire accepter. Une part non négligeable de son maigre salaire passait en tournées d'absinthe qu'il offrait aux habitués.

Alphonse s'enivrait et quand il était saoul, il rêvait de sa rouquine de Lyon. À Alais, on savait se tenir, les gourgandines et les épouses adultères y étaient aussi nombreuses qu'ailleurs, mais si les ouvriers, trop épuisés, songeaient à dormir plus qu'à la bagatelle, les bourgeois, dans une ville où tout le monde connaissait tout le monde, évitaient de se vanter de leurs bonnes fortunes. Pour Alphonse, Alais devint un enfer, Paris un paradis inaccessible. Alors il songea à Lyon. Mais pour exercer quel métier ?

Enfin les vacances de l'été arrivèrent. L'oncle Louis emmena Alphonse dans la maison de sa sœur Maria, au cœur des Cévennes, à Saint-Hippolyte-du-Fort, haut lieu de la résistance huguenote contre le clergé de Louis XIV. De ces temps lointains on avait gardé le goût du silence et de l'austérité dans la vie quotidienne. Il n'y avait même pas de café. La châtaigne était reine du commerce et des tables familiales. À Alais, Alphonse se sentait humilié, à Saint-Hippolyte, il s'ennuyait malgré quelques furtives étreintes charnelles avec sa cousine Rosa, dont l'entrejambe compensait mal la tristesse de l'existence. Malgré le lit de Rosa, Alphonse ne supportait plus la vie de cette bourgade noyée dans un océan de châtaigniers.

Il voulait être prêtre, il n'était que pion de collège. Il rêvait de folles nuits parisiennes, « le Petit Chose » songeait souvent au suicide. Il écrivit une lettre désespérée à son frère Ernest, à Paris.

Il n'attendait rien et parce qu'il n'attendait plus rien, la vie enfin allait s'intéresser à lui. « Rejoins-moi à Paris, je te prends en charge… » Ernest avait tout compris, il aimait son cadet dont l'amertume soudain se transforma en espérance.

Paris. Enfin ! En novembre 1857, il y faisait – c'était normal – un temps de Toussaint. Une fois encore, le gris et le noir semblaient marquer Alphonse. Ernest habitait rue de Tournon, la rue qui, du boulevard Saint-Germain, mène au Sénat. Trop petitement logé, Ernest avait loué – il paierait – une chambre dans un hôtel, près de chez lui, l'hôtel du Sénat, à proximité de l'église Saint-Sulpice, du jardin du Luxembourg, du théâtre de l'Odéon et évidemment du Sénat. Honoré de Balzac avait habité en face, dans un appartement qu'il avait cédé au docteur Ricord, médecin personnel de Napoléon III.

Ernest, qui percevait le désarroi de son cadet, dû à l'insatisfaction, à l'échec, à la misère matérielle, s'efforça de l'initier à la vie particulière et attrayante du Quartier latin. S'y mêlaient jeunes maîtres du barreau, hommes politiques bien en cour aux Tuileries, écrivains reconnus ou non, qui partaient à l'assaut des maisons d'édition dont le boulevard Saint-Germain et le boulevard Saint-Michel constituaient la frontière avec les autres Paris. Alphonse aimait flâner dans les jardins du Luxembourg. Au pied des statues en pierre des reines de France, il croisait des comédiens, pensionnaires de l'Odéon. Enfin il vivait ! Il étudiait et observait ce qu'on n'appelait pas encore « l'intelligentsia » mais plus simplement l'Esprit de Paris.

Un quartier où le bouche à oreille, plus que la presse, avait fait se rapprocher, se rassembler des gens aux origines les plus diverses. L'hôtel du Sénat était une sorte de caravansérail où se retrouvaient les Méridionaux. Daudet avait pour voisin de chambre un jeune avocat borgne, venu de Cahors, spécialiste des effets de manche, Léon Gambetta. Au premier étage, un garçon aussi étoffé physiquement que Daudet était squelettique : Émile Zola, son contemporain, né en 1840, qui avait passé toute sa jeunesse à Aix-en-Provence. Dans ce carrefour Midi-cassoulet et Midi-bouillabaisse, Zola – il se fâcherait brutalement avec lui lors de l'affaire Dreyfus – fut le premier à vanter à Daudet les charmes de la Provence. À l'hôtel du Sénat, entre le Sud du foie gras et celui de l'aïoli, Alphonse, qui semblait ne jamais trouver de plaisir à la vie, sentit que les Cévennes-châtaignes n'avaient pas leur place. Mais cette fois, si c'était toujours la misère, c'était déjà la liberté.

Avec la liberté, la chance allait désormais l'accompagner. En avait-il conscience ?

Avec un pain à deux sous dans l'estomac, il remontait la rue de Tournon, parcourait quelques mètres rue de Vaugirard, lorgnait sur le Sénat, s'asseyait à une terrasse de café, face à l'entrée des artistes de l'Odéon, commandait une absinthe qu'il mettait des heures à avaler. Il guettait les hommes de lettres s'engouffrant par la porte vitrée dans le théâtre. Il reconnaissait Barbey d'Aurevilly, Jules Vallès, Jules de la Madelène, Eugène Labiche… Il n'était pas encore *avec* eux, mais il était déjà *près* d'eux.

Il flânait le long des galeries couvertes qui entourent l'Odéon, s'attardait aux étals successifs des bouquinistes – qui disparaîtraient après la Seconde Guerre mondiale –, feuilletait les livres nouveaux, sans couper les pages. Que de générations se sont ouvertes à la littérature sous ces arcades, véritable bibliothèque à l'air libre, où des étudiants subtilisaient les livres qu'ils n'avaient pas les moyens d'acheter, sous le regard bienveillant de vendeurs compréhensifs faisant mine de n'avoir rien vu !

Ainsi Alphonse découvrit en tranches *Les Fleurs du mal* de M. Baudelaire et *Madame Bovary*, de M. Flaubert, qui venaient de paraître et suscitaient de violentes controverses à la table d'hôtes de l'hôtel du Sénat. Le tumulte des discussions et des rencontres, les soirées passées à dire le plus grand mal de MM. Lévy et Hachette rejetant avec dédain tout ce qui n'était pas signé d'une célébrité, tout redonnait confiance à Alphonse. Dans sa petite chambre, où s'entassaient les livres quelquefois achetés, souvent empruntés, volés quand il n'y avait d'autre moyen de les dévorer, un auteur absent, mais de marque : Victor Hugo, un esprit instable qui avait lâché la monarchie pour défendre la République, un auteur qu'on aurait, selon lui, dû interdire.

Alphonse ne cessait d'écrire en alternance poèmes lyriques et nouvelles inspirées du monde qui l'entourait, observant de ses yeux de myope, avec intérêt et amusement, ses élites et ses m'as-tu-vu.

Alphonse était timide, mais têtu. Il se lia avec Léon Gambetta. Tout aurait dû opposer le jeune avocat, appelé à une brillante carrière politique, qui partagerait avec Jaurès la défense d'une classe ouvrière forte dans une République laïque, et le poète chétif, aux vêtements élimés, monarchiste légitimiste dans un Second Empire qui s'efforçait de mener la France d'une poigne de fer. Il n'empêche que Léon et Alphonse aimaient à converser ; l'avocat entrouvrit les portes de *La Revue des Deux Mondes* au jeune Cévenol. Le monarchiste allait-il céder au chant des sirènes républicaines ?

S'il n'y a que le premier pas qui coûte, Alphonse Daudet, en 1859, effectua ce pas. Il n'aimait pas les mondanités, ces dîners qui ne sont que foires aux vanités, où chacun n'a d'autre souci que de vanter les mérites de son *ego*, mais Gambetta lui enseigna que s'il voulait réussir, il ne pouvait ignorer les lieux où se faisaient et se défaisaient les réputations littéraires et politiques. On y échangeait des secrets d'alcôve, on y entendait parfois des traits d'esprit.

Daudet fit aussi la connaissance, par l'intermédiaire d'Émile Zola, de Barbey d'Aurevilly, lequel, par esprit de caste sociale, l'introduisit dans le salon de la princesse de la Trémoille. Il y débita quelques vers et goûta au paradis artificiel de l'opium. Il rapporta aussi combien dans sa famille on déplorait les excès de la classe ouvrière ; ces ouvriers dont la morgue revendicative finirait par détruire ce qui restait de l'Ancien Régime dans le génie français.

Deux rencontres allaient transformer « le Petit Chose » en un dandy parisien de son époque et allaient, de surcroît, faire de l'homme des châtaigniers un conteur de l'herbier provençal.

Pierre Véron, d'abord, avec lequel il se trouva, dès l'abord, des affinités. Alphonse avait vingt ans, Véron, trente-six. Véron passait ses soirées dans les cafés du Quartier latin à croquer l'atmosphère pour *Le Charivari*. Mais surtout il montait une rédaction pour créer *Paris Journal*, un illustré consacré aux dessous de la vie parisienne. Un magazine « *people* » !

Frappé par les dons d'observation du jeune poète et la cruauté des phrases qu'il utilisait pour commenter les réunions dans les salons littéraires et l'ambiance des brasseries à la mode, Véron engagea Daudet.

Daudet signait *Piccolo*, trahissant ainsi son goût pour le petit vin italien qu'il ingurgitait plus que modérément dans les tavernes de Montparnasse et de Montmartre et qui, avec l'absinthe, l'aidait à négliger les rancœurs de celles et ceux qu'il égratignait avec l'injustice et l'exagération inhérentes à ce genre de littérature.

La première rencontre allait susciter la seconde, la plus importante. Le jour de la Chandeleur 1859, le 2 février, parut *Mireio*. Un triomphe immédiat pour le poète de Maillane. Quoiqu'il écrivît en langue provençale, ce fut aussitôt un concert unanime de louanges, dirigé par Lamartine, qui donna à *La Revue des Deux Mondes*, alors plus que florissante, une chronique telle qu'en rêvent tous les écrivains du monde.

En 1859, Daudet était à la fois journaliste mondain et poète ! Quand au printemps, Frédéric Mistral « monta » à Paris, parce qu'il ne pouvait se soustraire aux multiples sollicitations dont il était l'objet, Alphonse voulut à la fois l'interviewer et le connaître. Entre poètes, n'est-ce pas ?...

Mistral accepta de se rendre à l'hôtel du Sénat, pour répondre aux questions du jeune Daudet. Celui-ci ne comprit strictement rien aux propos de l'enfant de Maillane qui s'exprimait en provençal. Peu importait, Daudet, dans son article, ne tarit pas d'éloges sur le poème de Mistral, dont il avait écouté quelques extraits ; malgré la différence de langue, il avait été sinon ému, du moins intéressé.

Mistral, auréolé de sa gloire naissante, retourna à ses cigales, non sans avoir invité Alphonse Daudet à lui rendre visite dans cette Provence où le Cévenol n'avait jamais mis les pieds. Daudet était trop soucieux de faire, à Paris, carrière dans les Lettres pour effectuer le déplacement.

Le patron du *Figaro* se nommait Villemessant, il était passé de l'exploitation des machines-outils à celle des journalistes qu'il entendait tenir à sa botte. Au *Figaro*, en 1865, on frappait juste. Juste et fort. Les jalousies s'éveillaient. « *Je n'ai pas envie d'être mangé tout cru par les loups de ce pays* », dit un jour Villemessant à Daudet...

La réflexion donna à Alphonse une idée. Une idée qu'il soumit à Louise Colet, la muse de Gustave Flaubert. Rue Vaneau, elle recevait régulièrement artistes et gens de presse. Elle appréciait les chroniques de plus en plus incisives du jeune Daudet ; elle approuva son projet. De quoi s'agissait-il ?

Brocarder l'actualité sous la forme de petites nouvelles qui auraient pour cadre – déjà – la Provence dont Mistral avait su lui faire apprécier l'authenticité et l'amour pour les contes et légendes du terroir. Pour réussir, Alphonse disposait d'un langage primesautier, d'une écriture délicate, d'une imagination inventive. Il comptait sur Frédéric Mistral pour lui apporter ce qu'il fallait de couleur locale.

Daudet écrivit sur-le-champ à Mistral pour lui demander des informations sur les mœurs des Provençaux, des gens si originaux qu'à travers eux il pourrait railler les méchants esprits parisiens. Mistral répondit immédiatement et renouvela son invitation. Entre le Maillanais et le Cévenol, un échange de lettres s'engagea, moins désintéressé dans l'esprit de Daudet que dans celui de Mistral.

Le félibre donna assez de renseignements à Daudet pour que celui-ci, ayant digéré ses infortunes d'enfance publiât, dans *Le Figaro*, *La chèvre de M. Seguin*. Le loup n'était autre, on s'en doutait, que l'Empereur lui-même et la chevrette qui se faisait dévorer, après avoir courageusement résisté, les bourgeois de France, voire la France elle-même, refusant d'être assimilée à un troupeau de chèvres bêlantes. Inconsciemment Daudet ouvrait la voie à Barrès, Péguy, Maurras et autres nationalistes plus ou moins reconnus...

Il n'en fallut pas plus pour qu'un Alphonse Daudet acquît à Paris une chaleureuse réputation de polémiste provençal. Car pour tous il était évident que Daudet ne pouvait être que provençal. La réussite n'avait pour lui pas de prix, il ne démentit pas. Désormais, il vivrait avec l'imposture provençale dans son gilet.

« *Oui*, écrit-il à Mistral, *je viendrai vous voir à Maillane, mais si vous saviez comme de Paris le génie est un fardeau dur à porter…* » Exquise et mensongère humilité !

Le ton de ses articles changea, il devint à vingt-cinq ans un personnage incontournable du Tout-Paris des années valsantes de Napoléon III. Il menait une vie dissolue où drogue et canailleries libertines étaient le lot quotidien, ce qui ne l'empêchait pas, véritable Docteur Jekyll et Mr. Hyde, d'écrire dans *Le Figaro*, où il avait été intégré, un article à propos du curé d'Ars, véritable apologie de la religion chrétienne militante, très éloigné des futurs *Lettres de mon moulin* ou *Tartarin de Tarascon*.

Ceux qui ne voient en Alphonse Daudet que le conteur provençal seront sans doute surpris de découvrir un texte signé de l'auteur de *L'Élixir du révérend père Gaucher* et du *Secret de maître Cornille* :

« *Une croisade qui nous enthousiasme et nous émeut, c'est celle que le catholicisme poursuit avec une inébranlable persistance contre l'ignorance et l'idolâtrie… Les missionnaires de notre Sainte Église parcourent le monde et s'en vont, voyageurs intrépides, exposer leur vie pour sauver quelques âmes. Comme on aimerait avec nos jeunes prêtres conquérir les palmes du martyre…* »

Sitôt la plume reposée dans l'encrier, il se précipitait avec une ardeur de fauve en rut sur Marie Rieu, une jeune et belle courtisane chez laquelle il avait, sans états d'âme, pris pension, dans un appartement avec vue sur le jardin du Luxembourg, espérant trouver au plus vite un logement digne de sa renommée.

Alphonse Daudet était définitivement installé à Paris. Il n'avait pas trente ans et avait dépassé le stade des gammes littéraires et mondaines. Rencontré chez madame de la Trémoille, le duc de Morny, demi-frère de Napoléon III, aussi amateur de coups d'État que de Belles Lettres, l'avait pris sous son aile et engagé comme troisième secrétaire. Il appréciait le ton persifleur des chroniques de ce « Provençal » dans *Le Figaro*. L'effervescence bouillonnante du

Paris du Second Empire n'a jamais été égalée. Certes, dans les brasseries du boulevard des Italiens et de Montparnasse – à la Coupole déjà ! –, il y avait parfois un trop-plein de discours bruyants, de théories fumeuses, de jactances ; les rimailleurs sans talent savaient se faire entendre de personnalités dont la renommée devait surtout à leur mode de vie, plus libertin que celui dont se flattent aujourd'hui les contempteurs du pseudo-esprit des coteries germanopratines. En ce temps béni pour les peintres, poètes, journalistes, auteurs dramatiques, sculpteurs et autres maniaques de ce qu'on appelait encore les Beaux-Arts, la Fête alternait avec le Travail.

À la Brasserie des Martyrs, au pied de la Butte Montmartre – pas encore frelatée par les cars de touristes et les *sex-shops* –, la bohème parisienne vivait ses plus beaux jours. Entre deux absinthes ou deux verres d'épais vin rouge d'Algérie, naissaient et parfois s'épanouissaient des théories audacieuses, des prises de position politiques qui divertissaient Napoléon III et irritaient la despotique impératrice Eugénie. À la Brasserie des Martyrs, à Montmartre, dans celles de Montparnasse, ces intellectuels sans le sou, mais aussi des fils de bonne famille que l'esprit bourgeois et puritain agaçait, se retrouvaient dans les bras et dans le lit de ravissantes beautés. Elles donnaient leur cœur et leur corps pour leur plaisir et celui de leurs partenaires sans que ces amants d'un soir ou d'un an fussent nécessairement illustres ou fortunés. Les souliers percés avaient autant de succès que les jabots de soie. S'il était rare qu'on se mît en ménage, les liaisons pouvaient durer. On faisait l'amour en « camarades », mais celui qui devenait réellement amoureux savait exercer son droit d'exclusivité.

Le troisième secrétaire de M. de Morny – son titre lui interdisait de s'inviter publiquement dans ces établissements étrangers aux convenances bourgeoises – racontait en les enjolivant ses conquêtes personnelles. Amours de passage jusqu'au jour où…

Jusqu'au jour où Alphonse tomba amoureux d'une de ces grisettes, Marie Rieu, petite, mais d'une élégance naturelle que n'altérait pas son accent des faubourgs.

Marie adorait cuisiner et savait se montrer exigeante en matière de jeux érotiques. Ce qui convenait parfaitement à Daudet. Le couple donnait l'image du bonheur. Cela irait-il jusqu'au mariage ? Ce qui était certain : on les voyait moins dans les brasseries. Alphonse qui logeait dans un galetas, rue de Tournon, à quelques dizaines de mètres de l'hôtel du Sénat, passait ses journées chez lui à rédiger le courrier du duc de Morny et ses soirées chez Marie, qui lui mijotait de bons petits plats avant de se faire trousser par son « écrivain » jusqu'à épuisement complet.

Avec Marie, il se promenait dans le cimetière Montparnasse, non loin de la Barrière d'Enfer, qu'après la guerre de 1870, un édile facétieux rebaptiserait Barrière Denfert, du nom du vaillant colonel franc-comtois, surnommé le « Lion de Belfort », qui avait tenté de résister aux assauts des Prussiens.

Les amoureux semblaient ne pas voir les tombes. Pour Daudet, ce n'était qu'un « *îlot de verdure où poussent de façon exubérante les chardons, les laitues, les orchis et les giroflées sous les peupliers, les saules et les acacias* ». Le cimetière inspira Alphonse, il donna au *Figaro* une chronique romantique intitulée *Les Roses du cimetière.*

Sur un petit cahier, il notait les histoires qu'il entendait dans les brasseries ou les salons dont il était devenu un invité respectable ; on ne ricanait plus de ses habits élimés ni de ses chaussures trouées. D'ailleurs pour plaire à Marie, avec laquelle il allait, dès le printemps venu, flâner dans les bois de Ville-d'Avray et de Chaville – le muguet y fleurissait encore –, il avait fait l'acquisition d'un nouvel habit.

Mistral lui-même envoya une lettre de félicitations et renouvela son invitation à le visiter à Maillane. Quand l'occasion s'offre spontanément à vous, il faut savoir la saisir. Daudet, qui n'éprouvait aucune gêne à parler de la Provence et à écrire de petits contes dont le Provençal, authentique celui-ci, Paul Arène, lui soufflait les idées, accepta la proposition.

Daudet aurait volontiers emmené Marie au soleil, mais célibataire endurci, Mistral, qui vivait dans son cercle de famille, refusa de recevoir une « fille facile ». Alphonse viendrait seul ou ne viendrait pas... Renoncer à ce voyage en Provence risquait de faire prendre à sa carrière une fâcheuse tournure, Daudet le savait. Depuis qu'on le tenait pour un Provençal pur sang, le temps n'était-il pas venu pour lui de faire connaissance avec la province qui contribuait tant à sa renommée dans la vie parisienne ?

Après un voyage en troisième classe, le visage encrassé, les yeux cernés par les poussières de charbon de la locomotive, Alphonse Daudet, un maigre bagage à la main, débarqua à la gare de Graveson, entre Avignon et Arles, non loin de l'abbaye de Saint-Michel de Frigolet, qui l'inspirerait pour *L'Élixir du Révérend Père Gaucher.* Frédéric Mistral l'attendait. Mistral tout auréolé de l'immense succès de sa *Mireio*, que Charles Gounod souhaitait mettre en musique, travaillait sur son œuvre poétique majeure, *Calendal.*

Et voici – morceau d'anthologie – comment un jeune de la bohème parisienne, né dans les massifs de châtaigniers, rapporta sa découverte de la Provence :

« *De Graveson à Maillane, on compte une grande heure à pied. Tout le long du chemin, de grands blés mûrs succèdent à d'immenses champs de vignes dont les pampres emmêlés couvrent la terre. Il fait un temps épouvantable et la tramontane ne nous épargne pas ses coups...* » Le Cévenol ignorait que ce qui était tramontane sur la rive droite du Rhône avait pour nom mistral sur la rive gauche.

Et d'ajouter dans cette lettre à Marie : « *Maillane est un gros bourg, on y trouve de l'eau, chose rare en Provence...* » Daudet n'avait jamais entendu parler des sorgues nées de Fontaine de Vaucluse, pas plus que de la Durance et de ses affluents qui faisaient la richesse maraîchère de Châteaurenard à Cavaillon.

Daudet notait tout. Il apprit ce qu'étaient votes, ferrades, pégoulades, farandoles, ces fêtes baignées de soleil, évidemment inconnues dans les rudes contrées cévenoles, où on ne s'arrêtait de danser que pour boire aux tonneaux en perce sur les places de village.

Daudet s'invita près d'un mois à Maillane, dans le mas de la famille Mistral. Les deux hommes s'entendaient à merveille. Mistral qui n'avait pas le tutoiement facile tutoyait Alphonse.

Un soir, alors que Mme Mistral mère, réputée pour sa soupe au pistou (basilic), s'était retirée et que ses frères étaient partis dans le phaéton familial faire la ribotte dans les « maisons d'amour » d'Avignon, Mistral retint Daudet sous le large micocoulier qui ombrageait la cour gravillonnée du mas. Il devait – n'était-il pas devenu un ami ? – lui raconter un drame dont les siens ne s'étaient pas encore remis. Une tragédie dont on évitait de parler, en y pensant toujours…

L'année précédente, un deuil affreux avait frappé le village et sa famille. Un neveu de Frédéric, François, le fils de son demi-frère Louis, s'était donné la mort au Mas du Juge, la maison natale de Mistral. Il n'avait pas vingt-trois ans. Il s'était précipité d'une fenêtre et fracassé la tête sur la table en pierre où quelques heures plus tôt les hommes devisaient joyeusement. Une terrible histoire d'amour qui avait mal fini.

« François devait épouser une jeune fille de Béziers dont il était profondément épris. Mon frère ne voulait pas que son fils se mariât avec quelqu'un né, comme toi, sur l'autre rive du Rhône. Il poussait le fanatisme régionaliste au-delà du raisonnable. Il s'acharna sans preuves à persuader François que la fille n'en était pas à son premier amour et que les parents, par leur moralité, étaient indignes d'une alliance avec la famille Mistral… »

Alphonse écoutait. Frédéric marqua de nombreux silences et expliqua comment, après de terribles discussions, son neveu, désespéré, s'était défenestré. Cela s'était passé à la Saint-Éloi, jour de fête au village. Frédéric ne donna pas le nom de la fiancée perdue. Pour Daudet, elle demeura anonyme… absente…

De Maillane à Fontvieille, il n'y a que quelques kilomètres. C'est à Fontvieille que résidait Mme veuve Ambroy, grand-tante d'Alphonse, mère de sa tante Octavie, de Nîmes. Elle habitait le château de Montauban, une demeure spacieuse, avec des pièces hautes, de larges baies donnant sur un vaste parc entouré de murets de pierres éboulés, au pied d'une colline où se dressaient deux moulins à vent.

Après un détour de quelques jours par cette propriété, Alphonse quitta la Provence. Il regagna la capitale, préférant le parfum des petites femmes de Paris à celui du thym et du romarin. Alphonse Daudet ne manquait pas d'imagination : désormais, dans les dîners en ville, il mêlerait avec habileté son amitié pour Mistral, Maillane, Fontvieille ; il affirma même avoir abandonné à sa douleur un joli cotillon provençal rencontré au château de Montauban, ce qui d'évidence était faux. Mme Ambroy n'était pas du genre à supporter que le petit-neveu profitât de son hospitalité pour cajoler les « jeunesses » du village.

Et voilà comment naquit la légende d'Alphonse Daudet écrivain provençal ! Jamais Daudet n'écrivit une ligne à Montauban, où il n'effectua que de brefs séjours, et encore moins dans le moulin-musée où se bousculent chaque année des centaines de milliers de touristes. Le moulin de Daudet à Fontvieille ! Les villageois qui ne sont pas des sots avaient, dans les années 1960, confié la garde du lieu et l'accueil des visiteurs à une dénommée Jeanne… Seguin. Comme la célèbre biquette. Cela ne s'invente pas ! Sous le plus beau plafond du monde, la voûte céleste provençale, qu'elle me pardonne, accrochée à son étoile, de l'avoir souvent taquinée, lorsque je la visitais, sur l'imposteur dont, avec une exquise gentillesse, elle vantait les mérites. Lui n'avait qu'une envie : se pousser dans le monde parisien afin d'y faire carrière.

De retour à Paris, Daudet ne se précipita pas dans les bras de Marie. Après l'épisode provençal qu'il avait envie d'exploiter, les brasseries lui manquaient. La mort du duc de Morny l'affligea d'autant plus qu'il y perdait son salaire. L'exercice de la littérature rapporte peu. Et pourtant, il n'était pas le plus malheureux, la Comédie-Française inscrivit à son programme un mélodrame romantico-dramatique de sa plume, *Les Œillets blancs*. La critique fut sévère, Alphonse aurait dû savoir qu'on considère souvent les œillets comme des fleurs porte-malheur. Les siens furent vite fanés. Pour un bouquet qui tint l'affiche moins de vingt représentations, Alphonse perçut tout de même mille cinq cents francs. Une fortune ! De quoi vivre quelques mois ? Que nenni ! Le soir même, l'auteur commença la tournée des cabarets, coucha avec la fille d'un cocher de ses connaissances, moyennant redevance au père de la créature et à la créature elle-même. Et cela continua les jours suivants.

Néanmoins, sur le conseil de Paul Arène, avec lequel il fréquentait la nouvelle brasserie Bobino – ce fut un café avant de devenir le temple de la chanson française de qualité –, située rue de la Gaîté, à deux pas du cimetière Montparnasse, Daudet qui avait besoin de s'aérer loua un appartement à Clamart, au 46 de la rue de Sèvres. Clamart, aux portes de Paris, c'était, jusqu'en 1870, une campagne verdoyante, piquetée de maisonnettes bourgeoises cerclées de glycines. Généreux, Alphonse invita Paul Arène à partager son logement. Si le geste était amical, le calcul avait été perversement élaboré. Pendant que Daudet achevait *Le Petit Chose*, une autobiographie commandée par l'éditeur Hetzel, Paul Arène rédigeait, pour les journaux, des chroniques provençales, sur des idées de Mistral, des notes de Daudet et des histoires que lui-même, Provençal de souche, lié au Félibre, avait depuis son enfance recueillies.

Ainsi virent le jour, rassemblées en un unique volume, *Les Lettres de mon moulin*, dans lesquelles Daudet fut plus souvent correcteur que rédacteur et où il n'y avait de moulin que les souvenirs de vacances à Fontvieille.

Paul Arène, injustement oublié, avait à ce point la Provence dans le sang que ses amis l'avaient surnommé « Jean des Figues », pseudonyme sous lequel il publia plusieurs romans, que les vrais amoureux de cette terre seraient bien avisés de découvrir ou redécouvrir.

Qu'on ne me fasse pas écrire qu'Alphonse Daudet n'avait pas de talent ; il avait une plume brillante et délicate qui fit de lui un excellent arrangeur, mais pas un écrivain provençal. Mistral lui avait appris quelques mots de la langue provençale, assez pour faire de l'esbroufe dans les brasseries auprès des filles de Montmartre et de ses amis de la bohème. Il en usa sans modération.

D'amour charnel, Daudet n'était jamais rassasié. Certains soirs, lorsque l'envie subite lui montait au cerveau, il prenait le train, puis l'omnibus à chevaux et allait faire l'amour à Marie Rieu, dont il s'affirmait toujours l'amant officiel. Marie, compréhensive, était depuis des mois la maîtresse du chroniqueur Alfred Delvau, un compagnon de beuverie de la bande à Alphonse.

Dans un moment de singulière compassion, Daudet proposa à Marie de l'accompagner à la Comédie-Française où *Un Caprice*, d'Alfred de Musset, venait d'entrer définitivement au répertoire. Pour la première, les plus jolies femmes de Paris occupaient les loges. Eugénie et son Empereur de mari avaient effectué le déplacement. À l'orchestre, on pouvait mettre un nom sur chaque visage. Il y avait là le poète François Coppée... Jacques Offenbach, le compositeur d'origine allemande devenu la coqueluche du Tout-Paris depuis qu'aux Italiens avait été créée sa *Vie parisienne*, dont il avait dirigé en personne les premières représentations.

On reconnaissait aussi Alphonse Daudet ; ses nouvelles *Lettres de mon moulin de Provence*, publiées par *L'Événement*, étonnaient le petit monde littéraire et le milieu des bourgeois, lecteurs assidus du *Figaro* et de *L'Événement*, qui s'intéressaient à ces chroniques plus pour ne point afficher trop de sottises dans les soupers mondains que par attrait de la vie intellectuelle. On faisait volontiers l'acquisition d'une huile de M. Courbet, on glosait sur ce jeune fou, un certain Van Gogh, dont on n'aurait pas osé accrocher une esquisse dans ses écuries.

Alphonse avait fait venir ses vieux parents à Paris, dans cet univers artificiel, avec ces artistes miséreux qui n'avaient d'autre envie que de devenir riches. Alphonse Daudet, à l'aise un jour, sans le sou le lendemain, se sentait parfaitement intégré à cette jeunesse insouciante, assoiffée de reconnaissance publique. Néanmoins, soucieux de sa réussite, il mesurait l'efficacité d'afficher des origines provençales fausses, mais dont il profitait puisqu'elles étaient – déjà – à la mode. La Provence, Frédéric Mistral l'avait sublimement chantée, Alphonse Daudet la commercialiscrait intelligemment.

En ce soir de première, à la Comédie-Française, Marie accompagnait Alphonse, mais lui n'avait d'yeux que pour une ravissante jeune fille, assise dans une loge au côté du poète Catulle Mendès, devant un couple plus âgé… ses parents sans doute. À l'entracte, François Coppée était venu saluer la famille. La jeune beauté était-elle promise à Catulle ? À moins que ce ne fût à François ?

Dès le lendemain, Alphonse supplia son ami, l'auteur dramatique Du Boys, qui connaissait son Tout-Paris jusqu'au fond des alcôves, de se renseigner sur l'aimable personne. Alphonse – ça ne lui était jamais arrivé – était amoureux fou, avant même de lui avoir adressé un mot.

La belle, d'origine bretonne, se nommait Julie Allard, elle résidait dans l'hôtel des Vaux, une superbe demeure du XVIIIe siècle, au cœur du quartier du Marais. Son père, Jules Allard, un riche ébéniste du Faubourg Saint-Antoine, qui passait pour avoir des opinions républicaines, voyait d'un œil favorable sa fille courtisée par le très mondain François Coppée. Ce n'était pas du goût de Julie : l'homme était un dandy infatué de sa personne qui profitait d'une confortable fortune familiale pour n'exercer aucune profession sérieuse et commettait des vers qu'elle détestait.

Daudet était décidé à oublier la lumière de Provence, pour s'enfermer dans la grisaille de Paris. Une grisaille où il avait enfin découvert l'amour vrai, celui qui n'a rien à voir avec les plaisirs faciles et éphémères. Julie Allard était une provinciale, mais se rendait régulièrement dans un appartement des Batignolles, à deux encablures des fortifications, les Fortif' qui inspirèrent, jusqu'à leur destruction, chansonniers et proxénètes. Là vivait Catulle Mendès. On venait régulièrement chez lui écouter les vers de son ami, le poète Stéphane Mallarmé qui enseignait l'anglais à Tournon-sur-Rhône, porte de la Provence.

Sur le pavé de la capitale, Julie que courtisait sans résultat François Coppée, fut, dès la première rencontre chez Catulle Mendès, séduite par la façon colorée et passionnée avec laquelle Alphonse parla de *sa* Provence. Elle succomba plus à la manière dont il lui vanta les *tartarinades* qu'à son physique qu'elle trouva malingre.

De la séduction par les mots, Alphonse et Julie passèrent à une galanterie plus intime. Elle était sincèrement amoureuse de son « Provençal », sans même prendre garde que Daudet ne lui avait jamais parlé ni de sa famille, ni de son lieu de naissance. Avouer ses origines cévenoles modestes aurait pu semer le doute dans le cœur de la jeune femme, cela il ne le voulait pas.

Enfin, on parla mariage. Il faudrait alors nécessairement fournir des pièces d'état civil. L'imposture de la fausse provençalité s'avérerait impossible à dissimuler. Au prétexte de rencontrer un colonel bavarois, féru de japonaiseries, qui lui avait promis de lui donner à adapter un nô du XVIe siècle, Alphonse partit pour Munich. Dès son retour, on fixerait une date pour les épousailles. L'escapade en Bavière permettrait à Alphonse d'affiner une stratégie crédible, car il était résolu à jeter son bonnet de dandy coureur de jupons pardessus des moulins... qu'il n'avait jamais fréquentés.

En fait, à part son frère Ernest, auquel il s'était confié, afin que l'aîné ne s'inquiétât pas d'une absence relativement prolongée, personne ne devait savoir que le déplacement à Munich était prévu de longue date. Richard Wagner venait d'y donner avec succès *Tristan et Isolde.* À cette occasion, le plumitif et le compositeur avaient décidé de faire physiquement connaissance ; depuis plus d'un an, en effet, ils entretenaient une correspondance régulière avec pour point commun de proférer des malédictions contre les juifs qui, selon eux, ne cessaient de pervertir la société occidentale depuis qu'on leur avait accordé certaines libertés. Non seulement Alphonse Daudet n'avait jamais été provençal, mais un quart de siècle avant l'affaire Dreyfus, il ne dissimulait pas un antisémitisme sur lequel, après lui, son fils Léon édifierait son fonds de commerce politique.

C'était aussi cela le délicat auteur des contes qui ont enchanté notre enfance et qui bizarrement jouissent encore d'une popularité plus universelle que celle de Frédéric Mistral.

Le mariage fut célébré religieusement à l'église Saint-Denis-du-Saint-Sacrement, rue de Turenne, à Paris, dans le IVe arrondissement. La famille Daudet, conservatrice monarchiste, partagea les bancs de l'église avec les très républicains Allard. Les royalistes ne dissimulaient pas leur misère ; les Allard affichaient leur richesse. Les *novis* avaient l'air si heureux que chacun ce jour-là sut mettre un pavé sur sa langue. Dans les justes noces, ce comportement raisonnable n'a rien d inhabituel.

L'une des demoiselles d'honneur n'était autre qu'Anna, la dernière-née des Daudet, qui donnait le bras à Léon Allard, frère aîné de Julie. À vingt ans, ils avaient l'air d'un couple. Il serait amusant qu'après cette rencontre d'un jour de fête, ils s'accordassent. Ce qui advint, ils se marièrent en 1873. Eux se montrèrent aussi farouchement républicains qu'Alphonse et Julie furent réactionnaires, ils soupiraient aux souffrances que la IIIe République imposait aux honnêtes gens.

Pour ce qui était des origines provençales, Alphonse avait su faire la leçons à ses proches. Certes, prétendait-il effrontément, les Daudet étaient passés sur la rive cévenole du Rhône, mais uniquement parce que les affaires étaient plus faciles à réaliser à Nîmes ou Alès qu'à Avignon et Carpentras. Alphonse avait la certitude que les Daudet étaient originaires de Tarascon. Comme Tartarin, n'est-il pas vrai ? Il suffisait de bien chercher dans le lointain passé…

Frédéric Mistral assista au mariage. Il n'aurait toutefois pas effectué le déplacement s'il n'avait dû « monter à Paris » pour présenter son *Calendal*. Le repas fut donné au Véfour, rue de Beaujolais, sous les arcades du Palais-Royal, établissement dont Colette, Jean Cocteau, Jean Marais et beaucoup d'autres contribueraient à la célébrité ; qui du Tout-Paris du XXe siècle n'a pas un jour ou l'autre posé son cul sur ces banquettes ?

Le jeune couple s'installa dans une propriété des Allard, à Champrosay, bourgade francilienne à la fin du XIXe siècle, aujourd'hui lugubre cité de banlieue en pleine campagne agricole. On y faisait la fête entre deux parties de pêche, on y canotait sur la Seine, on s'encanaillait avec ces artistes imprévisibles qui se prétendaient « impressionnistes » et se précipitaient, dès qu'ils avaient quatre sous, *guinger* la valse et la polka, en courtisant les mignonnes, un cornet de sardines grillées dans la main gauche, la main droite prête à glisser sous le jupon d'un aimable cotillon. Une poésie des guinguettes hélas disparue !

Alphonse, dans son mariage, fut particulièrement chanceux. Certes il supportait difficilement les mets authentiquement provençaux – ne s'affirmait-il pas provençal, le cher Alphonse ? – que Julie lui cuisinait amoureusement, mais lorsqu'il éprouvait le besoin de faire la sieste ou de partir en goguette avec ses anciens amis de la bohème, Julie remaniait, réécrivait, modifiait les écrits souvent bâclés de son mari. Et elle avait la plume facile et élégante. Il n'y avait pas épouse plus attentionnée que Julie, par ailleurs une concurrence qu'Alphonse n'aurait pas à redouter.

Restait à venir l'imposture majeure, celle qui allait susciter la colère non seulement de Frédéric Mistral, mais de tous les Maillanais soutenus unanimement par les auteurs du Félibre.

Alphonse traversait une période difficile : la guerre avec la Prusse, la Commune qu'il honnissait – il publiait avec assez de lâcheté sous les pseudonymes les plus divers des libelles favorables aux Versaillais –, une vérole dont il aurait été incapable de désigner la responsable tant, malgré son affection pour Julie, il avait multiplié les conquêtes faciles. Les *Lettres*, publiées en un volume par Hetzel, n'avaient pas connu le succès escompté, l'édition complète ne s'enlevait pas plus rapidement que les sacs de farine de Maître Cornille et les Tarasconnais ne manquaient pas de faire courir les plus folles rumeurs sur l'inventeur du personnage de Tartarin qui ridiculisait cette aimable bourgade pour la plus grande joie de ses adversaires historiques, les gens de Beaucaire, sur la rive opposée du Rhône. Les premiers succès de Flaubert et de Zola irritaient le Cévenol. La mort de Marie Rieu, l'ancienne maîtresse, aux obsèques de laquelle Alphonse assista sans le dire à Julie, n'arrangea pas l'humeur de notre auteur.

Et l'idée jaillit sans prévenir... Dans les théâtres du Boulevard, le public était de plus en plus nombreux, de plus en plus populaire. Margot n'appartenait pas à l'élite, mais elle affectionnait les drames qui la faisaient pleurer. Alphonse décida de s'enfoncer dans la brèche, il porterait au théâtre un conte qui arracherait des larmes à Margot. Ce serait *L'Arlésienne*.

Daudet eu le tort d'en faire part à Mistral. À la lecture de la lettre annonçant le projet, Frédéric Mistral fut aussi consterné que furieux. Comment Daudet était-il capable d'une telle trahison, osant écrire une pièce inspirée du souvenir douloureux du suicide de François ? Toute la famille serait éclaboussée et le drame du Mas du Juge livré en pâture au public de la capitale. Impossible ! De Maillane, et dans une lettre qu'il voulut plus convaincante que sévère, Mistral enjoignit à celui qui était encore son ami de renoncer à utiliser une tragédie familiale pour en faire une pièce de théâtre, à laquelle, avait d'ailleurs précisé avec enthousiasme Daudet, le compositeur Georges Bizet s'intéressait déjà, pour y mettre quelques couplets de sa plume.

De la douleur de Mistral et des siens, Alphonse n'avait cure. Quand un auteur est en manque d'idées, soit il plagie celles des autres, soit il utilise des faits réels pour les manipuler à sa façon. Et Alphonse de répondre à Mistral le plus sereinement du monde :

« *Mon drame s'intitulait* L'Arlésienne, *mais décidément ce joli titre ne peut pas rester parce que le public parisien n'est pas capable de sentir ce que je voudrais faire. Il n'y a pas d'Arlésienne dans ma pièce, il n'y a que son ombre. On en parle, on en meurt, mais on ne la voit jamais... Mon action se passe au bord du Rhône dans un Mas qui s'appelle le Mas des Vers...* »

Mistral, on l'imagine volontiers, suffoqua de rage. Non seulement Daudet utilisait une douloureuse affaire familiale, mais de plus le Mas des Vers appartenait réellement à ses amis Giraud qui, il n'en doutait pas, n'apprécieraient que modérément de voir leur résidence à l'affiche d'une scène parisienne. Si encore Daudet écrivait en provençal ! Les gens de Provence acceptent de rire d'eux-mêmes, mais dans leur langue...

Qu'importe la fâcherie de Mistral ! Alphonse n'avait que faire d'une brouille avec ce plumitif méridional qui n'écrivait pas même en français. *L'Arlésienne* – titre finalement retenu –, écrit avec l'aide de Julie, vit le jour au Vaudeville, aujourd'hui théâtre de la Porte Saint-Martin. Le directeur, Carvalho, avait bien fait les choses : musique de Bizet, costumes somptueux, décors de Camargue en carton-pâte plus vrais que nature. À la première, les spectateurs s'intéressèrent plus aux falbalas et aux airs de farandole qu'aux malheurs de Frédéric, le pauvre amoureux. La critique fut sévère, le public déçu.

Daudet était effondré. Les Parisiens ironisaient sur une Provence de pacotille et préféraient les quais de la Seine aux étangs de Camargue. Seul le Marseillais Émile Zola chanta les mérites d'une « histoire d'amour remarquable et poignante ». Mistral se refusa à tout commentaire. Le Parisien s'était moqué de lui, de lui et de la Provence, ce qui, à ses yeux, était peut-être plus grave. Pour Frédéric, Alphonse n'était qu'un imposteur, la brouille s'imposait.

La postérité oublie volontiers les impostures et *L'Arlésienne* de la plume des époux Daudet devint emblématique de la passion provençale. Les Provençaux attachés à leurs traditions n'ont jamais douté que l'œuvre mélodramatique du dandy des beaux quartiers parisiens n'avait rien à voir avec le lyrisme tragique de *Mireio*, rendu populaire par la musique de Gounod, composée à Saint-Rémy, au cœur de la Provence des tambourins et des galoubets, et non dans le bureau poussiéreux où se morfondait si souvent, dans la capitale, Georges Bizet, le perpétuel angoissé qui se suiciderait trois jours après l'échec de *Carmen.* Des œuvres qu'on croit vouées à un destin précaire connaissent, trop tard pour leur auteur, des succès mondiaux et éternels. Ainsi va la vie…

Daudet se remit vite de ce provisoire échec, aidé par l'amitié tendre d'Edmond de Goncourt qui retrouvait chez Alphonse la convivialité, le goût du vin et des femmes de son défunt frère Jules. Edmond essaya de rabibocher sans tarder Mistral et Daudet. Sans y parvenir.

Daudet avait compris. S'il n'était pas provençal, du sang de la province coulait dans ses veines. Il aimait Paris pour ses coteries et ses frivolités, mais surtout il comprenait que, sous la IIIe République naissante, s'il voulait devenir riche, c'était Paris qu'il fallait chanter, Paris qu'il fallait flatter. La campagne n'était qu'un éteignoir culturel.

Le succès de *Fromont jeune et Risler aîné* lui prouva qu'il s'était engagé sur la bonne voie.

Après la publication de *Fromont jeune et Risler aîné*, commença pour Alphonse Daudet une nouvelle phase de son existence, l'ultime. S'il persistait à s'affirmer provençal en adhérant à La Cigale, un groupuscule de Parisiens s'affichant compagnons des Félibres, et dont la présidente n'était autre qu'une Anglaise (!), l'épouse du poète Louis-Xavier de Ricard – aucune parenté avec le pastis homonyme –, il était définitivement installé dans le monde artistico-bourgeois de l'après défaite contre les Prussiens. Il fréquentait Renoir, courait toujours les tavernes, malgré sa maladie vénérienne, avec son vieux complice Paul Arène et, parce que le quartier était très mode, s'installa dans le Marais, au 18 de la place des Vosges, dans l'ancien hôtel de Richelieu, une demeure du XVIIIe siècle, avec un jardin qui donnait l'illusion qu'on était à la campagne. Près d'un siècle plus tard, l'humoriste Francis Blanche occupera les lieux. On était loin, très loin, du moulin de la légende !

Fromont, adapté au théâtre, fut un succès, Daudet était riche et admiré. La famille Daudet passa l'été dans la propriété des Allard, à Champrosay. Avec Renoir, qui avait portraituré Julie et son fils Léon, Alphonse allait boire un verre de vin blanc dans les guinguettes qui se multipliaient, où se trouvaient mêlés peintres « impressionnistes », demoiselles de petite vertu, malfrats sans envergure, dans une verdoyante Île-de-France se transformant peu à peu en banlieue parisienne.

Il aurait suffi d'un roman pour que le succès d'Alphonse se transformât en triomphe. Il est vrai que Daudet avait enfin trouvé la recette qui dans les livres ferait pleurer Margot : *Jack*, un roman réaliste plus proche de *Gervaise*, que Zola publierait quelques années plus tard, que de *La chèvre de Monsieur Seguin*. *Jack*, avec une écriture toujours rectifiée par la sensible Julie, trouva les mots justes pour décrire la déchéance par l'alcool. *Jack* est un roman du dédoublement. Alphonse avait toutes les images, tout le fil du roman dans la tête. Les mots naissaient sous sa plume, Julie savait leur donner une singulière puissance. Onze éditions successives ! Daudet était bombardé d'articles élogieux, on le suppliait de postuler à l'Académie française. La princesse Troubetskoï lui conseilla d'accepter une invitation à la cour de Saint-Pétersbourg. Écrasé par cette reconnaissance générale, l'imposture provençale lui était désormais étrangère.

Frédéric Mistral, qui finit par se marier, lui envoya une lettre de réconciliation, l'invitant à la cérémonie qui eut lieu – cela emplit d'amertume les gens de Provence – à Dijon, ville natale de l'épousée. Le chantre de la tradition provençale s'était épris d'une gentille Bourguignonne. Mais on aimait autant Mistral que Daudet insupportait ; alors sur le pont d'Avignon on pardonna vite à l'auteur de *Mireio* et de *Calendal*. Daudet félicita Mistral, mais ne vint pas, invoquant le travail, son enthousiasme à écrire, ses obligations familiales. Mistral ne fut pas dupe. La brouille était relancée et le futur prix Nobel de littérature n'était pas le dernier à utiliser ses relations pour que chacun sût que la réputation d'auteur provençal d'Alphonse Daudet était usurpée.

Mais on ne peut rien imposer à l'opinion publique. Elle a fait du Cévenol une icône provençale. *La Marche des rois* de *L'Arlésienne* a accompagné et accompagne toujours les veillées du Comtat et des Alpilles.

On serait presque tenté d'absoudre Daudet de s'être servi de la Provence tant, longtemps après lui, la télévision en usera et abusera. Au point, dans un récent feuilleton, de faire chanter nos cigales dans les branches effeuillées de nos micocouliers !

On sourirait de l'imposteur, on irait jusqu'à accepter que nombre d'établissements scolaires portent en France son nom, on laisserait à Fontvieille les visiteurs fantasmer gentiment dans le moulin où jamais il ne mit les pieds, si nos républiques laïques n'avaient occulté ce que furent, après qu'il eut atteint la cinquantaine, les dernières années de sa vie. En l'espèce, Alphonse n'est plus l'imposteur, c'est la République qui, par ses silences complices, est tombée dans l'imposture.

Car Daudet ne s'est jamais caché ; oui, il détestait le régime républicain ; oui, il était antisémite, les juifs, selon lui, corrompaient le monde politique. Il fit campagne à Nîmes contre l'un d'eux, qui avait fait fortune auprès de Saïd, vice-roi d'Égypte. Daudet fut battu, l'israélite élu député, il avait promis aux électeurs gardois la construction d'un « petit canal de Suez » qui apporterait l'eau courante dans les demeures de l'agglomération. Ce juif de Nîmes, rusé, fruste et roublard, Alphonse l'avait doté, dans son imagination, d'un sobriquet, « le Nabab » ; il en fit le personnage principal de son roman *Le Nabab*, défendu avec ardeur par un de ses amis, un certain Édouard Drumont, jeune pamphlétaire, antisémite et antirépublicain, dans l'œuvre duquel Hitler puisera quelques idées fortes.

S'il est notoirement accepté que le fils de Julie – également antisémite – et d'Alphonse, Léon Daudet, honnissait républicains, francs-maçons et juifs, il est fâcheux que dans les *Contes du lundi*, Daudet se soit fait l'écho du nationalisme exacerbé et de l'antisémitisme le plus primaire. Celui qui naguère n'était que « Le Petit Chose » avoua que la musique militaire faisait battre son cœur, que les tambours y sonnaient la charge contre les bourgeois juifs et les républicains enjuivés. L'ancien coureur de jupons, le fêtard des brasseries, l'amant de Marie Rieu, à laquelle il avait sans doute pensé en rédigeant *Sapho*, le seul roman auquel Julie ait refusé de mettre la main, devint un fervent nationaliste, revanchard contre la Prusse, obstinément convaincu qu'il n'y aurait plus jamais de France sans le retour de la monarchie, et fut l'un des premiers écrivains à aider le jeune Charles Maurras à diffuser par l'écrit ses opinions nationalistes et extrémistes de droite.

À ce jeu, Daudet perdit beaucoup d'amis, ce qui lui importait peu. Alphonse n'appréciait guère la société démocratique. En effaçant toute cette partie peu recommandable de la vie d'Alphonse Daudet, la République ne pratique-t-elle pas elle-même une forme d'imposture à la célébrité posthume ? La question est posée.

Si la postérité a la mémoire sélective, si Alphonse Daudet ne représente en rien l'esprit du pays des santons, il serait injuste de négliger qu'un de ses rares amis fidèles, Edmond de Goncourt, a fait de lui son légataire universel, lui confiant le soin de donner le jour à une institution où ne manquent ni impostures ni coups bas, mais qui demeure le pilier de la vie littéraire française.

Edmond de Goncourt légua à Alphonse une fortune considérable, à la condition expresse que dans les meilleurs délais fût créée une Fondation qui remettrait chaque année, dans les salons du restaurant Drouant, habituellement fréquenté par les frères Goncourt, non loin de leurs chers Boulevards, un prix récompensant une œuvre romanesque « *pittoresque et écrite dans une langue honorable* ».

Alphonse Daudet, père du prix Goncourt, cela aussi il convient de ne pas l'oublier ! Ses lauréats gagnent des fortunes.

Reste une question à laquelle Alphonse Daudet, mort peu avant que n'éclate l'affaire Dreyfus, où il aurait tenu une place de choix dans les rangs des antidreyfusards, n'aurait pas pu, ou pas voulu répondre : le prix Goncourt n'est-il pas blâmable pour les impostures dont il se rend si souvent coupable ? Émile Ajar, alias Romain Gary, pour n'en citer qu'un.

Daudet défunt célèbre, on peut prononcer un réquisitoire, on doit surtout dresser un constat : le signataire des *Lettres de mon moulin* était un imposteur doublé d'un raciste.

Yvan Audouard avait dédié sa « Lettre aux cons » à Michel Droit il aurait pu faire d'Alphonse Daudet un dédicataire du même tonneau… Alors, Yvan n'est plus. C'est trop tard, les Provençaux sont en deuil, ils ne le furent jamais pour les Daudet.

Table des matières

CET OUVRAGE
A ÉTÉ ACHEVÉ D'IMPRIMER SUR ROTO-PAGE
PAR L'IMPRIMERIE FLOCH À MAYENNE
EN JUILLET 2004

Éditions du Rocher
28, rue Comte-Félix-Gastaldi
Monaco

Dépôt légal : mai 2004.
N° d'édition : CNE section commerce et industrie
Monaco 19023.
N° d'impression : 60575.
Imprimé en France